獻給所有貢獻故事的長輩，
以及我已故的爺爺陸潤康與奶奶陸林德瑩，
他們的故事來不及被紀錄，
但在飯桌上與他們共度的時光是本計畫的重要啟發。

陸以寧

本書特別感謝以下單位及個人的協力幫忙

SERT 社會福祉及社會企業公益信託循環基金
財團法人台灣晶技教育基金會
虎尾眷村再造協會
島嶼見學
島編有潮事
離島出走工作室
在，繁華阿嬤家
帕斯頓出版社
臺北市首都扶輪社
臺北市中美扶輪社
桃園中區扶輪社
康德國際法律事務所

王佩琪 吳佩芬 沈服善 林淇 柯怡萍 孫鈺涵 許主冠 陳奧恩 喻銘鍵 劉芷妘 鍾舜文
王茂生 吳倢蓁 沈曾川 林瑋竣 洪郁心 翁珮蘭 許春發 陳怡儒 黃柏諺 蔡宜蓁 高玉侖
王淑麗 呂秉佑 沈盈婷 林靜華 洪振坤 翁綵彤 許新凰 陳莉婷 黃紘筠 鄭明秋 高琹雯
王雅蓁 宋文琪 周以蘋 林顯能 洪瑀蓁 張國偉 許毓芸 陳郁淳 黃榆鈞 鄭翰 古信維
王姵縈 李吉崇 周君怡 林品婷 洪揚閔 張傑雄 郭立鐘 陳碧岩 楊馥慈 戴文櫻 莊苡甄
王振宇 李依倪 周育民 邱宏彥 洪綠蔚 張翡珊 陳姵儒 陳國豪 楊欣儀 戴幼虎 曾宥輯
朱浩宇 李宓 咘點 邱柏薰 唐基明 張宇辰 陳怡彣 陸大文 董恩慈 謝民嬙 魏瑛
朱義德 李宛宜 松芳古 施慧妤 施曉雯 曹尹真 陳衵羽 陸以安 董逸馨 謝佩君 彭璐
何鳳羽 李嘉馨 林珂君 柯怡君 孫立倫 曹辰瑩 陳國強 喻琬茹 劉立德 謝昕璇

文化部
MINISTRY OF CULTURE
＊本書獲文化部補助

島嶼上的飯桌

我在眷村出生，成長過程中餐桌上出現過的一些菜肴，現在都成了大家口中的眷村菜。

父親和母親都是山東人，因此特別喜歡吃山東麵食。舉凡包子、饅頭、花捲、餃子、鍋貼、蔥油餅等，無一不是餐桌上的常客。但聰慧的母親會的絕對不止山東一味，家中宴客時餐桌上的菜色，不乏母親自行研發出的創意料理；其中一道讓我懷念至今的手工菜——「梅花蛋皮鑲肉」，更是色香味俱全，只有在媽媽的餐桌上才能吃到。

如今母親已經高齡九十，對於自己精彩的廚藝大多不復記憶；而我少時忙於學業，及長結婚生子，後又忙於工作，竟未習得母親的半點手藝，現在後悔莫及！所幸小弟文森頗得母親真傳，尤其對於製作山東麵食更具心得；每當舊曆年

時看著供桌上由他親手揉製的山東硬麵棗餑餑時，心裡總是既慶幸又擔心：不知這些珍貴的手藝是否還有傳人？

非常難得有一群八年級的年輕朋友對於這些現象感同身受，在新冠疫情之下仍舊排除萬難共同訪問了五十位長輩，聆聽他們的故事、紀錄他們的拿手廚藝。這樣的過程，不僅為臺灣保存了珍貴的庶民歷史，也陪伴了長輩們重新找回自我認同與價值、串起他們與家人間的對於家族根源的連結。

社會福祉及社會企業循環基金（SERT）很高興能成為這個計劃的贊助人之一。希望藉由一個個故事的蒐集與擴散，能夠拋磚引玉、達成這些年輕朋友們所希望的「埋下善的循環，邀請更多的人走進廚房找尋屬於自家的味道，看見並且找出這個島嶼上百姓的根源」。相信在臺灣逐漸走進超高齡化社會的此刻，開啟跨世代對話、為第二人生賦予價值將是值得大家關注與探討的重要課題。

社會福祉及社會企業公益信託循環基金　宋文琪　創辦人

作者序 Author order

「島嶼上的飯桌」計劃自二〇一九年起發起，為了記錄失傳的手路菜及長輩的生命故事。

在這個世代隔閡日益嚴重的社會，相信以「吃頓飯」作為最純粹的交流媒介，用更多的理解能開啟青銀兩世代的溝通橋梁，是本計劃的核心價值。

我們是由一群隔代教養長大的八年級生組成，因身邊的長輩相繼離世，發現很多珍貴的故事及老味道都來不及保存，這樣的惋惜也在同齡之間有相同的共鳴，望以自身藝術設計及青農背景，為臺灣貢獻一份力。

一頓飯的過程裡，讓長輩在輕鬆聊聊、關懷陪伴的氛圍下，憶起即將消逝的記憶，分享課本考卷上遺漏的歷史真相，那些平日裡難以開口、難以冷靜傾聽的敏感話題，都在一頓滿足味蕾和肚皮的飯後，卸下成見心防，有機會以理解化解對立及爭辯。

我們期待在這五十場飯桌上的採訪，能夠埋下一份善的循環，引發更多的漣漪效應，讓更多有自覺的年輕人，同我們一起走進廚房，找尋屬於自家的味道，看見柴米油鹽背後，庶民文化與時代洪流密不可分，都是這片土地上百姓的根源。

※本書採訪內容皆屬長輩真實經歷及生命故事，並不代表「島嶼上的飯桌」團隊的任何立場。

令那九旬的海軍艦長，所思念無比的眷村湯麵。

——王奶奶的蘿蔔絲牛肉絲麵——

當年船艦上的所有，大多都被抹上一層鹹味，或許正提醒著海上的軍人們，在陸地上的滋味是多麼平淡卻珍貴的。

「來去一回，總花上一個多月的時間。」九十餘歲的王將軍說道，那年由年輕水兵們組成的艦隊「七三敦睦」，王鶴樓受命擔任支隊指揮官，從高雄左營軍港駛向索羅門群島。這一趟遠航代表著與其他邦交國之間的友好，每一位海兵都堅守己責，行到之處便帶來溫暖，如一股巡游在南太平洋群島間的威武暖流。

在抵達了索羅門群島的荷尼阿拉港後，除了當地華僑前來接迎，捲蓬髮、皮膚黝黑的當地孩童所排成的人龍，也準備登上「七三敦睦」船艦參觀。人們抓了幾隻盛產的椰子蟹，邀請辛勞的海軍們一

info
新北｜王鶴樓 1929年生．徐蘭馥1941年生
筆者｜陳泳劭

1 王奶奶、王爺爺與大女兒松筠。

2 當年戰艦出航的相片。

3 王奶奶說起當年「家中有黑人」的趣事，開心地笑起來。

同享用，情景盛情熱鬧。可每當來到遠方，感受到來自異地的溫暖時，總是讓王爺爺更思念家鄉，思念有妻子和孩子們的家、思念盛著家常菜的飯桌。

我看向牆上的軍艦照片，頓時覺著散發一股來自遙遠異港的鹹味。王爺爺在沙發上，輕輕閉上了微微溼潤的眼眸，我試想著那雙眼睛曾裝載著將軍的榮耀與責任、曾看過許許多多海上的事，也為了家鄉的妻小而展現出堅毅的光芒，深覺到回憶之於人們是多麼深重和特別的。

「孩子都不認得爸爸了。」王奶奶走進客廳，拿起玻璃壺幫我們加了些茶水，說到那時家裡位在內湖、所屬海軍總部的影劇五村，王爺爺時常在海上，她便在眷村的家守著孩子們。偶爾家中來了一個皮膚亮黑的人，女兒們見著便驚呼：「有怪人！有怪人在我們家！」連鄰居也來關心，說看見有個皮膚黑得不得了的男人進到了王奶奶家中，一問之下原來是長期在毫無建築物遮蔽的海上，被晒得透黑的王爺爺，終於回到家了。

王爺爺睜開眼後，我忍不住問：「奶奶做的哪一道菜，您最喜愛？」

「每一道，每一道都喜歡。」爺爺溫潤的說。

初次的相遇是在基隆，那時正是王爺爺任職軍艦副長的期間，一艘船艦停靠於基隆港，徐蘭馥隨著基隆海事學校的同學出遊，同行友人恰巧與王爺爺有些交情，兩人的緣分便於此開展，經過好友們的撮合，民國五十一年便定下了婚約。

他們並沒有足夠的積蓄去舉行太過盛大的宴會，但卻充滿著家人、友人的祝福，婚禮上有著海軍儀隊同學們搭起的劍門，為宴會上增添了生動的色彩，公證人為王爺爺的父親，帶著長輩們的祝福使婚禮更為莊重和溫馨。王奶奶笑著說道他倆當年的蜜月趣事，原先打算前往臺南的旅遊，但出發之際跑出了個念想「與其花旅費出去玩，不如買個大同電鍋，你看怎麼樣？」於是兩人在原該搭上列車的臺北火車站，買了家中第一個昂貴的家電，爾後的日子有了草綠色的大同電鍋，米飯可煮得香潤，王奶奶也樂於廚事，王爺爺欣喜妻子的手藝，兩人便在飯桌上培養起了濃厚的感情。

說起王奶奶，八歲那年隨家人從家鄉湖南一路逃難到廣州，陸軍運補隊的父親隨著軍隊來臺後，便安排家人們先後搭上軍用登陸艇，窩在底倉渡海來到臺灣。

「船晃阿晃的，我記得上面有個窗口，海水『轟』的都從那裡潑進來！」王奶奶回憶著那段旅程，大約也沒能想到再回去時已經是四十多年後了。

那時王奶奶的母親擔心孩子們在船上，可能鮮少有吃食，便準備了鹹蛋和皮蛋來充飢果腹，但母親擔心孩子吃了皮蛋會船暈，便叮嚀皮蛋不得吃，王奶奶想「既然說皮蛋不能吃，那肯定比鹹蛋好

2

3

吃！」結果偷嘗了之後，在船上噁心了好一陣子，自此後王奶奶都厭惡再吃皮蛋。

到了眷村的日子，那時軍眷有糧票可以兌換米和麵粉，但在民國四十年初期，米糧時常被當作外交物資送往他方。人們只剩下麵粉和麵條能當作主食，王奶奶的弟弟也是在那段時間裡出生的，時常一看到麵粉揉成的饅頭，孩子們都會哇哇大哭，因為又得吃那沒有什麼味道的食物了。王奶奶的母親為了想讓孩子吃得開心和健康些，便去換取需要多些糧票的麵條回來，做出一碗碗簡單卻難以取代的美味——蘿蔔絲牛肉絲麵。

細麵條夾雜著蘿蔔絲，猶如兩種口感的麵條交雜著，牛肉絲更是成就整碗湯頭的靈魂，配合著其他菜料去發揮其中的鮮甜，搭上香油和蒜苗的點綴，整體香氣變得更濃郁。王奶奶家的孩子們鮮少生病，記憶中母親總說：「吃得健康些，錢才不會給醫生賺！」其實就是想讓孩子們能身體健壯些，雖然不是些豪魚大肉，但都是踏踏實實的菜料——蘿蔔和牛肉。水牛是農家的好幫手，因此在地農家幾乎都不吃牛肉以表感謝之意，故在民國四十年代時牛肉比豬肉便宜些，但依然算昂貴的食材。雖然能放入的牛肉絲份量細少，整碗湯麵幾乎都是蘿蔔絲和麵條，但孩子們能吃到平常沒有的牛肉香味，那已經是記憶中最令他們興奮的事情，也補足了成長所需要的營養。

看著王奶奶在熱氣騰出的廚房中，將一碗一碗的湯麵盛裝後，夾入粉嫩的熱牛肉條，此時的牛肉已經足夠粗厚，已不再如菜名和當時那般微薄，然而這湯麵雖變得更豐盛，但從母親的料理中就延傳下來的溫暖與美味，已經深根在家族裡頭傳承了四個世代。現在王家的孩子們都大了，也有了孫子輩，可是忙碌的現代生活，讓家人們的早午餐只能在外頭解決，王奶奶便堅持大夥們都要回家吃晚餐，聚在木圓桌的飯桌上，吃著一頓美味和營養、說著一日的趣事與日常。

採訪的那日，大女兒松筠陪著我們與老人家共度這個充滿菜香與溫暖老故事的下午，她偷偷告訴我們，現在即使嫁出去了也有了自己的孩子，但每天晚上還是習慣帶著家人一同回老家吃晚餐，還小小抱怨著這樣都瘦不下來了，但嘴角掛著滿足的笑容。我想，這樣一種溫馨是王奶奶提供的食譜上，所沒提到卻是最為重要的一劑調味。

「我只會煮大菜啦，小菜不會煮！」王奶奶驕傲地笑著，「就是那種大鍋菜，因為是要讓全家人一起吃的。」

王爺爺在一旁專注的模樣，像是再度出了遠航，並於海上一番思念後，終於嘗到心中嚮往的味道，和見到了那懷念的人們。而王家的飯桌直到現在，每晚都依舊傳出陣陣的歡笑與菜香，就像時光從沒有真正的流逝過。

1 王奶奶正用廚筷翻炒著牛肉。

2 每天晚上家人都在這張飯桌上相聚。

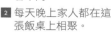

份量
8人

蘿蔔絲牛肉絲麵

｜材料｜

白蘿蔔…1條
牛肉…600公克
小拉麵麵條…8份

｜調味料｜

香菜…適量
蒜苗…適量
麻油…適量
太白粉…適量
淡色醬油…適量

｜作法｜

1. 牛肉切絲後放入一個盆中，加入醬油及太白粉靜置30分鐘。
2. 在大炒鍋內放油，冷油時放入牛肉絲翻炒至變色後即可起鍋。
3. 炒過牛肉的油鍋加入切絲的白蘿蔔，並加入適量淡色醬油、少許的鹽。
4. 加水至8分滿，蓋鍋燉煮。
5. 待白蘿蔔絲軟爛後加入麵條。
6. 麵熟軟後加入方才的牛肉絲並關火起鍋，用餘溫將牛肉翻熟。
7. 盛碗，依個人喜好加入碎蒜苗和香菜及少許麻油。

他們心中的鄉愁啊，是不存在的彼岸。

——唐婆婆的打滷麵——

鄉愁這個詞之於我，之於我祖父母們心中的意義與份量，應該落差甚大。

他們的鄉愁是余光中筆下的「一灣淺淺的海峽」，是那一訣別便被海峽隔開的四十年。民國三十八年，被迫遷移的人們，懷抱著要再回到大陸的希望來到臺灣，但隨著時間的流逝，臺灣已經成為了外省人的第二個家鄉，在對岸的老家，經歷共產黨四十年的統領，早已物是人非。外公與外婆的鄉愁啊，是不存在的彼岸。

我們家是外省家庭，但我的故鄉是住了一輩子的臺北，沒有另外那個臺北以外、可以回去的地方，而我也一直居住在這個城市中，不曾有過鄉愁。直到大二的某天，外婆永遠的離開，回到家再也見不到外婆坐在電視機前、用她好聽的北京腔說聲妳回來啦，再也喝不到熟悉的排骨湯，直到這兩年爺爺奶奶也相繼離開，家族不再固定於週日晚上集合在老家的飯桌，再也看不到爺爺大口吃肉的模樣。這才發現原來我的鄉愁，是回不去的爺爺奶奶家，是回不去有外婆會端上家常的飯桌。

從小我和姊姊都是外婆帶大的，干絲、雪裡紅、酸豆角、餃子、開陽白菜和各式排骨湯，這些都是我的家常味，即使現在外婆已經不在身邊了，我依然會在冰箱裡沒什麼食材的傍晚，想著那就做一碗蔥開煨麵吧、無論什麼季節都會想要喝上一碗熱騰騰的燉湯、端午節的時候也不會想到什麼南北部粽或東泉甜辣醬，因為我只知道仁愛路上九如商號的湖州肉粽跟甜豆沙粽。

像是八大菜系中只有江浙菜最多湯品，蔥開煨麵跟湖州粽都是浙菜等等，這些飲食習慣被我在生活中無意的實踐著，然而要到長得夠大才會明白，這種飲食文化深植在血液中，要是沒有某種血緣或是地緣關係是不會了解的。

其實外婆初來臺灣的時候並不會做菜。那時的她，是一位三十歲、尚未出嫁的小姐。民國八年出生，外婆名為龔胤昭、字班若，裡面含有漢代班昭的典故也有父母的期許，出生在天津大戶人家，她父親是唐山鐵路廠廠長。外婆從小就接受了良好的教育，初中因為上了法語區的學校，因此曾學過法文，後來原想考北大醫學系，但因為那時候的北大受到了日本偽滿洲國控制，外婆因而拒絕去

1 外婆的大學畢業照。

2 一家五口在淡大宿舍院子合影，唐婆婆笑得開懷。

3 姨媽跟我（筆者陸以寧）說明製作過程該注意的細節。

念，轉而考取了北京師範大學化學系。

畢業後外婆成為一位化學老師，從山東的暨南中學一路往南來到了上海的復興中學，擁有了知識與能力，讓她不受到中國傳統女性要結婚才有依靠的觀念束縛，但即使如此，依然躲不過大時代的動盪與顛沛。那是一九四九年的暑假，一場旅行邀約徹徹底底改變了她的一生。

同在上海教書的衣阿姨和外婆既是同事也是好友，她的兄長衣伯伯是蔣介石專機的座機駕駛，恰巧飛到上海之後無人的專機要返臺，隨口問了妹妹與友人們是否想趁著暑期一同到臺灣遊玩，就這樣三位風度嫻雅的女教師結伴而行，帶著旅遊的心情降落在臺灣的軍方機場，卻怎麼也沒想到這一待就是一輩子。

對日抗戰打了八年的日子都也挺過了，誰也沒想到同是中國人的共產黨會突起得這樣快、上海會淪陷得這樣快。一九四九年，突然間人人都搶著逃難來臺灣，外婆與友人們則是再也踏不上歸途。

我想她身上應該除了幾件衣服與盤纏之外，也沒什麼別的了吧？原本在上海教導的學生們、經年積攢的財產、所有親朋好友都沒機會再見面了嗎？那還在天津家鄉的父母呢？在臺灣不僅無依無靠、北京腔也與閩南話不通、一切都是迷茫。大家都說會再打回去的，還會嗎？是什麼時候呢？戰況到底如何？被共產黨接收的家鄉怎麼樣了？寫回去的信家人收得到嗎？

時代是一場巨浪，被捲入其中的人們只能拚命地游才有機會活下來，沒人知道終點在哪、要去哪邊、什麼時候會結束。

而我這種從小被祖父母捧在手心寵大的孫子，後來才發現我的爸媽、姨媽這一輩俗稱的外省二代，是在家中沒有祖父母的情況下長大的，媽媽說以前學校的本省同學們都在老家有房有地，但外省的孩子如果不是拚命的努力工作，那未來就很可能一無所有。是啊，在一個新的地方重新扎根到成長茁壯是多麼的不易。

所幸這一路上還有彼此，外婆有一起來臺的兩位摯友，她也在五年後放棄了反攻的希望，經朋友介紹認識了撤退來臺的外公唐啟琨，衣家也成了外婆在臺灣的「娘家」。婚後外公在淡江大學教書，搬進了職員宿舍後，外婆才開始跟左鄰右舍的太太們學習外省菜，也才會有我這麼個吃著外婆菜長大的孩子。

「好久沒吃到家裡的大滷……」話還沒說完，就被姨媽打斷。「不是大滷，我們北方話說打滷，打是動詞，有勾一個芡的意思！」姨媽認真地說。

「打滷裡面的料可以有很多變化，以前啊都是冬天過年的時候才會吃這道菜，比較有錢的人家，裡面除了一般常見的料像是木耳、香菇、雞蛋之外，還會再加上蝦仁跟海參呢！我們做的是比較

info

臺北｜唐龔胤昭 1919年生－2010年歿
唐基微 1959年生
筆者｜陸以寧

老北京放的味道，乾貨比較多，因為北方的冬天沒什麼菜的。」姨媽熟練地一邊把乾香菇泡水、一邊將木耳切絲，並且時不時叮囑要注意的小地方，香菇蒂一定要記得去掉、切肉時要記得是逆紋切等等，一道菜要能做得像樣要練的功夫可多了，這些都是姨媽小時候跟在外婆身邊耳濡目染學來的。

在外婆眾多拿手菜當中，打滷麵是我特別愛吃的。既可以單吃、也能配上麵或飯，是那種能做主角、但又不會搶盡風頭的角色，加上裡面的料非常豐富，吃這一道就抵過吃一桌的菜，也難怪這在過去的年代是逢年過節才會端上桌的。

我們家的打滷，遠遠的就能聞到經過時間燉煮的醬油香氣。那白瓷大碗放在中式木頭圓桌的中央，在微涼的傍晚熱氣蒸騰著，透過水蒸氣看上去那打滷湯的棕色澤，有著細細的淺黃蛋花跟橘色的金針在其中點綴，誘惑著我一勺舀到湯碗裡，嘗一口那香氣十足的熱湯，嗯，喝起來味道香醇卻不致太濃郁，小里肌肉配上醬油跟香菇簡直絕配，口感因為勾芡而滑順，香菇、木耳又增加了些許嚼勁，讓人意猶未盡，一碗接著一碗喝。

思緒不經意飄回外婆背影還常駐足在廚房的時光。打滷在我小時候已經不是年節才吃得到的料理，而是只要開口說想吃，就會出現在隔天飯桌上的一道菜。現在回想起來，外婆是十分的疼愛孫子們的吧，我和姊姊總在清晨時分，睡眼惺忪任由外婆換上學校制服，再被半推半拉的帶上樓吃早餐，時常是前一晚上剩菜的再變化，冬天的時候會多上一味蛋花湯。我總是想念，依偎在外婆那寬厚又鬆軟的手臂上，那種溫暖自在的日常。

後來，在那些沒有外婆的家族團聚時刻，無論我們如何談起各自的近況，總會有一個瞬間，飯桌上的話鋒就轉到昔日的回憶。媽媽總會在吃著餐後甜品時，提起她孩提時期偷吃廚房的紅棗當零食，卻又怕被發現總是要藏好吃剩的籽；姨媽會笑談被外婆交代去鄰居李媽媽家借兩顆雞蛋，卻因為貪玩撞破了蛋，不敢回家的她只能一把鼻涕一把眼淚的去李家再討兩顆。在年復一年的飯桌上，被拿出來重新溫習，像是一件件收藏的寶物，時不時會拿出來看看。

漸漸地我發現，這是我們懷念與記憶外婆的方式。透過這樣的形式，讓外婆繼續參與我們的生命。每當記憶被提及時，我真有那麼一刻感覺外婆就在身旁，但我沒有用眼尾的餘光去確認她是不是真確地回來了，只是好好看著眼前的家人們。因為這齊聚的溫暖，始終會讓我想起與外婆在午後微涼的臥室裡頭，一起午睡的親密時光。

我（筆者陸以寧）與媽媽、姨媽一同看著老照片，續著外公外婆的故事。

打滷麵

份量
6人

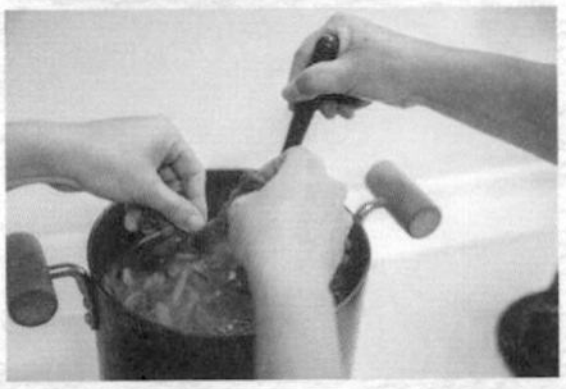

|材料|

麵條…6份
木耳…6片
雞蛋…2顆
金針…10根
乾香菇…6朵
小里肌肉（梅花肉也可）…400公克

|調味料|

糖…適量
鹽…5公克
醬油…30毫升
米酒…適量
太白粉…適量

|作法|

1 小里肌肉切成薄片，加入適量的太白粉、醬油及米酒，先放旁邊醃10分鐘。
2 菇浸軟瀝乾切絲，香菇水保留。
3 木耳及金針洗淨，木耳切絲。
4 鍋中放入水、香菇水，開火煮滾。
5 水滾後放入肉，肉要一片一片放，避免全部黏在一起。
6 放入香菇、木耳及金針。
7 加入醬油30毫升、鹽5公克、糖少許。
8 煮開後用太白粉水（1:1）勾芡；濃度自行判斷。
9 勾芡後試湯頭味道，太淡再加入鹽。
10 水滾後改中小火，將打好的蛋少量慢慢倒入，倒完再打散。
11 換鍋滾水，下麵煮熟，盛湯即完成。

女子無才便是德？淑英用一輩子的熱情與好學來回答。

——淑英奶奶的合菜戴帽——

一九三八年，北京最壯闊的建築紫禁城邊上，住著許多有錢家戶，整條南池子大街上因為滿溢著客人，瀰漫出一股古城特有的溫暖。在大街附近的平房窗邊，坐著一個女人，手裡扶著一副紙牌，四種顏色的紙牌在屋裡散著漂亮的光，她看著窗外三合院中庭的孩子們穿著綢緞棉襖玩耍著，濃厚的華人風情在這塊土地上，輕輕地孕育著。而中庭裡一位笑得自由自在的女孩，她叫郭淑英。

淑英出生在冰城哈爾濱，祖籍在黑龍江璦琿，六歲之後因為日本政權布及東北，重視孩子教育的父母便帶著孩子們搬到稍微寧靜些的北京區域。當時家中較大的孩子都會去到德國修習，甚至留學後回到家鄉還進修著北京、清華等數一數二的大學，但只有淑英一人，在高中畢業後與母親一同逃難到臺灣的那年，收到了母親的一句話：

「女子無才，便是德。」

九十多歲的淑英，一頭短捲髮，熱切的雙眼上頭埋著淺淺的眉，腰桿打得直挺挺，能在廚房間穿梭料理，熱情待人的她喜愛水墨畫和歌唱，貓狗更是她從小的心頭好，她用著京片子腔介紹著家中的三隻約克夏犬，以及年輕時曾修研水墨繪畫的往事，住在臺北新店玫瑰城社區的她，曾在社區中開了營業十年的餐館、更發起「長者營養午餐」的活動，關心許多老人家的伙食需求。

「這個我一定要做啦！」當時進行到一半的營養午餐活動，有些人考慮放棄，但淑英毅然決然選擇做到底，不管其他人如何去說嘴。果不其然，在活動正式步上軌道後，這項原先新奇看似不可靠的社區營造項目，逐漸變成玫瑰城婦人們共襄盛舉的活動，而這一做，就是足足十五年。除此之外，她還曾因為廚藝精湛而被邀請上了臺視的美食節目，這麼聽來，淑英似乎不太適用「女子無才，便是德」一說。

淑英說當年應該要把書給念好，她提起在北京念初中時，來了一位五官相當標緻的日籍女師，而大多數的中國學生，在當時都是處於反日的氛圍之中，他們故意不認真學習、考試考得差，想藉此讓那位日本老師難堪，甚至抗戰結束那年軍隊歸國，學生們都去到大街上迎接慶典，丟著課業與老師不

1

2

顧，學校頓時變得空蕩。她後悔那時候沒有珍惜讀書的時光，因為沒想到，母親可能將再也沒時間與氣力讓她繼續向上求學了。

那一句於現代聽來刺耳的女性傳統表述，是逃難來到臺灣的第一年，淑英的母親因病長期住院，她擔心自己無法讓淑英也念到大學，因而所說的一席安慰話，想著：「若不能讀好書，便找個人嫁了吧。」那是身為母親的擔心，但也是最深刻的溫柔之言，後來在淑英的姊姊和姊夫介紹下，認識了現在的丈夫，相處了一段時間後，便逐漸萌生感情，結了婚後冠上了夫姓，成了李郭淑英。

現在看來，母親的擔憂是無從論起的，因為從淑英的學生時期，就顯露出一股熱情無畏任何事物的性格，她高中從北京獨自一人去到南京，雖說是逃難，但一路上並不感到害怕，從小喜歡貓和狗的她，與母親的來信中提到：「好想念家裡的貓，南京的貓長得好醜！」好像對她來說，這只是一趟短暫的旅遊一般，而我們在採訪談天的期間，她總會在這些聽來嚴肅的歷史故事中，不經意地提到她從小至大所有珍愛的寵物，曾一個家中同時養著七隻貓，而傳說一隻貓九條命，那郭淑英的北京家中就有著六十三條貓魂。來到臺灣的日子，也總離不開寵物陪伴的身影。

淑英的性格，似乎與她身處的時代有很大的關係，雖然動盪使人不安，但她一路上選擇了忠於自己的內心，擇自己喜愛，負所愛之責，她其實是能夠順著母親的遺語，從此當一個深居的家庭主婦，但她並沒有這麼做，有了婚姻後，淑英仍然覺得自己無可限量，去嘗試所有吸引她的事物。

淑英奶奶的料理——「合菜戴帽」是道地的北方館子菜，又稱「金銀滿堂」。在北京度過童年

info

新北｜李郭淑英 1929年生

筆者｜陳泳劭

1 淑英奶奶（左）和曾是鄰居的好友君怡（右），君怡也是她的推薦人。

2 奶奶與我們開心的包著合菜戴帽。

3 陪伴著奶奶的約克夏小隊。

的她，幾乎是不可能忘記這道料理的味道，但這味道終究是一種記憶，而記憶必定會被時間輕巧地改造。於是，來到臺灣後的日子，她憑藉留存的記憶和熱情，重新構築出了「李郭淑英」自己的合菜戴帽。或許與以前的版本有些不同，但這份從自己的回憶中思索、提取，進而製作成一道料理的念頭，深深感動我們。

粉絲與黑木耳調和成剔透的銀亮色，加上紅蘿蔔與韭菜肉絲火炒於其中，盛裝盤內，再蓋上一大片的金黃蛋皮，擺在餐桌上，那真的有如一頂可以吃的黃色帽子，能配著白米飯吃，也能當作餅皮的餡料。淑英奶奶用緩慢但嫻熟的動作，幫現場採訪的每一人做上一份，以潤餅皮包裹的合菜戴帽，一口咬下，裡頭的內餡豐富著味覺，鬆軟的蛋皮裹著切絲爽口的小黃瓜，再配著一抹甜麵醬的滋味，吃著吃著，幾乎所有人都忘了手邊的事，沉浸在美味料理中。此刻，終於完成了每一道料理工序，她則不知不覺地帶著放鬆的聲音，說起了些辛酸事。

淑英的大女兒生前患有罕見疾病，需要花費許多的心力在女兒的健康照顧上，雖然最後女兒依舊是先走了一步，但奶奶說道：「女兒走了之後，確實鬆了一口氣，一整個大石頭都放下了。」她清楚知道身為母親能給女兒的就是愛與陪伴，而生命的安排有時是不能強求的。淑英的心中款款流入回憶，儘管我們只是記錄的人，依然可以感受到那份綿長的愛，而淑英似乎從來沒有被憂傷困囚，她習慣將人生視作一葉扁舟，有時歇息有時風促水急，但始終會向著前方推進。

說完話後，她在所有人的眼前，看起來就像已經準備好再度出發的樣子，彷彿那位在三合院的中庭玩耍的北京女孩，開朗的個性，不為時代所塑型，活著自己最自在的樣貌。

1 淑英奶奶細心的煎著一大片黃金蛋皮。

2 食材豐富的合菜餡。

份量
5~6人

合菜戴帽

| 材料 |

蔥…300公克
雞蛋…4顆
韭菜…適量
豆干…300公克
粉絲…300公克
肉絲…300公克
黑木耳…300公克
紅蘿蔔…300公克
豆芽菜…300公克

| 調味料 |

鹽…適量

| 作法 |

1 紅蘿蔔、豆乾及黑木耳切絲。
2 熱油鍋，加入肉絲與一部分的蔥爆香。
3 再放入豆干、紅蘿蔔中火熱炒，至食材熟軟、出水。
4 放入粉絲、木耳。
5 另開一鍋快炒豆芽。
6 最後加入鹽巴與韭菜調味。
7 起鍋，放入盤中，接著製作蛋皮。
8 蛋液加入鹽與蔥花調味。
9 煎成圓盤狀。
10 起鍋後，將蛋皮蓋在合菜餡料上頭包覆住，即裝盤完成。

超市冷凍蛋餃難以匹敵的黃金蛋餃。

—沈奶奶的黃金蛋餃—

那天下午一進到沈家公寓的大門，就看見約克夏犬Puki在玄關興奮等待著，沈服善與他的太太沈張慧蘭充滿熱切和溫馨地迎接著我們，端出許多水果與小點，而正當我踏往餐桌時，一位白髮密茂，笑容卻充滿力量的老奶奶，從客廳的位置向我們走過來。原來她就是我們將要採訪的，高齡九十餘歲的沈奶奶。

品嘗著慧蘭親手搓的冰愛玉，專心聽著沈奶奶述說起她在上海、香港、臺灣三地的陳年故事，但聽著聽著，發覺奶奶說的話怎都聽不大懂？好像咬字有些特別，感覺是一種地方的口音，一問之下才曉得那是充滿上海腔調的普通話。沈奶奶本名周冶，與後來結為連理的爺爺沈一德都是出生在上海的地主世家，宅邸非常寬大。我對於這樣的大戶人家其實沒有太鮮明的想像，這時在一旁的慧蘭遞來了一本摺書，裡頭記錄著經過修繕後的沈家大院，而那磚雕瓦飾的中式建築於一九九二年列為上海市文物保護單位，在我邊聽著奶奶說著往事時便感覺歷歷在目，彷彿伸手邁步就可以觸碰。

「大戶人家裡，什麼都有人準備，不用自己做飯啦！」沈奶奶笑著說，甚至她小時候與兄弟姊妹們都是一人一個奶媽在照顧的！而我好奇在這樣的背景裡，是如何從一個掌中千金，變成能夠做出多樣家常菜色的家庭主婦呢？服善這時從廚房出來，溫和地詢問了奶奶一些有關「蛋餃」料理前的準備細節，奶奶精簡地回答後，繼續與我們分享年輕時的經歷，和當時丈夫對兩岸遷居所做的打算。

民國三十六年，沈一德爺爺於上海考取了臺灣水泥公司職員，早早就來到這塊生澀的土地。然而才剛來臺，就爆發了二二八事件，整座島像是進入了警備狀態，每個人都足不出戶，一出去就被人抓問：「你是哪裡人？」本省與外省人之間的敏感度屆時提升至一個高峰，而中國的政治局勢也開始產生變化，性格謹慎的沈爺爺瞧見時代的動盪，開始萌生擔憂，因為沈家的家世背景可能會使在對岸家人遇到些風險和危難。兩年後，國民黨軍隊撤退至臺灣，沈爺爺便趕緊趁著這場大遷移，將家人們透過香港的對外港口，遷居至臺灣。果真過沒多久，文化大革命的火焰，就延燒到了那些佃農和地主們的身上，沈家大院也被波及。

1

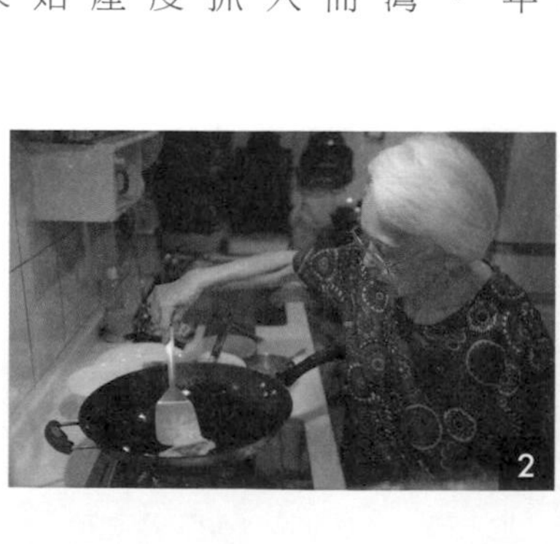
2

服善再度從廚房走出來，說道：「準備得差不多了，可以進去煎蛋餃了。」奶奶起身還算俐落，在兒子的陪伴下進了廚房。我對蛋餃的印象是來自超市的冷凍櫃，有時在聚會時買個一兩盒，開封後煮個幾顆便會被冷落擱置在一旁，對於蛋餃的既定印象是淺俗沒什麼特色的小吃食，不會受年輕人喜愛的食物。然而這些都在我嘗到沈奶奶的蛋餃之後改變了。

先舀一勺蛋液淋在已經熱過的油鍋正中央，黝黑的鍋子中央有著微微不規則的金黃蛋液，像極了一顆明月掛在黑夜上。接下來奶奶拿起鍋鏟，翻弄在鍋上已經成形的蛋皮，放上適量經過醃漬的豬絞肉，再小心地將蛋皮對折，「就像是沒有摺痕的水餃。」服善以此來形容蛋餃的外形，如此重複看似容易，其實是很需要耐心以及經驗的。奶奶將蛋餃煎完，緩慢地回到餐桌，繼續與我們分享在臺灣的家庭生活。

來到臺灣的日子，兩人是住在臺泥配發的日式宿舍。而很快地，幾乎是幸福的速度，有了兩個男孩，心善與服善，生活忽然地變得擁擠了起來。雖不是住在眷村那樣緊密的環境，但人們之間仍有著溫暖的感受，時常會在街巷上一起學習烹飪，也會互相寒暄和關照，沈奶奶的廚藝就是在那時逐步地累積。「蛋餃」一開始是個模糊的印象，是來自沈奶奶童年的餐桌上，母親所做的一道料理。而藉著一次一次在家中的廚房去嘗試、去尋找，慢慢地，那個曖昧的輪廓似乎逐漸變成了一個扎實的味道。

沈奶奶笑著回憶道：「我回來了，想吃妳做的晚餐。」丈夫從公司下班後回到家中，常這麼對她說。那時候平房裡頭的所有廚具都是缺乏效率的，光是生火就得花上一大把時間，而奶奶時常凌晨四

info

臺北｜沈奶奶（周冶）1928年生

筆者｜陳泳劭

1 看著相簿，笑出聲來的沈奶奶。

2 翻煎著蛋餃的沈奶奶。

3 我們與沈一家人細看著照片裡的年代，討論起那究竟在哪、而照片裡的人又是誰。

點就起床，就為了炊那一鍋飯，讓家人們能吃上一頓飽足熱呼的早飯。而等到接近傍晚時分，孩子們和丈夫都準備回家時，她也早早就備妥了料理，已全然看不出曾經是個出生名貴世家的蹤影，許多家務事都一手包辦了。

廚房飄來雞肉高湯的香氣，服善端出一盤菜肴。我第一時間並沒有明白那就是金元寶蛋餃，那蛋皮的顏色是分布自然的，跟市售的機械蛋皮截然不同，且旁邊圍繞著褐紅色的湯汁，趁熱夾起一塊品嘗，蛋皮軟嫩富有彈性，肉汁滿溢口中，真是可惜了現場沒有白飯，不然配著飽足一餐定是件幸福之事。

「孫子們太愛吃，每每逢節過年，都喊著要吃金元寶蛋餃，一個孩子就能吃下一大盤！我們便把這道菜搬到沈家的家常菜單裡頭。」慧蘭笑著告訴我們。我才真切明白一道家常菜，之所以被稱作家常，不只是因為它簡單味美，而是能夠用味道去表達情感，能夠在這個家庭的餐桌上不斷地出現，儘管它平凡，但充滿著熟悉和溫暖。

我嘗完那過分美味的蛋餃後，隨著慧蘭去房間翻找，找尋一本記錄著回憶的相簿。當年沈爺爺拍下了許多孩子出生後的甜蜜日子，雖然在那樣的年代父親多半是嚴謹和有距離感的、甚至在情感上是壓抑的，但仍然有著自己表達愛的方式，我想沈爺爺也找到了屬於他的方式。照片裡父子三人在草皮上優閒地坐著，父親的視線好像被遙遠的什麼給迷住了，身旁的兩個孩子手裡拿著古早的罐裝可口可樂。

奶奶緩緩地翻看著泛黃的相簿，眼底有些光影閃耀著，彷彿這些相片是播送珍貴記憶的媒介。

因為時間上的關係，得在晚餐前結束府上的叨擾，而離開時我看著奶奶用瘦小的身子向我們揮手和微笑。

雖然還能夠做些簡單的美食，但在爺爺離開之後奶奶漸漸地把下廚一事，交給了兒孫們，沈家在臺灣的日子踏踏實實地傳承著。我吃著那一顆顆像極了金元寶的「蛋餃」，想像著在那樣一種流離顛沛的年代中，一頓平凡的家常飯菜為何會顯得如此動人？我想可能是在各式各樣的生命起伏裡頭，透露出最簡單樸實的渴望，而在我可能永遠無法體會到的動盪時代中，有一些屬於溫暖的、偉大的，透過飯桌上的日常便能和現在這個世代共同連結，深刻地傳達到了我的年歲中，就像沈一德與沈周冶為這個家庭所成就的、所犧牲的，都化作了沈家在臺灣的根基。

服善與心善兩兄弟坐在父親身邊喝著可樂的愜意時光。

份量
6～10人

金元寶蛋餃

| 材料 |

雞蛋…5顆
豬絞肉…600公克
雞骨架…3～4副

| 調味料 |

淡色醬油…適量
雞肉高湯…適量

雞肉高湯

| 作法 |

1 將雞骨架用水清洗去除血漬。
2 在鍋中放入冷水，再將雞骨架下鍋，煮至水滾。
3 將汆燙後的雞骨架取出再次清洗。
4 雞骨架放入另一鍋中，加入清水，開火煮滾後改小火燉煮2～3小時，雞肉高湯即完成。

蛋餃

| 作法 |

1 將淡色醬油加入豬絞肉內醃漬1小時。
2 將所有蛋打入碗中攪碎。
3 鍋中加入油，爐子轉至小火。
4 將蛋液用湯匙澆至鍋上，成水餃皮大小。
5 蛋液稍顯凝固後，放入一小湯匙豬絞肉。
6 用木鏟子將蛋皮對折，包覆住肉餡。
7 起鍋，此時蛋餃為半熟。
8 放入高湯裡頭煨熟。
9 取出蛋餃，放入盤中淋上些許高湯即完成。

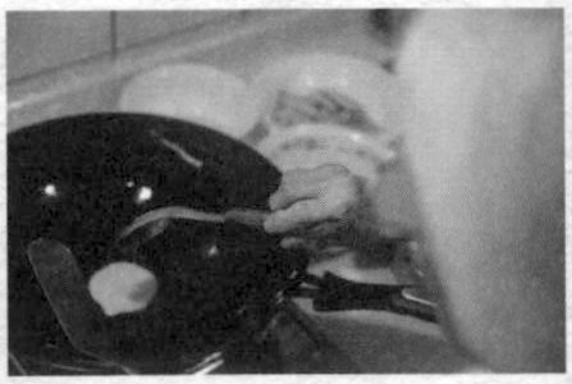

劍潭捷運站以前是養鴨場？魔法阿嬤帶你一窺士林的變遷。

——秀英阿嬤的紅燒番茄牛肉麵——

踏遍一個國家，不如好好停駐一座城市；走過一個城市，不如好好認識一個人。認識一個城市真實的氣味與道地的聲音，逛傳統市場是個挺好的方法。

市場是個能讓人感受到生命力的載體，攤販的往來作業都能觀察到一個在地文化的縮影，商賈間還能察覺節氣的變化，是如何影響土地滋養作物的道理，學著去看、去感受。這是旅人常說愛逛市場的原因，也是一個現在都市人所缺乏的。

那日的我就是位幸運的旅人，能在士林市場被秀英阿嬤帶回家作客。

位於市場中心，那座超過一三〇年歷史的媽祖廟慈誠宮，過去因鄰近基隆河渡口，所以來自社子、金山、淡水、基隆、桃園等地的小販，都會帶著農產、漁貨集結在慈誠宮的廟埕上進行交易。因此早在一九〇九年，便開始逐漸擴大形成「士林市場」聚落，早在政府還沒有成立文化局時，慈誠宮已被列為市定古蹟。而在透早天未亮時，它就為這繁忙的城市暖身，至今歷經兩次搬遷改建，才成了現今北臺灣代表觀光景點。

早市裡的地攤架著五百萬大傘叫賣著，等待生意上門，越往裡走越能嗅出魚肉、乾貨的方向朝哪走，主婦們拉著菜籃車裝載著和小販廝殺後的戰績繼續穿梭。而白何秀英阿嬤最不一樣，牽著孫女佩君穿梭在各攤販之間。

「阮兜這個孫女做老師ㄟ啦，後面這些少年仔今天來拍我做菜啦！」秀英阿嬤從小就在天母士林一帶長大，豪爽的跟熟識的攤販介紹著。

我和採訪團隊難得起個大早逛市場，時不時還打著連串哈欠，在鼎沸人群中特別突出。秀英阿嬤和攤販的互動有別於一般客商的討價，爽快地買一些吃吃喝喝的給我們這群跟在身後的小鴨，孫女佩君笑著說她是貴婦阿嬤，菜販會把阿嬤買的菜送到家樓下，體貼老人家不好提重物，賣牛肉的還教我們如何辨識肉的部位，這樣的往來讓我更能想像老一輩口中描述的那

1

種「老鄰居」。

白何秀英，八十多歲，天母人，爽朗大方，健步如飛地領我們抵達那坐落在士林夜市裡的家。一樓租給了商店，因此阿嬤帶我們穿過磨石子的樓梯通到客廳時，剎那間我倒吸了一口氣。

這房美得像是宮崎駿動畫裡的泛黃時空，地磚全是褐色的立體手繪浮雕，灑進日光的邊窗有著五種壓花毛玻璃，窗邊腳踩式的縫衣機旁還堆著幾綑棉線，十三個孫子的玩偶山排排陳列，置中的落地木拉門出去可以俯瞰市場的流動，就像是歐式的外推陽臺。我端著魔法阿嬤特調拿鐵，在宮崎駿的世界裡，享受老派的浪漫。

秀英阿嬤童年住在天母，那時的天母到處都是田野，秀英家賣煤球為生，小時候鬧著不去學校，父親就會背著、哄著，大一點就幫家裡編草蓆貼補家用，以至於書念得不多，但卻是個很能幹的媳婦。

二十二歲那年，家裡給她安排了相親。就這樣與白先生在臺北圓山動物園，進行了第一次也是唯一一次的約會，當時雙方家長也在場，一句話都沒搭上過，僅僅媒妁之言，就這樣共度了一甲子。

我們眼睛瞪得跟牛眼一樣大，一副不可置信的表情，秀英阿嬤反過來說：「女生啊~交一個就好了，啊要知道尊重、包容，不要像現在的年輕人，這裡交一個那邊又一個，很亂，按呢毋通。」我笑得合不攏嘴，笑的是阿嬤的可愛，連我們都愛進去了，並不笑她古板傳統。

秀英阿嬤說，夫家那時家裡是養鴨母的，就是現在劍潭捷運站那塊地，實在很難想像魚貫進出捷運站的人潮，腳底踏的是曾經的田地、鴨母的巢穴，然後幾個鴨寮裡放料趕鴨的身影，就是秀英阿嬤。

我們再度一副下巴要掉下來的樣子，劍潭捷運站以前養鴨子？阿嬤笑著說對啊，當時士林四周是條條水圳，所以處處都是養鴨甚至養豬人家，直到土地被政府徵收之後，夫家才搬遷到士林市場。

阿嬤還說，以前公婆還在的時候，家裡一切洗衣、升火煮水、三餐都是由她包辦，廚藝也是這時候漸漸摸索出來，直到現在，她依然每天四點起床先給祖先上香，再去廟裡祈求平安，這樣的儀式六十年如一日，依然每日跪著擦地板，煮午飯晚餐給兒孫們吃，只要小孩都乖乖，吃得飽，秀英阿嬤覺得這樣就好，這就是阿嬤知足又簡單的人生智慧。

在我們訪談的午後，吵吵鬧鬧的歡樂中，好幾回秀英阿嬤都想起身去廚房看她那鍋滷得正香的牛腱，就怕我們顧聊天餓著，但如此幽默講著她與老士林的故事，壓根捨不得讓阿嬤離開，倒是肚裡還滿載好幾樣的水果與咖啡呢。

這個家就像個能量的中心，更精準地說，只要

2

info

臺北｜白何秀英 1937年生

筆者｜洪薏淳

1 和攤販熱絡的聊起近況，不忘向人介紹優秀的孫女。

2 感情深厚的嬤孫情，逛市場也都要牽著手。

有秀英阿嬤在的地方，就是個可以晒太陽吹風的堡壘，兒孫們在外自由自在的徜飛，需要充電了，大家就會自動洄游歸來吃頓飯。看著阿嬤與佩君緊密依靠、牽手，敘述家庭裡的大小事，背後都可以感受到這是個有自由又有濃濃關愛的家族，在那個年代不打小孩是很難得的，聽得我都好羨慕。佩君說她從小是阿嬤帶大的，教予她的少拒絕、多傾聽、知足與包容，或許因此影響了她今天踏上教育這條路。去年，佩君還替阿嬤做了本食譜書，記錄阿嬤的拿手好菜，全家族還帶著食譜來給阿嬤簽名，簽上她唯一會寫的四個字「白何秀英」，照片裡阿嬤笑得合不攏嘴，就像是她認為最平凡的日常手藝，都被兒孫們視作寶物的珍藏，無論是故事還是味道，都那樣的被珍惜著，在我看來這是最美好的家族時光。

終於，燉煮了二個多小時的秀英阿嬤經典紅燒番茄牛肉麵上桌了！

實際上，阿嬤鍋裡燉的份量是二十多人份的，已經把今天、明天、週末要回來吃飯大大小小的嘴，都給算進去了。

孫女佩君說，阿嬤會做的菜很多，好吃的菜也很多，但牛肉麵就是她最後決定要端上檯面，代表他們家族精神的味道。「就是很好吃」、「每次回家都想吃」、「好幾碗吃不膩」。

我想這幾句看似不具說服力的原因，背後是在說這一碗牛肉麵，在這個家裡的份量足以成為一個主角。

嘴裡吸吮著吸附飽滿湯汁的手工拉麵，彈牙到還捨不得咬爛就溜進胃裡，牛腱的筋肉分布均勻，油脂剔透粼粼的飄在大骨湯頭上，平時對肉品很挑剔的我也吞上兩大碗，與外頭的湯頭相比少了油膩且沒有肉腥味，更增添了紅白蘿蔔與番茄的清香，這湯味道是偏甜一點的，老薑與冰糖帶出來的回甘在舌喉，讓人忍不住又添了第二碗湯，小白菜剛好的清脆，不老也不至於嫩到縮水。腦門和腳底之間彷彿一股細細的暖流反覆來回，平衡身心帶走這世界遺留在身體裡的雜亂，不管外面紛擾，好像都能知道阿嬤會說一句：「沒事啦，回來吃碗麵吧！」

應該就是如此，我也成了那個只會說「就是很好吃」、「真的很好吃的」最不敬業的評論家。

雖然想賴著不走，還和阿嬤撒嬌說以後來士林都不逛夜市了，只想來她這，但日頭已經偏晚了。

離開前，我們問：「妳還有什麼願望想實現或是想去哪？有沒有想給我們晚輩一些提點？」阿嬤說：「好老就好，囝仔我不管啦，他們自己去看、想做什麼都好，我哪裡都去過了，阿拉斯加、中國，歐洲不好，那邊都吃草，最喜歡日本，換你們去了。」阿嬤的答案果然始終如一，她的幽默裡有包容、豁達裡有給我們的自由，還有食物裡最重要的「愛」。

阿嬤開心上菜。

份量
6～10人

紅燒番茄牛肉麵

| 材料 |

洋蔥…1顆
牛腱…2顆
麵條…6～10人份
牛油…100公克
紅蘿蔔…1根
白蘿蔔…1根
牛番茄…3顆
小白菜…2把

| 調味料 |

滷包…3～5包
老薑…1條
冰糖…適量
麻油…適量
紅標米酒…200毫升
金蘭醬油…200毫升

| 作法 |

1 牛腱放入滾水煮熟後撈除水上雜質。
2 牛番茄燙熟後去皮、切塊。
3 紅、白蘿蔔去皮對切，洋蔥切丁、大塊老薑拍碎。
4 大鍋中依序放入牛油、牛腱、紅蘿蔔、番茄塊、洋蔥、白蘿蔔（盡量在上層以免化掉）、滷包、醬油、米酒、老薑、冰糖、水8分滿。
5 蓋鍋，大火煮滾後加入少許麻油，轉至中小火，燉煮2小時。
6 將牛腱取出放涼後切片，紅蘿蔔、白蘿蔔切塊成適口大小。取出滷包。
7 換鍋滾水，下麵煮熟、汆燙小白菜。
8 麵條盛碗，放上牛腱肉片、小白菜、紅蘿蔔、白蘿蔔、酸菜，加入牛肉湯。

自製炒酸菜

| 材料 |

酸菜…適量
蒜苗…適量
辣椒…1根

| 作法 |

1 酸菜切絲，蒜苗、辣椒切碎。
2 酸菜絲放入炒鍋，加入蒜苗，炒至煸出香氣，再加入辣椒拌炒均勻，即可起鍋。

可以吃的金條裡，藏著七十年前逃難來臺的家族祕史。

—宣奶奶的金條腐皮捲—

那天下午，在充滿菜香的飯桌上，聽著宣奶奶說著她一生的傳奇，我著迷的看著她已經布滿皺紋的雙手俐落的包裹腐皮捲、一邊聽著那些好似昨日卻其實遙遠的故事。鋼筋水泥、高樓網絡，快遺忘時代是怎麼走過來的？

「還記得小時候家裡很苦，家住在板橋眷村旁，不像現在小孩子有那麼多玩具，那些田裡的農作、溪裡的魚蝦、蛤蜊就是我兒時的玩伴！想吃零嘴就和一群孩子結伴到蔗田砍甘蔗來吃，記得五歲那年不小心左手虎口砍出了一道傷口，當時不懂事怕挨罵，一群孩子七嘴八舌地就用醬油敷住了傷口，被媽媽發現時都發炎了！沒想到這疤竟就這樣留到了七十多歲。」宣奶奶用她那招牌開朗的笑聲指著手上兩公分長的傷口給我看，眷村的孩子沒什麼能玩的，卻能道出一生的豐彩。

聽著宣奶奶的故事，我彷彿與她一同回到籬笆外的童年，圍不住眷村孩子們的好奇心，大的帶著小的一群奔向廣場榕樹下嬉笑打鬧，下了課一起寫作業，眷村的孩子很團結，整個村子生活在一起。傍晚時分，循著柴米油鹽的味兒走，斑駁的紅磚牆上布著青苔，微墊起腳往內探頭，廚房飄來開飯的菜香，媽媽站在門口吆喝孩子回家晚餐。裊裊升起的炊煙中承載著的是狹窄巷弄裡的情，飄來的是大江南北各自的香。而宣奶奶的一手好菜，就是來自五歲時在家裡後方的眷村串門子時光，那個年代生活困頓簡陋，宣奶奶的父母於一九四九年逃難來臺後落腳於板橋，而當年家中的後方就是陸軍眷村。

宣奶奶的父親曾在金甌女中任職教務主任，後來搬到板橋與妻子辦了幼稚園，期許每個孩子們能彬彬有禮，所以取名「彬彬幼稚園」。為家計奔波的父母，自然沒有太多時間顧及孩子，身為長女的宣奶奶，五歲時就學著做菜照顧手足，有時甚至要幫忙準備幼稚園裡那百來位孩子的餐食，不同於一般人廚藝都是傳承於母親，宣奶奶天天在眷村中的左鄰右舍間串門子，幫忙在牌桌上的眷村媽媽們切菜備料，學學大江南北來的口味。所以傳統市場成了她另外一個樂園，選菜、選魚、挑肉、講價的成就感，和攤販打成一片甚至還學會了臺語，再大一點就能閉著眼切菜、爐灶邊的時光成了她口中幼時的精采，也讓宣奶奶一生都離不開對飲食的熱情。

1

2

「這腐皮旁的硬邊啊要拿掉，是可以炒進別道菜的不怕浪費，千萬要輕要細心急不得；裡頭的餡料啊每樣都要切絲分開炒再拌入麻油，很費工但這樣才好吃！」從宣奶奶對每樣食材的愛護、每道程序的講究，感受到在手路菜中家常的溫度也同時蘊含著嚴謹的精神。

一口咬下腐皮捲，那香菇的香氣伴隨著紅蘿蔔絲的清甜，入味的豆乾帶出浙江來的陳年醬油韻味，自製麻油香中和著榨菜絲的酸氣，層層煎出像是金條的形狀象徵吉利，再燒出金黃色的外皮，因此宣奶奶取名為「金條腐皮捲」。這道菜的備料、製作得花上一兩小時的時間，裡頭裹著的豐富的餡料，層層的酸甜滋味，是每年過年家裡飯桌上一定會有的好菜。

都說人生七十才開始，有多少人能有這樣的體悟？我一邊嚐著金條腐皮捲，一邊想著。

「我也以為這一生已經非常精采了，直到最近才體會到什麼叫做人生七十才開始……」宣奶奶說，有一天家裡突然傳來電話鈴響，另一頭是金甌女中打來說是有人從大陸過來找人，要來給祖父掃墓上香。怪了！好好的日子過著，怎麼就突然蹦出了一個叫她姑媽的人呢？還說祖父就是宣奶奶的父親……考慮了好幾日，帶著好奇又存疑的心情，答應了和這個自稱是姪子的陌生人見面。

「妳最像了！就妳最像我大姑媽！」才到餐館凳子都還沒坐下，對方就比著宣奶奶直說她和他的大姑媽長得最像，一個大男人的眼淚就直直落下、手裡還握著一個瓶子準備要給祖父上香，那手裡沉甸甸的重量，是湖北老家帶過來的故土，是三代傳下來「一定要找到祖父」的家訓，是宣奶奶的父親在對岸故鄉的根。

「二〇一九年四月，我決定第一次回到湖北老家探親，沒想到大江南北的親友們聽到在臺灣的我們要過去就都趕回來了，足足一百多人，種田的帶蘿蔔、野菜、養雞的帶雞，就這樣拼拼湊湊地坐滿了八大桌，連碗都不夠用，直接一雙雙筷子放在鋪了辦桌用的紅色塑膠桌上，在斑駁的長凳椅上坐下。才赫然發現我的家族從二十五個人一夜突增到一百五十二人，六代同堂炒著大鍋菜，雖稱不上

3

info

臺北｜宣奶奶（陳乃智）1947年生
筆者｜洪薏淳

1 宣奶奶飯後，拿出年輕時自己織的毛線衫，看得出她熱愛學習跟嘗試的性格。

2 牆上掛著宣家大大小小的回憶老照片。

3 宣奶奶一做起菜來，常不小心就沉浸在自己的美味世界。

什麼滿漢全席，卻是濃濃的團聚味道。」宣奶奶笑著但口吻中難掩悸動，說她好像跟那些回鄉探親的老兵一樣的心情，兩岸一家親這句話，到了七十歲才有深刻的體悟。

姪子姪女們帶她到姊姊的遺像前認親，宣奶奶活到這把年紀赫然發現自己不是「長女」，居然還有一位哥哥與姊姊。她百思不得其解，怎麼都沒聽父親提過這些事？當年到底發生了什麼事？

原來，在父親還小的時候是家族裡唯一的獨子，所以家裡決定用五十銀圓從雲南再背回一個義子，沒想到這義子長大後加入了紅軍，批鬥了自己的養母後又將其槍殺，養父也相繼發瘋過世，這時僅十七歲卻已在老家娶妻生子，並赴遙遠的武漢念書的父親，聽聞消息後本想立刻回家，卻被朋友勸住：「不能回去啊，你也會被你弟弟批鬥的！」只能絕望的獨自把妻小留在湖北。

一晃眼就是數十年的歲月過去，年近四十的他又遇上了時代大震盪，在逃難路上遇到了正值花樣年華的十九歲少女，也就是後來宣奶奶的母親，就這樣結伴跟著運輸兵逃難往臺灣去，重新建立起新的家庭。

聽到這裡我的眉頭也漸漸深鎖，心想這需要多大的勇氣才能不回去那個稱為故鄉的地方？要有多大的決心孤身一人，離鄉背井到人生地不熟的地方重新開始？還有多少無奈苦楚讓妻小獨自在老家相依？在局勢被迫下，他們在不同制度的土地繼續生活，隱忍一輩子把這故事帶進土中，也是為了保護後來在臺灣的家人吧。

一九八七年入冬前，兩岸開放探親，許多老兵盼等了一甲子的夢，在宣奶奶身上又多釀了三十年，在命運巧妙與主的恩典安排下，圓滿了父親的一生。這是政治歷史的脈絡，更是實實在在百姓的身家故事。

看著宣奶奶閃爍的眼眶，含著一生風趣的童年時光，時代更迭風浪下的強韌與力量，盤中的金條腐皮捲，層層薄透的腐皮，細心保護堆疊出的是一個家族的「根」與「凝聚力」，留住的是時代滾滾洪流中的記憶。

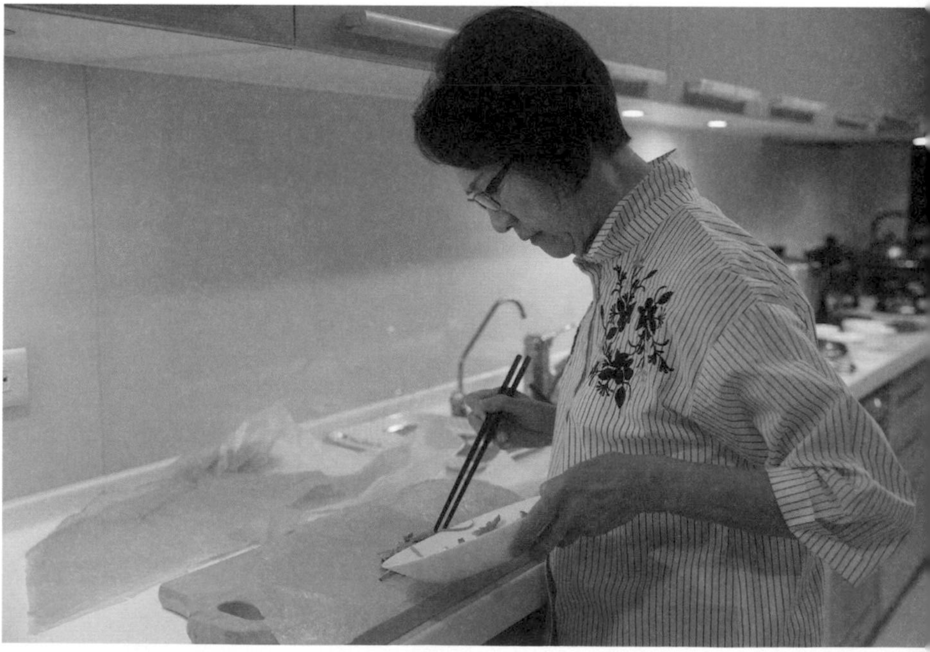

腐皮是很脆弱的食材，宣奶奶每個步驟都很細心地示範。

金條腐皮捲

份量
10人

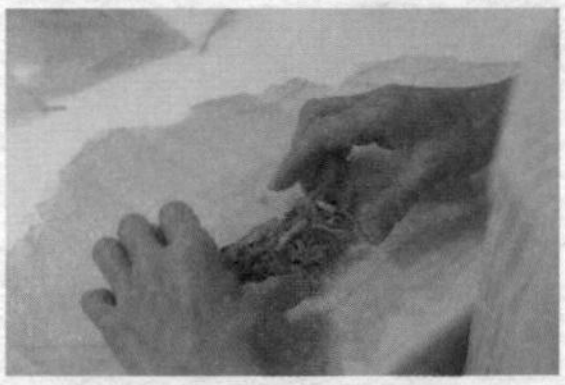

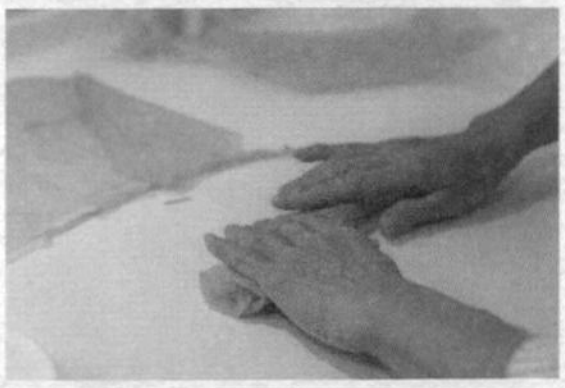

|材料|

腐皮…10張
豆乾…3片
芹菜…4根
榨菜…75公克
乾香菇…6朵
紅蘿蔔…1小條
黃豆芽菜…150公克

|調味料|

水…100毫升
冰糖…5公克
麻油…10毫升
老抽醬油…20毫升
太白粉水…10毫升的水加10公克的太白粉

|作法|

1 香菇浸軟瀝乾，香菇水保留。
2 將榨菜、紅蘿蔔、豆乾、芹菜、香菇切絲。
3 麻油熱鍋後，先將香菇絲炒熟後，留下鍋內香氣。
4 將豆乾炒熟，吸收鍋內香氣。
5 分別炒軟榨菜、紅蘿蔔、芹菜、豆芽，最後連同香菇與豆乾全數攪拌混合。
6 腐皮攤平放上餡料捲好包起，開口用太白粉水沾粘住。
7 下鍋後用小火煎熱定型，加入醬油、冰糖、水蓋鍋燜軟，煮至金黃色，約3～5分鐘，水收乾後起鍋即可享用。

夜市人生，熬出地表最強蜜汁。

—進福阿公的黑棗蜜汁排骨—

走進店裡，門面可以說相當的不起眼，周邊也沒什麼跟得上潮流的商店，看得出來是沒落的一帶，只有店門口牆上寫著大大的「蚵仔煎」。

老實說，採訪前一天，我對這道菜並不期待，因為對排骨的一切印象，大抵就是那樣。

提到排骨，糖醋排骨、高昇排骨、京都排骨……肉質鮮美是基本要求，通常用的是豬小排，豬肉中帶骨的部分，水分多、脂肪低、纖維細，吃起來較有口感。

如果說是炸的排骨，排骨酥、椒鹽排骨……表皮酥脆，呈金黃色，多少個夜晚、多少個臟腑心甘情願的在昏黃燈光下，吹著冷風都要等上一份，如再配瓶冰涼又冒泡的啤酒，簡直人間最能撫慰假期結束寂寥感的逸品。

炸，是非常有滋味的動詞，追求香酥感，外酥內嫩，必須有效挽留肉汁，食物在油鍋中滾動，顏色會變深，內部水分被封鎖，這種旺火多油的烹煮方式，非常庶民式的快餐，變化多樣又廣泛運用在各式菜肴，臺灣人的共鳴，尤其熱愛炸的一切。

再往裡走一點是一個家庭最重要的基地：廚房，中島旁的大油鍋吱吱響，陣陣濃郁的炸排骨味撲鼻而至，那些小排未經裹粉就下鍋，第一階段油炸前需要先醃過，排骨油炸色澤偏金黃。醃漬應該很吃功夫。我猜醃料用醬油、酒、胡椒粉、五香粉、糖和蒜，是吧你家的婆婆媽媽的做法大抵也差不到哪裡。

但是進福阿公的排骨第一階段就和別人不同，看得見整粒蒜頭，鹽巴、胡椒、香油、味素醃上一晚，沒有加入醬油著色，調味不是靠重口味來博取歡心，鍋邊已經聞得到淺淺的鹹香，這才開始覺得有那麼一點不同。

要炸出一塊好吃的排骨，其實不容易在自家操作，普通家庭的小油鍋小灶不適合炸食物，鍋子太

小原料放入後會令油溫驟降，沒辦法專業的調理時間跟火候。就像可以自備番茄醬，然後自製馬鈴薯條，但始終就是做不出與麥當勞一樣的迷人口味。

起鍋後，進福阿公熟練地瀝乾大杓上排骨，換上炒鍋，拿出一罐看起來像是硬掉的黑色漿糊，入鍋和熱騰騰的排骨一起大火拌勻，黑黑稠稠的立刻化成琥珀色的糖蜜，曖昧地裹在一塊塊排骨上，啊！中間還摻了幾顆神祕的黑棗！

柯進福，六十五歲，板橋人，從小幫忙養牛養豬種田，在成立自己的小吃店之前，有著十幾年的辦桌幫廚經驗，也做過便當店的腳踏車外送，相當於現在的Uber Eat服務，後來在大漢橋下的市場當熱炒攤的師傅。

楊阿秀，六十五歲，同樣板橋人，是個生意囝仔，從八歲開始就要幫忙家裡製粿，和姊妹們一起石磨米漿、叫賣、古井提水。學校的作業就在打烊得空後，打瞌睡之前，部分性的完成。

他倆二十五歲時，因為在夜市各自顧著鹹甜的攤位而認識，可以說是那個年代少有的自由戀愛，得來不易。除了自由戀愛，更值得讚美的是，他們相守相持的情分是超越外在容貌的，阿公總共動過三次兔唇整形手術，就算是現在的人，看見兔脣的症狀，心裡多少還是會有點忌諱，更別說傳統社會的觀感。

「他長得比我好看多了，他們家一個個出得可都是帥哥欸！」阿秀媽媽驕傲的說著，我們和大女兒Vita在一旁邊聽了，心裡都是一股暖流經過。

翻著以前全家福的照片，Vita也開始爆料小時候家庭的體罰教育，還有在店裡幫忙收桌時，手裡拿著碗盤，眼睛盯在電視上，這時背後就會傳來媽媽的監控聲：「欸欸欸，眼睛看前面，手要動起來，趕快做事啊！」。雖然是在軍事化教育底下長大，但大女兒回憶起，爸爸媽媽半夜收攤時，都會帶著他們一起去夜衝吃消夜，在僅有的時間裡，熱愛戶外活動的柯爸爸，帶上三個孩子爬山、跳水、烤肉，自己的身材也是練得結結實實，就連廚房的天花板上，都還掛著體操吊環，想必時常在做菜等火候時，就會健身個幾下。

歡樂嬉笑的氣氛，讓進福阿公開啟了表演欲，開始搬出十八般武藝，操耍雙節棍，還翻出手機裡廟會的影片，聽說國小就開始學跳的八爺腳步，到現在還熟悉得很，當場走起來，讓人看得目瞪口呆，外表木訥的柯阿公，竟然如此活潑多才，難怪讓阿秀阿嬤如此深愛。

非常令人羨慕的是，每年大節全家上下的親戚，都會回來幫忙包粽、搓湯圓、印粿模，兒女之間非常願意維繫家庭關係，懂得安排家族旅遊和聚會活動，而爸媽伯舅也在每個湯圓搓揉間，讓整個家族的關係像皮和餡一樣緊密。

婚後育有一兒兩女，搬到三重的三合夜市，

2

info

新北｜柯進福 1956年生

筆者｜洪薏淳

1 進福阿公看似靦腆害羞，其實活潑又藏有一身絕活。

2 進福阿公大方的現出各種絕活：八家將、健身、舞雙節棍、百岳登頂照。

開始經營屬於自己的生意，一點一滴的自己打拚，早期賣的是蚵仔煎、貢丸湯，後來轉型為年菜和四季的傳統點心製作，阿秀阿嬤拿出看家本領。當年，遇上大小拜拜，一口氣都能賣上十床的數量（四十～五十斤），生意好得嚇嚇叫。雖然今日，習俗不被那麼重視，傳統點心不那麼華麗吸睛，吃的人愈來愈少，不過還是必須承認，「粿」在臺灣人的生活與信仰裡，還是占有重要的地位。磨米、煮粿粹、揉麵團、製餡、包餡、印模、剪竹葉、蒸熟、冷卻，一塊粿也才定價二十元，難得這樣堪稱藝術的傳統技藝，還保留在這。

臺灣曾經一度爆料出食安問題，滯銷的肉品，油炸是掩蓋的最高手段，設想，一塊品質低劣的肉片，以大量的鹽、糖、胡椒、辣椒、醬油、味精層層掩蓋腐味，再送入油鍋炸熟，以強烈的調味欺騙舌頭的味覺系統。假如我們習慣了這種重口味，就很難回頭接受單純、健康、木訥的本質。

進福阿公的地表最強蜜汁排骨，就完全和這種理念相差逕庭，說實話，真沒吃過這樣口味的蜜汁排骨，通常你曉得蜜汁燒出來的排骨，應該是婚宴辦桌上現成買好的濃縮橙汁，再攪和過的口味，完全無法相提並論。為了和市場區隔，阿公拿出辦桌的研發菜色精神，這樣小小一道小菜上的蜜汁，就要熬上一天一夜，裡頭的原料也就單純到只有黑棗、蜂蜜、糖、醋熬煮，甜而不膩，熱呼呼的時候融化在舌腹，冷卻了像是不黏牙的麥芽，黑棗釋放出的回甘，吸收了滿滿麥芽精華，成了完美蜜餞，絕對不會有香精色素殘留在舌側的苦澀感。

大夥兒個個吃得非常精神，足足啃掉兩斤的排骨，連骨頭都反覆剃了又剃，就是捨不得看見盤上的排骨，漸漸減少。

店外紅字寫著蚵仔煎招牌，裡面卻是賣蜜汁排骨、佛跳牆和傳統紅龜粿，現代人不吃的發粿、草仔粿，藏在市場舊舊的老廚房裡，依然有一群人齊心忙著揉糯米糰、揉湯圓包餡。

臺灣這塊瑰寶能持續在可愛人間探掘出好食故事，幸虧有像柯家這樣可愛的長輩，懂回歸的兒女，才能在細細長流的歲月裡，被珍惜、被堅持、被流傳。

1 由阿秀阿嬤教導，第一次做粿興奮又緊張。

2 順利脫模後，再依粿的大小剪出粽葉形狀。

份量
6人

黑棗蜜汁排骨

｜材料｜

蒜頭…適量
冰糖…200公克
白醋…1000毫升
黑棗…3～5顆
麥芽糖…300公克
豬小排…1200公克

｜調味料｜

鹽巴…適量
胡椒…適量
香油…適量
味精…適量

｜作法｜

1. 排骨醃製：蒜頭、鹽巴、胡椒、香油混合，醃漬一晚入味。
2. 將黑棗、冰糖、麥芽糖、白醋一起熬煮，不停地攪拌以免燒焦，熬成蜜汁後冷卻備用。
3. 將排骨放入熱油鍋，不停地滾動以免焦掉，炸至熟透，將多餘的油份瀝乾。
4. 取一大杓蜜汁，和排骨一起快炒，均勻地裹上糖蜜，即完成。

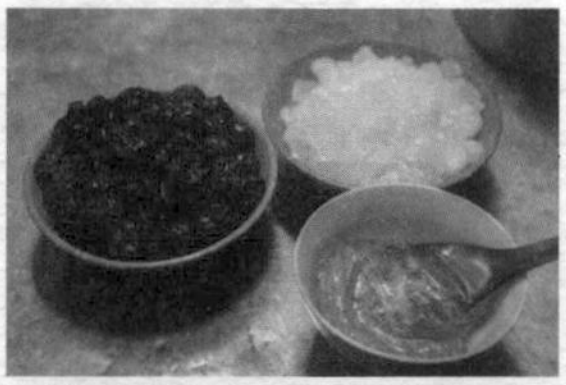

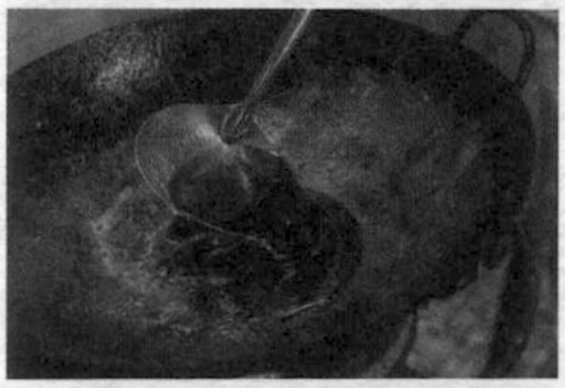

異域，一個不安之地，被孤立的人們，殘喘著被遺忘的歷史。

—玲慧婆婆的雲貴辣椒雞—

這不算中國史，臺灣史也不會提，這群人跟中華民國的腳步不同，後來有的人索性也不再逃了，沒人知道他們為何留下來，又是怎麼活下去。

太平洋上的戰事剛落幕，中華民國政府派代表出席日本投降儀式，國內情勢並沒有因此轉晴，焦土上的餘火因為內部叛亂從未休止，快速復燃。

一九四九年中國大陸風雲變色，前線倉卒地開路想辦法渡海喘息，背後的軍眷手握祖產、地契，大家都等著打回去那天，可以派上用場。

而在最後面的是一支殘餘部隊，被留守在雲南繼續豎起青天白日滿地紅的旗幟，成為最後復興的希望。轉戰滇緬邊界，李彌將軍擴編雲南反共救國軍，先後改編為雲南人民反共志願軍、泰北孤軍和光武部隊，數萬人在異域奮戰長達三十年。

他們戰死便與草木同朽，他們戰勝仍是天地不容！

一九五三年，正當雲南反共救國軍在滇緬邊區茁壯，聯合國通過緬甸政府控訴中華民國侵略領土一案，李彌將軍奉令首次撤軍，其實暗地裡仍在當地發展武力，有兩萬至五萬人滯留泰北金三角叢林，替臺灣牽制中共西南赤化兵力。這群人在停泊不了的邊城，借土養命，亦軍亦商，協助走私玉石、毒品、物資的馬幫在滇緬馱運，以鮮血換取部隊尊嚴與生存空間。

奮戰八年，最終引得美方施壓只能再次撤軍，四千兩百人撤到臺灣，六千人撤到寮國。一次次明面上的撤軍命令與台面下的不撤密令，一波波國際輿論腹背受敵之下，三軍、五軍在李文煥與段希文將軍率領下，赴泰國協助助掃蕩共軍，剩下的人則根留滇緬金三角一帶。

1

2

受邀泰軍出兵協防掃蕩苗共、泰共，感動泰皇而換得居留權，其餘無力作戰老兵、眷屬領難民證，駐留在泰北清萊的美斯樂、大其力等地，邊境周遭包含雲南漢人、雲南穆斯林、阿卡族、佤族、儸黑、傈僳族，彼此用不同語言往來商賈，卸甲歸田，認他鄉成故鄉。至今遺留在泰北的難民村近百個，第二、第三代的後裔仍信奉三民主義，白天讀泰文，晚上學華文。

越界流動的邊境常態，
隱藏著邊區游移難民的生活史

滿腔濃厚雲南口音的張玲慧婆婆，用她的一生向世界抗議，戰爭之下，百姓永遠是最無力發聲的犧牲品。

生逢國共內戰，雲南鎮康縣人，玲慧婆婆解釋著自己手上這張身分證，要能配上中華民國這四字，是用盡半生換來的安定。

父親隨著軍隊跨海遠征，母親帶著兩個哥哥來臺尋父，選擇將剛學會走路的玲慧和失明的奶奶留在雲南鎮康，在玲慧十九歲奶奶過世前，彼此相依為命，沒有任何生存能力的她們，草根樹皮為米飯，蚱蜢小蛆當肉吃，這都還算好的，因為奶奶失明，也沒人能替玲慧打理衛生儀容，在街上赤腳踩到糞了也不懂，頭蝨滿身掉沒人管，沒選擇連老鼠、死馬肉都得吃。有一年染上瘟疫，裹著小腳的奶奶去街上行乞跟人討剩的藥渣，回來重新煎藥，才保住了玲慧。

玲慧婆婆口中的濃重腔調，要非常仔細聽辨才能懂個六七成，眼神和語調散發出來的氣質，感受得到一身厚厚的風霜滄桑，剛剛說的那些經歷，應該就是傳說中難民的日子吧？

傳說很多人聽過，看過的人很少，在我眼前的婆婆，好像就是從傳說裡拚命活下的那一個。

九歲後玲慧被抓到人民公社生產運動，每日的務農做工取代了這個年紀該有的童年，從奶奶過世後那年開始，試圖逃跑過三次，第一次被抓回去訓斥，第二次被罰勞改一年，又是勞改又是批鬥的日子，賭上再被抓到就是槍斃的決心，這次她成功了，在邊界山區躲了足足八天，謊稱自己是共產黨養大的孩子，躲過解放軍的盤查，在樹下採野果果腹，反正橫豎都不是好日子，至少一搏到底看看盡頭是哪裡。翻過一座又一座的山嶺，直到看到一種美麗的花，就知道抵達新的國界了。

那個時代，每一個小小的、看起來毫不重要的片刻決定，都可能是一輩子命運的轉折點。

後來才知道這種美麗的花，叫做罌粟。罌粟陪伴她在緬甸近十年的黑工日子，沒有合法身份證明，在荒郊苟且偷生，不停地轉點給人幫傭，逃過無數次的強暴欺凌，在玲慧婆婆生命的道路上，有

1. 阿嬌炒著雞肉，同時聊著對緬甸老家的記憶。
2. 玲慧婆婆與媳婦阿嬌，兩人感情好到像似母女。
3. 實際炒過，才知道大鍋菜除了調味的把關，還是費力的粗活。
4. 飯後與玲慧婆婆、阿嬌合影。

認識的人欺負她，但也始終都會遇到與她萍水相逢的人伸出援手。

十年的流浪，要學會識人，學會洗衣煮飯，學會保護自己，學著拜託關係，登報尋找在臺的父母，透過一封又一封的書信往來，終於獲得依親的關係，申請到合法護照，踏上前往臺灣團聚的班機。這趟尋找落地生根之處的旅途好長，終於在玲慧婆婆三十歲那年能不再漂泊。

桌上端來一盤滿身椒氣的雞腿肉，是阿嬌從廚房剛炒好的「雲貴辣椒雞」。阿嬌是玲慧婆婆的媳婦，因為嚮往臺灣自由的社會風氣，而離開緬甸富康的家庭，遠走他鄉嫁來臺灣，她是第三代緬僑，家族前兩代當初也是雲南傣族，逃至邊界再到緬甸落腳，懂得雲南土話，所以，和玲慧婆婆最有共情。雲貴辣椒雞也是婆婆教予她的私房菜，很受家裡開的餐館客人歡迎。

玲慧婆婆最後在忠貞眷村和家人團聚，一生一路從雲南飄蕩到臺灣，過去沒什麼再讓她眷戀的，但她帶回了這道「雲貴辣椒雞」手藝，是當初在緬甸打黑工幫傭時學會的。

十足的香氣來自數種青花椒、紅椒粉、新鮮辣椒、蒜頭的堆疊煸炒，光是嗅覺的豐富層次，就和這家人的故事一樣，若沒有機會挖掘，絕不會知道平凡的外表背後是如何驚豔動人。食物還沒入口，就是一種嗅覺上的饗宴，雖然顏色上看起來是一片滿江紅，但卻不嗆鼻。熱呼呼的入口，最先嘗到的是麻香卻不嗆辣的醬汁，搭配上鹽巴鎖住雞腿肉的鮮甜，香料是主角在鼻腔裡舞動，吃起來，彷彿在舌腹上演奏著中華文化的源遠流長。

嘴裡嘗著這個味道，心裡想的是這一小口的滋味，是玲慧婆婆用一生的來臺之路，歷經的風霜歲月，替臺灣的滋味再添一筆無可取代的地位。

雲南山歌也是孩提時期，留在了玲慧婆婆的記憶痕跡。

《大河漲起沙浪沙，
一對鱗魚兩對蝦，
想要鱗魚打湯吃，
想要阿哥做人家，……》

山歌的歌詞簡單樸實，玲慧婆婆演唱的滄桑悠揚，好似她的一生，單純樸實的曲調經歷千迴百繞，傳到了我們耳中。

如果把臺灣說成是一棵樹，應該是那種根部有著密麻複雜的聯絡網，緊緊的包覆住土地裡大的磐石、小的碎石，就像這座島嶼的多元文化一樣，仔細追究就會發現，裡頭有著探索不完的小石子，「異域」就是這般的存在，當你願意深入去看見，會發現永遠有更多來不及被深究的故事，值得我們去傾聽、傳唱。

info
桃園｜張玲慧 1946年生
筆者｜洪薏淳

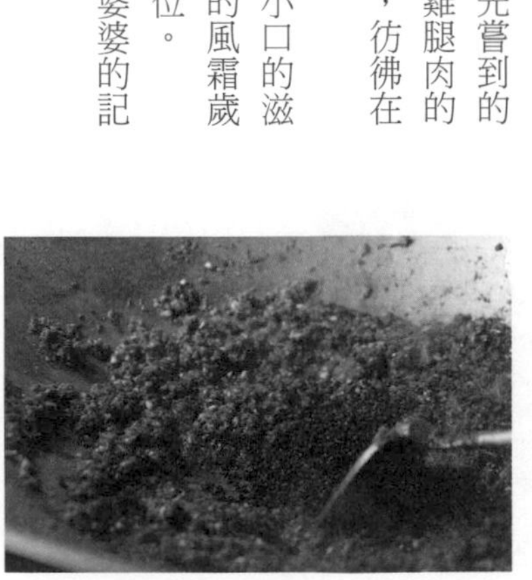
搭配辣椒雞的辛香料，看似酷辣，聞起來卻溫潤香醇。

份量
3～4人

雲貴辣椒雞

｜材料｜

雞腿肉…450公克

｜調味料｜

鹽巴…適量
青花椒…20公克
紅砂糖…適量
紅麴粉…適量
大紅袍花椒…20公克
特製辣椒醬…150公克

｜作法｜

1. 青花椒與大紅袍花椒放入鍋中乾炒至逼出香氣，起鍋備用。
2. 熱油鍋，下雞腿肉翻炒至水分收乾，蓋鍋燜乾至5分熟，過程中定時翻炒避免黏鍋。
3. 將肉起鍋，鍋中多餘的肉汁倒掉。
4. 熱油鍋，加入青花椒與大紅袍花椒，翻炒逼出香氣，再加入紅麴粉（上色用）及辣椒醬約炒4～5分鐘。
5. 加入雞腿肉與辣椒醬拌炒均勻，加入鹽巴、紅砂糖調味後，即可起鍋。

為了生存
她丟失了名字，
卻在一手拉拔的
眷村小館找到歸屬。

—景嫻奶奶的老罈炒肉絲—

對於馮景嫻來說，一九五〇年的離開很倉卒，是象徵一系列事物的分離，父母、手足、湖南家鄉……還包括自己的名字，全都在越渡這道海峽後，被長久的區隔開來。

一九四九年，湖南剛成立省共產黨委員會，當地的地主、資本家們為了逃避新政權，便將許多親友和資產輸出逃至香港，中國各地都掀起了五〇年代的「大逃港」，而當時桂系重要人物李宗仁與白崇禧兩人走向殊途，白崇禧握有新桂系三十萬兵權，有一說當時白崇禧原欲飛往桂林勸說李宗仁與蔣合作，卻在中途降下暴雨，這場雨影響了白崇禧的飛機，更改在廣州降落，當晚蔣介石立馬於黃埔軍校會面白崇禧，至此桂系兩大中樞分道揚鑣。

而景嫻奶奶的父親正是李宗仁的參謀長，故當時並沒有與國民政府軍一同撤至臺灣，而是與家人們輾轉逃至香港。

鑽破鐵絲網，度過重重難關後，逃難卡車上卻傳來槍聲。

景嫻奶奶與家人們一路從湖南奔走至香港，路途上還遭遇鐵絲柵欄，奮力穿過許多當時共產黨設置的隔離設施，順利搭上卡車後，卻在那臺卡車上發生血光之災。

四歲的景嫻在母親懷邊，一位正在擦槍的軍人，可能因為槍枝老舊不堪，清理步驟也未必時時遵守，而就在那時一發子彈從槍膛中射出，劃過景嫻的左腿，溫熱的血隨即噴出，伴隨著驚恐的哭聲「就差一點點！那個槍口如果再高個幾度，就要打到心臟了。」景嫻奶奶秀出那道長長的槍疤，證明那驚險的一刻真的發生過。到了港邊，景嫻的父親語重心長地對自己的小姨子說著「我家大女兒，就拜託你了。」準備上船逃往臺灣時，父親將她交託給阿姨和姨丈，她冒名頂替阿姨在安徽來不及一起上船的女兒，來到臺灣這個陌生的地方生活。

從此景嫻被姨丈與阿姨帶往臺灣，母親懷著未出生的弟弟不適合再受顛簸，所以先在香港短暫地居住，後來母親獨自帶著其他孩子們回到湖南生活，父親則獨自留在香港。

我們一進到「公公小館」，年過七十的景嫻奶奶和兒子林廣豪便熱切招待，帶我們就座後，廣豪

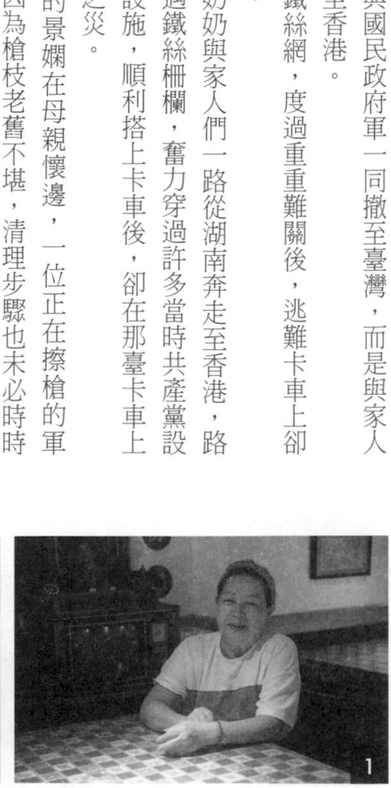

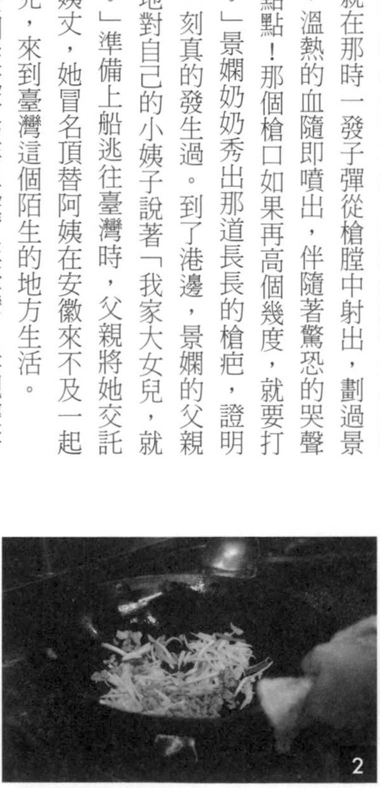

就回到廚房忙碌，景嫻奶奶則與我們同坐，她的頭上綁著一條粉色的頭巾，扎實的雙手交疊著，模樣親切，時不時回頭望向廚房的兒子，她問我們餓不餓？隨即便端來兩大盤滷味，果然清爽好入口，她開始說起在眷村的日子時，突然變得有精神許多，原來那就是景嫻奶奶最初開始下廚的地方。

與姨丈一家人來到臺灣後住在臺北市大安新村，現已整合為大安國宅。當時姨丈任職公家倉庫的庫長，久久才回家一次，而阿姨在聯勤外事處上班，下班後也時常出外應酬，很晚才回到家裡，而上了小學的景嫻，便時常獨自到菜市場採買食材回家料理，儘管家中有勤務兵幫忙準備飯菜，但景嫻奶奶嫌說：「他做的菜呀，不好吃。」使用小小的身子在一個偌大的傳統廚房中，練習那些聽來和嘗過的料理。讀小學時的景嫻有時會相當思念在家鄉的父母，也不太願意在外人面前稱呼阿姨與姨丈為自己的「爸爸媽媽」，自己的手足皆在大陸，只有一個表哥在台，但關係並不熱絡。儘管在家的時候略顯孤單，但眷村左鄰右舍間緊密的連結與關心，填補了景嫻的孩提年歲，隔壁的媽媽、伯伯總會在吃飯時喊一聲「ㄚ頭啊，來吃飯了！」灌香腸、搓湯圓時也都不忘帶上景嫻一起，因此直到今日景嫻奶奶對那段時光依然懷念，那些年學會的手藝，成就了現在的公公小館。

當年眷村裡一位四川來的老爺爺，還教了她如何做罈罐醃蘿蔔，半缸的水，放入八角、花椒、蒜、老薑、辣椒、高粱和鹽巴，還有最重要的蘿蔔皮，醃至一個半月後蘿蔔皮起皺即可，爾後景嫻奶奶將這道菜融合肉絲與其他香料，便成了眼前這盤料理——「老罈炒肉絲」。公公小館的店內，擺著一大罈醃蘿蔔，沒有被放在最顯眼的位子，但那靜

info

臺北｜馮景嫻（化名） 1946年生

筆者｜陳泳劭

1 綁著頭巾的景嫻奶奶說起往事。

2 廣豪示範如何快炒老醰肉絲。

3 景嫻和廣豪母子倆，在店門口留影，旁邊還停著一臺古早味的名流機車。

置在罐中的醃蘿蔔皮，一如景嫻奶奶豐厚的人生經歷，在時間的釀造下慢慢發酵，轉化成一種甘醇迷人的滋味。

公公小館內的牆上，貼著白色恐怖時期、標楷字體的口號，卻是趣味性十足的，諸如「反貢抗餓」、「殺豬拔毛」的詼諧，讓懷舊氣味不那麼嚴肅，但裡頭也確實有些古董，例如老舊的門簾電視以及索尼的老式收音機。

餐館和「家」對景嫻奶奶來說，都是聚散的場合，一群人來到這裡用餐，心滿意足後便離開，從小就與父母離散的景嫻奶奶，早早就體會到了這般道理，生命路途上的人事總會來來去去，景嫻奶奶的女兒在澳洲事業忙碌，丈夫則去到了大陸鮮少回來，當時留在中國的兄弟姊妹們，再回去探望時已然有著巨大的價值觀差異，實在是親近不來。最後，便只留下了這個兒子在身旁，陪著她生活。

我們隨著景嫻奶奶一同望向廚房，雖然隔著門板看不見在裡頭忙碌著的廣豪，但仍然能想像那雖然辛苦卻幸福的感受，我吃著那盤老罈醃蘿蔔皮炒肉絲，與白飯一同下肚，酸和甜的滋味平衡得剛剛好，脆口的醃蘿蔔皮搭配Q彈的肉絲，還有那熱炒後獨特的香氣，若不是公公小館招待了太多好菜，光是這盤炒肉絲已足夠我享受一頓午餐。

對於景嫻奶奶，父母取的名字以及至親都被留在了那一年的逃難中，以一個當年四歲的小女孩來說，似乎有些殘忍，景嫻奶奶也明白確實有些東西，在人生裡頭被狠狠地拿開了，但經過了更多的離散後，她開始願意去想「那還留下了些什麼？」就因為如此，在聽完了那樣的故事後，我們才能夠在她的臉上看見平凡的笑容，那是和兒子兩人，在這個如「家」一般的餐館，踏實度過每一天後才擁有的笑容。

1 只有懷舊而無嚴肅感的餐館風格。

2 在詼諧的標語下，有罐老醰甕，裡頭正醃漬著蘿蔔皮。

份量
3～4人

老罈炒肉絲

｜材料｜

蔥…適量
蒜頭…適量
紅辣椒…1條
老罈蘿蔔皮…10條
肉絲（豬牛皆可）…250公克

｜調味料｜

糖…適量
醬油…適量

｜作法｜

1 肉絲炒至半熟。
2 放入辣椒、蔥、蒜，轉至中火。
3 蘿蔔皮切絲，再放入。
4 加入醬油、糖，快速翻炒幾下，盛入碗盤中即完成。

老罈蘿蔔皮

｜材料｜

八角…適量
花椒…適量
蒜頭…適量
老薑…適量
紅辣椒…適量
蘿蔔皮…適量

｜調味料｜

鹽水…1000公克水加100公克鹽
高粱酒…2小酒杯

｜特殊器材｜

玻璃缸桶…1個

｜作法｜

1 將蘿蔔洗淨，切皮。
2 玻璃缸桶裡面放入蘿蔔皮，鋪上八角、花椒、蒜頭、老薑、紅辣椒，倒入鹽水及高粱酒覆蓋，醃漬四週到六週，至蘿蔔皮看起來皺皺的。
3 每次削蘿蔔的時候，都可以往裡面加蘿蔔皮，但都要再加一點鹽、一點酒。
4 罈缸裡絕對不能沾到油，否則會整罐壞掉。

我們記憶中那伴隨米香、白煙的巨響去哪了？

—廖爺爺的爆米香—

一臺復古的金旺檔車，被廖爺爺一手改裝成「移動的爆米香機器」，憑藉廖爺爺年輕時在造紙機械的工廠工作，認識了許多機械原理後，將那臺外省乾爸交給他的爆米香機與機車裝連在一起，便可以去到更遠的地方，將麥芽糖的香醇、黑芝麻的甜氣以及白米氣壓後的焦香，帶到楊梅、桃園、富岡等地兜售。

廖爺爺販售的爆米香只有兩種口味：原味和黑芝麻，原味的麥芽糖香較重，打開包裝後第一口的米塊香酥鬆軟，吃到最後一點碎屑時，口感仍始終如一，而最重要的甜味恰到好處，使人愉悅的甜度，卻不感煩膩，能保持同一種舒服的享食過程。黑芝麻則是增添堅果的香氣，讓味道的層次上感受更豐盛。

而廖爺爺接觸爆米香的這一切，是從一個社區的緣分開始的。

山子頂社區的緣分

廖爺爺本名廖文河，年輕時住在桃園山子頂一帶的社區，當時的工作是在一間生產造紙機械的工廠操作壓力錶，這段時間讓廖爺爺學會了許多的機械技能，也使他運用在往後的爆米香工作中。

每日工作結束後，年青的文河都會在社區碰見一個外省老人，那個老人在固定時間賣著爆米香有一段日子了，許多孩子下課後，會在老人操作爆米香機器時挑準時機，跳進壓力鍋開鍋後爆出的白煙裡喊著：「哈，我是第一神仙！」文河對此印象深刻，每每經過一旁聽到孩子們玩鬧都會感到一陣愉快。文河自己也有孩子，與太太徐義妹都是客家人，柔軟的客家口音使我們在採訪時，都感受到一種特別的親切感。

也許是每日回家都被那個外省老人的爆米香薰冶，又或者只是好奇心，文河的腦中萌生了學習爆米香的念頭，他開始會與老人聊天，但並不是有任何企圖心的，而是不知不覺朝著心中所想的事物靠近，一日復一日，他與老人的個性意外地契合，時常在攤車旁一聊就是一個下午。

「手轉的呀！那時哪來這種半自動，全是手轉的爆米香。」廖爺爺說著那時外省老人總是轉著粗重輪軸，為的是讓氣壓鍋內的米粒能均勻受熱。

info

桃園｜廖文河 1947年生

筆者｜陳泳劭

1 正在為爆米香機預熱做準備的廖爺爺。

2 比起視覺上的白霧，親臨在現場更像是一團蔓延的香氣。

3 使用桿輪和木製的壓章以鋪平拌了麥芽的米香糰。

文河出生在桃園觀音的農家，但並沒有太多從事農耕的經驗，因為健壯的父親總是自己一肩扛起所有粗活，沒有機具仰賴，種田全靠身體力行，或許是這種童年時的記憶翻湧，看見外省老人勤奮的製作爆米香時，總有些好似爸爸的影子浮現。那位外省老人孤身在臺灣，沒有親人，便收了文河成自己的乾兒子，從他身上學習了爆米香的技藝，像是爆好後要挑出那些焦扁的少數米粒，讓之後裹上糖漿成形的爆米香看起來色澤更健康，以及最困難的部分——糖漿，天氣的變化會影響麥芽糖、白糖、鹽巴和沙拉油的比例，只能靠一次次的失敗和經驗去累積。這些全靠文河雙眼的觀察，還有外省乾爸的經驗傳承而來。

而大概是在得知乾爸決定退休，不再做爆米香時，他拿了幾十元買下那臺爆米香機，像是接下薪火般地決定做個全職的爆米香師傅。文河將前一份工作學到的技術應用在爆米香機具上頭，把原本乾爸辛苦轉動的軸承，改裝成能夠自動旋轉的機械，省下不少力氣，並在三十六歲那年，開始了賣爆米香的日子，而這一切都始於山子頂社區，與那位外省乾爸的緣分。

默默支持的妻子，兩人用爆米香撐起家庭

廖爺爺將決定全職賣爆米香一事告訴妻子後，廖奶奶雖然考量到房子的貸款以及孩子的照顧，而對此有些擔憂，仍執意支持著廖爺爺。

她知道廖爺爺每日下班後就開始學習如何做爆米香，那長久的堅持讓廖奶奶明白「這是他真的喜歡的事」，在那時也有許多人在做著這行，或許並不是一個能夠賺大錢的工作，但能夠與丈夫一同為「家」努力，一起去築起他們的家窩，這是廖奶奶所深信不疑的。

廖爺爺早上十點，便與廖奶奶一起開始兜售爆米香，從桃園、楊梅等地一路賣到臺北，白天的大太陽時常晒得廖奶奶直言：「真的不喜歡做這個啦！」卻還是每日辛苦地工作到半夜，凌晨兩點才回到桃園的家中。

「現在的錢薄，以前的錢比較有力。」廖爺和廖奶奶每日賺的錢不多，幾百塊而已，廖爺爺總是如此說道。

剛開始的日子，夫妻倆也經歷被警察趕，以及被附近的居民檢舉，因為爆米香的聲響非常巨大，有時轟的一聲，就嚇到了行經一旁的路人或是住戶，時常引起旁人的側目，還有像是因為天氣關係，糖漿的黏稠度不穩定，爆米香沒法很好的沾粘在一起，而導致一些失敗的商品。在經歷屬於「這一行」的種種經驗後，他們逐漸建立起自己的門路，有些人喜愛上廖爺爺製作出來的糖漿

2

3

調味，便成了固定的客人，時常拿著自家的米來請廖爺爺「代工」，那時許多人家裡是務農的，會親自帶米來「爆」，省下一些購買費用。

廖爺爺說不管是自己的孩子，還是孫子輩們，每個都愛吃爆米香，早晚都各要一包，想起以前，回家的路途上，夜晚的涼風伴隨爆米香的甜味，孩子有時都會等著他們深夜回到家中，只為了能吃到賣剩的爆米香，或是一早在父母出門前，討上一包來吃。

也許要拋下原本穩定的工廠工作，讓妻子與自己一同遊街賣物，這樣的決定絕非容易的事，但隨著工作日趨穩定，收入上也比起初多了許多，那些原本的擔憂也不再是困擾，而成了不可取代的家庭回憶。

每個星期三，桃園午後的牙科診所前

星期三，中央西路與民權路的交叉口，劉立德在午後的牙科診所前排著隊，香味在隊伍之間蔓延，霧氣像是表演般地飄到每個人眼前，再竄進人們的鼻子裡，形成一種誘人的景象，而隊伍的最前頭是一個攤販，上頭轟隆隆地正運作著一臺機器，霧氣與香味就從那臺機器裡竄出，而操作著這一切，讓一條街道都變得美味誘人的正是廖爺爺。

三十多歲的立德說起自己身為一位牙醫師，時常在診所外看見廖爺爺的攤車，有時下班就會買兩包回去給孩子們吃，說自己在屏東長大的街巷，也會有爆米香的攤販，那時並沒有特別喜歡吃，甚至有時會在街上被巨聲嚇著，但隨著求學和工作的成長路上，漸漸發現似乎不再能隨處聽見這種「轟隆聲」，也好久沒有吃到記憶中的那個味道了。

直到看見自己診所外頭，那臺廖爺爺自改的爆米香機車，那份懷舊的感受湧現：「以前隨處可見的零食，現在愈來愈少，這種感覺讓人不禁懷疑如果現在不去買上個幾包，說不準就再也遇不到了。」立德有感於這情景與記憶的消逝，因此推薦我們來採訪、記錄下廖爺爺的故事，他相信這是一個時代的記憶，一個時代的香氣，它不是不會飄散的，但只要還有人記得那聲巨響、那股香氣，它就還沒有真正的消失。而這也正是我們這座島嶼的氣運，端看我們是否能夠記得和保留那些「將逝的記憶。」

而此時此刻，麥芽糖煮熟的甜香味瀰漫在廖爺爺的整個車庫，地板上隨處可見爆米粒，廖奶奶用客語向孫女說著話，雖然聽不明白，但可以從廖奶奶手中剛做好的爆米香知道，她在呼喊著孩子們來領取各自的點心。一旁正接受著我們採訪的廖爺爺沉穩地操作著機器，一陣一陣的煙霧從地而升，覆蓋著我們每一個人，好似一種歲月的恍惚，帶我們去到許久未去的記憶深處。

廖爺爺與立德（採訪推薦人）的緣分，來自一份童年記憶。

份量
4人

爆米香

| 材料 |
米…1200公克

| 調味料 |
糖…適量
鹽巴…適量
麥芽糖…適量
沙拉油…40毫升

| 特殊器材 |
木鏟…1根
爆米香機…1臺
大金屬盆…1只

| 作法 |
1 爆米香機器熱鍋3～5分鐘。
2 將米倒進鍋內，壓力鍋運轉爆上7～8分鐘。
3 在壓力鍋運作期間煮糖。
4 鍋內先放入沙拉油。
5 麥芽糖與白糖放入鍋內，熬煮至泡沫出現頻繁。
6 加入鹽巴。
7 熬煮至黏稠度如漿狀即可。
8 將爆好的米粒稍微篩出焦扁的，並將剩餘的放入鐵盆中。
9 把糖漿倒入爆米香米粒上頭，用木鏟來回攪勻。
10 此時已可食用，若欲塑形可放入盤中等待冷卻凝固。

從中華商場的天橋上，一窺魔術廚師的梅香料理。

—碧雲阿嬤的梅香炕肉—

「那個時候，晚上我看到……養父一個人跪在神明廳前面，求神明要保佑讓我可以平安把孩子生下來……」

一個初春的下午，空氣裡還帶著寒冬轉暖的些許寒氣，我們在碧雲阿嬤家的飯桌邊，聽她訴說。沒人敢打破這份肅靜，空氣是真的凝結，大家突然嚇著了，喉間的口水也隨著阿嬤的哽咽像被顆梅籽卡著，一旁孫女琬茹摸著阿嬤的肩。此刻阿嬤突然激動地起身想下跪，感謝那恩重如山的養育之恩，而因膝蓋不好只能攙扶著椅子半跪著，這儀式讓我們看見養父對她的恩重，一生全放在這唯一收養的女兒身上，才會在夜深人靜的夜晚，跪求神明讓當年懷有身孕的碧雲阿嬤能平安生子。

卓碧雲，一九三四年出生於太原路，之後由中壢一對客家夫婦收養帶大，二十三歲透過里長介紹，嫁到外省喻家，現在已經是道地的老臺北人，

info

臺北｜卓碧雲 1934年生

筆者｜洪薏淳

1 孫女琬茹興奮地翻相冊，想找出小時候記憶中的畫面。

2 從阿嬤的戒指、指甲油能觀察出她是擅長打扮的人。

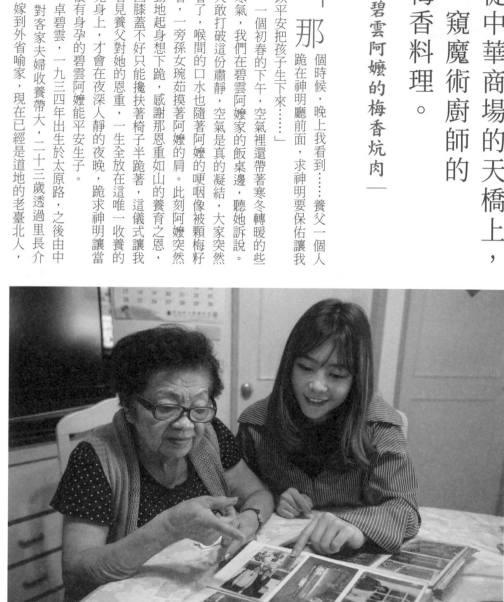

婚後在臺北繁華熱鬧的西門町打拚了一輩子，或許是在客家家庭長大，瞳孔存有一股堅韌的火光，好像隨時倒帶回到吃番薯簽的日子，也苦不倒她，一樣能把日子過下去，把家護好。

和碧雲阿嬤相差足足六十歲，我的確很難完整體會，當年，左手是大日本帝國的欺壓，書包裡的課本不曾打開，上學的路徑是為了抵達防空洞；右手是面對生存的未知，這樣命運算不算是有賦予她基本的選擇權？

千金難買感恩事

或許我再怎麼把時光軸縮短縮小，試圖讓自己掉入那樣的臨場感，也不見得能成為第二個碧雲，慶幸的是碧雲的養父母，家庭教育雖嚴格，卻是真心待這唯的一女兒，碧雲阿嬤又一次哽咽地描述。小時候碧雲小小的身體，夾在生性勤儉的養父母之間，一張木板就是全家人的床鋪，唯一的小毯子墊在腳底最需要保暖的部位，家裡頭的腳踏車輪，補了又補，餐桌上也沒有什麼值得提起的菜色。卻捨得在二十四歲那年夏天，養父母為替懷孕的她消暑，駝著的身影，遠遠地扛來一臺新的風扇。

難怪每年的清明祭祖，碧雲阿姨還是一次次淚流地提醒子孫，做人要知足惜福，是來自於那些她一輩子也感恩不完的成長經歷。不做新時代思想的評斷或是比較，反倒真誠地和我們分享自己的人生故事，讓年輕人有機會了解，會這樣說道理的，都是真正歷經過的人。今天這場採訪，碧雲阿嬤為我們準備的菜色，是孫女琬茹指定的「梅香炕肉」，那個「黑色的汁」配上白飯，聽琬茹說是她從小到大的最愛。

有些料理愈是日常，愈是讓人欲罷不能

在臺灣，有人煙的地方就能出現，凡是在白飯上放一塊文火佐滷料燉煮過的豬肉，淋上精華滷汁，這樣的銅板美食不論是取名成炕肉飯、滷肉飯還是肉燥飯，人人都吃，隨時想吃，隨處可吃，有的還會夾片醃菜，更豐沛的還連同筍絲、豆腐、白煮蛋、海帶一起入鍋，甚至發展出多套滷汁加上主食、小菜的搭配系統。

然而，西門町的餐廳、街邊小吃琳瑯滿目，我認為碧雲阿嬤家的梅香炕肉是最接地氣的美味。

滷炕肉這門學問，料理步驟上來說其實家家戶戶相差不遠，但卻都有屬於自己的特色。挑上一塊肥瘦均稱的三層肉，熱油爆香、下鍋煸炒，最後香料調味，講究一點的煮婦，可能用上好一點的醬油和米酒下去燉。若要能醞出特別的巧思，那就要看個人喜好搭上一些廚事方面的天賦了。碧雲阿嬤是個勇於嘗試的實驗者，她的特別之處在於，調

2

味裡除了指定的醬油外，還有冰糖、紹興酒、白胡椒，蓋鍋前從角落拿出一罐奶粉罐大小的透明塑膠罐，表面都刮花了，看不清裡頭是什麼，一旁的琬茹馬上跳出來說：「祕密武器來了！」

碧雲阿嬤說，有些人會連蔥一起滷，也是香，只是肉質就會比較澀一點，她愛吃甜的，所以加這個——酸梅。

在所有味覺中，酸味是最不好拿捏的一種，其他幾味略過或是差上一點，都不是太難調整的問題，唯獨酸味一定要恰到好處，用得好是點睛，一道菜立即昇華至另種層次，用太少又失了靈魂，乏人問津。它是個非常微妙的角色，濃油赤醬的菜色中加上這一味，有時能讓整道菜煥然一新，提升原本的厚重黏膩，又不和鍋底的甜蜜相觸，十分精采，這就是阿嬤擄獲全家的祕密。

「我看那個電視裡，跟我一樣八十幾的老人家在削甘蔗，這樣！這樣耶！還這麼硬朗，我看完就覺得，啊~我這樣不算什麼，馬上有力氣了，不能輸！繼續努力！」

一個人的天賦倚靠現實磨練成為才華；意志靠挫敗才能顯現，信念要磨練成

1 三代同堂的全家福。

2 當年開銀樓時，留下來的法碼秤。

3 阿嬤當年從日本帶回的高跟鞋，現在看起來還是相當復古時尚。

為性格。

這時，碧雲阿嬤的兒子——銘鍵叔叔，突然提了好幾碗阿宗麵線、黑糖鮮奶上來，我才想起這個靜謐的所在，樓下可是臺北西門鬧區。其實，碧雲阿嬤也不是本來就擅長下廚又精明幹練的，陪著中華路一代興衰近四十年，光靠爺爺的警察薪水，是很難買下房子又栽培五個孩子的。

鍋裡的肉還在燉，碧雲阿嬤拉著我們參觀三層的樓房設計，都是出自她的點子，琬茹還特地翻出舊照片滔滔分享著，陽臺改建之前，有個大菜園，養魚種果可好玩了！

碧雲阿嬤和我們說，萬大路的警察宿舍還在時，當時流行養鳥風潮，她還趁勢養了很多金絲雀貼補家用，平時經營著自己的委託行。委託行其實就是類似現在的代購、賣舶來品的店家，早期戒嚴時代，外國商品進口困難，市面上非常少見，主要的外來商品來源是外國商船或遠洋漁船船員拿東西委託商家寄賣，因此稱為委託行。委託行是當年人們接觸外來商品的重要管道，直到一九七九年開放觀光，委託行開始自己帶貨，碧雲阿嬤當年就是這樣，起先因為受過日本教育會流利的日語，所以會跟朋友去日本帶回當時最流行的衣飾、配件，做久了，開始有許多豪門或演藝朋友都信任她的品味，就連鄧麗君都是她的大戶友人，難怪碧雲阿嬤身上有股典雅香味，但我確定那不是明星花露水。家中的古董也非傳統家具行的臺灣款式，琬茹身上的風衣和古著高跟鞋也都是碧雲阿嬤留下來的好眼光。

後來，因為家裡被倒錢，碧雲阿嬤不得不頂下一間銀樓，自己學著經營生意，因為這個契機，練成了「電腦阿嬤」的稱號，凡事跟數字有關的一切，過目不忘，至今天天喝著三合一咖啡，配ひよ小雞和菓子研究股市，幾十年前的電話簿都倒背如流，也因為要一個人撐起銀樓的生意，早上十點到晚上十點，全年無休，銘鍵叔叔說他們小時候能當第一批試戴客，但是也要在媽媽下班回來前先在電鍋裡放入洗好的米，否則就是挨一頓罵。

今天難得有客到來，碧雲阿嬤從前一天就早早備料，飯局也拉得比平日長，等到餐桌上差不多掃空後，阿嬤才安心離開餐桌午憩。

腦中突然閃過新聞上黑白畫面正被拆除的中華商場，一問之下，才有機會從《天橋上的魔術師》以外的機會得到更多精采畫面的想像。銘鍵叔叔帶著我們參觀他的房間，說中華商場跟他差不多年代，是一九六〇年左右出生的，學生時代打開窗戶，就能看見臺北西三線縱貫鐵路，含有中華商場中的信、義兩棟。中華商場以八德為名，是當年全臺北最大規模的綜合商場，每個租戶經營的行業各有特色及區域規劃，賣冰淇淋的、賣童衣的、賣燒餅的、賣華歌爾內衣的、賣金魚、烏龜和鱉的，

2

3

甚至還有賣海和尚的（一種螃蟹），現在學生改窄褲的西服店、幾間臺北老餐廳——點心世界、真北平餐廳，也都是從那邊遷出來的。銘鍵叔叔滔滔說得不停，好像有聲歷史書般，要我們以後多來陪碧雲阿嬤，才有機會能再吹噓這些老故事，扮演我們的英雄。

一塊炕肉，它既可以是平凡日子的一餐溫飽，也可以是不遠千里而來，只為吃到那一口的執念。

平日裡不嗜肉的我，嘗了一小塊，再夾上一塊碧雲阿嬤堅持要放滿鍋邊的三角豆腐，老實說一開始，我是不特別期待的，印象裡那就是回鍋油膩又負擔的食物。

不料一發不可收拾，一鍋梅香炕肉收服了一個不吃肉的人，出乎我意料的清甜而不膩，梅子酸香長驅直入，直達三層肉深處，尾勁在舌側留下一絲柔和解膩，酸得有分寸，我鄭重地記下這一道食譜，盤算往後有酸梅都將收存妥當，像女巫在百寶盒中藏好她的靈丹一樣。

吳明益筆下的魔術師說：「有些故事總是要有人說，要被記得。」

一頓飯可以吃得山珍海味，每個人都低頭不語，也能肉鬆白飯配上老照片，吃得津津有味。從碧雲阿嬤的一顆梅子，了解一個母親物語背後的甘苦，她口中那些要如何做人、如何待人，都是花上幾十年萃取而成的道理。一樣的道理，少了耐心和傾聽，一不小心就可以扭曲成嘮叨或頑固，這讓我聯想到這樣的梅子，在自己的家裡其實也吃上很多，但不一定每次都能把握，我想，碧雲阿嬤的這顆梅子，在我心底種下的那股滋味，除了做人的堅韌與精神，還有對家的愛與溫柔。

碧雲阿嬤與孫女琬茹首次一同下廚。

份量
8~10人

梅香炕肉

|材料|

三層肉…1條
白煮蛋…5顆
油豆腐…5塊

|調味料|

老薑…1條
蒜頭…15顆
冰糖…5公克
紹興酒…5毫升
甘甜梅…2顆
白胡椒粉…適量
龜甲萬醬油…2杯

|作法|

1 熱鍋加油，爆香蒜頭、薑片至略金黃色。

2 加入豬肉塊，煸炒至表面微焦，逼出豬油。

3 轉至中小火，加入醬油，拌炒豬肉使表面均勻上色入味。

4 加入紹興酒、冰糖、白胡椒粉、甘甜梅，攪拌均勻。

5 倒入砂鍋，放入白煮蛋、豆腐，維持中小火燉煮1～2個鐘頭，即可上桌。

悲情城市的庶民日常，被一碗碗的麵茶暖化。

——蕭阿嬤的古早味炒麵茶——

大船入港，快樂出航的景象從十七世紀荷西時期開始，到了乾隆年間開放通商，人們移居內港的沙洲，過著「耕漁並藕，雞狗相聞」的生活，一八九五年馬關條約後，加速建設基隆成為現代化港灣，同時具有商港及軍港的作用，為了接駁大量快速的貨物量，整建了市街衛生及街廓系統，包含深水碼頭、倉儲設備及火車站，為戰後經濟起飛的時代，奠下重要基礎。

能讓一個地區繁榮光輝是需要一股靈氣的，而氣是流動的，曾經停留在基隆的這股氣後來海風帶遠了，漸漸無人播映這樣的夜雨浪漫，暗巷裡的故事更是無人知曉。

二戰結束後，撤退來臺的政治避難者，在這港灣旁臨時落腳試圖望見對岸的山河；多省分的族裔交鋒，分分合合最後無法單一歸納；龍蛇雜處的地方角力、港都夜雨的豔情、委託行的盛世，在孝一路到忠四路，都留著這些縮影。

原本祥和的漁村被染紅，八堵火車站的槍響不止，每天打撈起的是九人一組的男人，以鐵線貫穿手掌與腳踝，槍殺後被踢下海。三月八日後，長達數月，基隆人習慣性出門高舉雙手，向躲在巷弄內的兵仔以示屈服。這是白色恐怖時期的基隆，那時它就是個悲情城市。

種種對於基隆過往燈紅酒綠的揣摩，之於九〇年代的我，都是透過電影去認識，循著電影色彩拼貼出的基隆，讓我忘記基隆也存在著動盪背景底下，掙出活路的市井小人物。

「逼——逼——逼——」是這個時間，巷口賣麵茶的販子來了。

姊妹們相爭往門口擠去，個個眼睛發亮，試探性地通知媽媽這個一手消息，看看今天會不會意外獲得課後點心，可愛的是，壺嘴發出響徹雲霄的鳴響，街頭巷尾有哪個媽媽會聽不見呢？

蕭阿嬤指著上週在美國的弟弟剛寄回來陳舊的黑白照片，上面是祖父母，抱著還年幼的自己跟手足們的合照。

今年八十二歲的蕭靜貞，在家裡排行老二，上有一個姊姊，下有四個妹妹一個弟弟，被我們好奇的一句接一句追問，靠著照片才回憶起好多都快忘記的往事。那些童年要到防空洞躲避飛彈、初中的

時候被學校帶去基隆港迎接大陳島居民的泛黃記憶讓我們聽得入迷。

「日子窮，孩子多，天冷了，就連爸爸送完煤礦回來，也是需要來碗熱呼呼的麵茶當點心，到最後媽媽跟賣麵茶的請教，也摸索出自己一番對麵茶的見解。」

雖然麵茶不是什麼過分昂貴的零嘴，但是一家子六七張嘴，長期下來也不是個小數目，日子還是需要省吃儉用，為的是能讓家裡每個孩子，不只是男孩兒也都能給予最完整的教育，或許是父親深受需要大量使用勞力與體力的煤礦產業所苦，所以悟出唯有教育才能讓後代改變命運而有不同的出路，與更寬廣的選擇。

母親在教育方面也有遠見的，只要是基本的吃穿用度、學校需要的註冊費用，從來沒讓孩子們操心過，連鄰居都知道只要開學前夕，蕭阿嬤的媽媽就會自動出現跟會湊學費。

「現在想起來真的很了不起，那首兒歌唱的沒錯，我的家庭美滿又可愛，我的母親真的很有智慧。」這是蕭阿嬤回憶母親給的最高評價。如此愛子心切撐起的避風港，在那個物資貧瘠，政治動盪的時代，像一處霧雨港都中最能取暖的黃燈小屋，安分不招搖，外頭的紛擾飄不進這個書香屋簷。

3

1 看著老照片，慢慢回想起諸多即將忘記的年少時往事。

2 蕭阿嬤，出生於多雨的基隆，童年最深刻的味道是麵茶。

3 如自己的長輩一般，聊著兩個世代對基隆不同的記憶。

info
基隆｜蕭靜貞 1940年生
筆者｜洪薏淳

在蕭阿嬤成長的悠悠歲月中，基隆經歷了太平洋戰爭的發生又結束、日本撤出臺灣、國民政府接收、二二八事件、基隆的煤礦業從巔峰到衰落、韓戰開始又結束，以及基隆港的興衰。但蕭阿嬤始終都是那個和姊妹踏著雨鞋去上學，雨天圍著火籠烘烤衣服，靠在火車窗邊看著基隆朦朧的美，那個在大時代裡，幸運的活在父母羽翼角落下的女孩。

麵茶的製作其實不難，材料只需要麵粉，也不管低筋中筋，只是很需要時間和力氣去炒熱，堆疊出一個溫度所累積出的香氣，最終透過滾水沖勻，一股淡淡樸素的香氣布滿整間屋子，一碗如此樸質的味道，也就好像蕭阿嬤口中形容的，關於母親和家的氛圍，是沒什麼特別的，只是有一股散不掉的溫暖。

1

有個說法，早年臺灣的麵茶既可做點心，更可以替代奶粉作為嬰兒食品，說不準也是因為這樣，蕭姐小時候，家裡總會有一大罐炒好的麵茶，冷了餓了媽媽就會舀幾匙沖泡成餬狀墊墊胃。

吃過鹿港廟口的麵茶，一杯二十塊的古早味點心，賣相不特別吸引人，印象很深刻有股濃郁的粉味，大部分的顧客看起來都是上了年紀的。

蕭阿嬤說現在外頭的麵茶也別吃太多，尤其是有另一種小點是——「沖太白粉」，因現在的材料大多已不像從前的單純健康，加上麵粉是澱粉，吃多也不好，而今天吃的麵茶味道也和印象中的不同，我喜歡水分多一些，糖不用太多，如果撒上一點黑芝麻，沖上熱水的瞬間，香氣自然勝過所有添加物，雙手握著熱熱的碗，在冬天裡真的很暖心。

起初，一直很想找到關於基隆歷經滄桑的證據和最接近悲情的真相，就好像大魚大肉見慣了，只會習慣繼續追求滿漢全席的味蕾刺激，卻忘了能心安的和家人三餐團聚，不論是在什麼年代，都有它平凡中不平凡的意義在裡頭。

或許我們想不起昨天吃了哪道菜，但十年後我們腦海回想起對家的印象，是一盞黃燈下的飯桌上，粗茶淡飯配上醃瓜、幾塊鹹呼呼的豆乾，幾口地瓜簽之間的閒話家常，外頭如常下著霧雨，躲在屋子裡手握著暖暖的一碗麵茶。

2

1 沖麵茶的開水，一定要是滾開水。

2 古早味炒麵茶食材：中筋麵粉、細砂糖、黑芝麻。

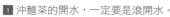

份量
6~8人

古早味炒麵茶

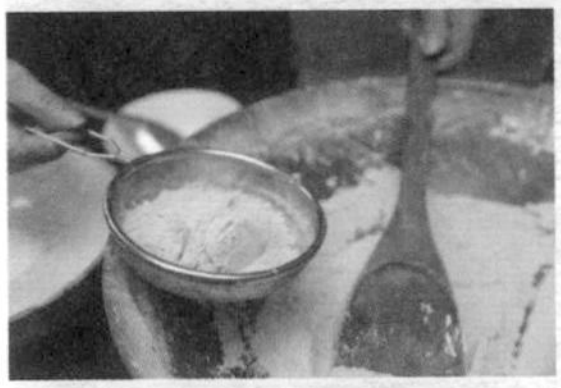

|材料|

中筋麵粉…500公克
白細砂糖…100公克
黑芝麻粒…50公克

|作法|

1 冷鍋入中筋麵粉，開中小火慢炒不斷攪拌至微黃後起鍋。

2 冷卻後，依個人口味加入白細砂糖、黑芝麻。

3 沖熱開水拌勻即可飲用。剩餘放入罐中保存在陰涼處。

手作烤麩．旅館主人．絲襪商，她是臺灣早期的斜槓青年。

—戴阿嬤的素什錦烤麩—

「現在的日本是好，但那個時候，日本人真的壞。」

賞你左右兩個巴掌，沒有原因，也不知道發生了什麼事，就是突如其來的錯愕和驚慌，像空襲警報一般。民國三十四年，太平洋戰爭來到尾聲，在臺灣老百姓眼中，對日本人是長期的恐懼和不解。尤其是都市地區，時常籠罩在空襲的警備之下，鈴聲大作是永遠無法習慣的，戴阿嬤在那時還只是個十多歲的少女，沒有辦法安心地經歷青春，每天在彰化鄉間走過漫長的田路才能到達學校，而飛彈有時就這樣砸在對面鄰居的房子上，火花爆開，碎片四散，一切就什麼都不剩了。那時的人們在危難下成長、茁壯，因而習得了一種韌性，是時代教會了他們何謂吃苦耐勞。

這故事是戴阿嬤在採訪最後才說出來的回憶，阿嬤一開始是抗拒被採訪的，是孫女徐子涵一心想讓阿嬤的故事能被保存，聯手媽媽戴阿姨一起鼓勵阿嬤參與「島嶼上的飯桌」計劃，才有這樣三代同堂的珍貴對談。

「這烤麩啊，絕對不能用刀切！要用手一塊一塊地撕，才會入味。」

戴阿嬤在說著料理的提綱契領時，與方才不同，充滿著自信和精神，我好奇有著如此料理技藝的阿嬤，應要將拿手絕活傳授給兒女們，但為何都只讓幫傭跟在一旁，不讓兒孫們進到廚房幫忙？不知道是否跟那些阿嬤不太道出的回憶有關。

「從我有記憶以來，親戚或朋友都非常愛我媽燒的飯菜，甚至放了假想吃，就特地跑來我們家。」戴阿姨對自己母親的手藝非常引以為傲，說著雖然自己也燒了大半輩子的菜，但和母親做的比，總覺得少一個味道。我們在戴阿姨的招呼下，圍著餐桌坐定，這時孫女子涵口中叫的「老爺」才從客廳沙發起身，弓著背慢步走到餐桌邊，老先生雖步履蹣跚，但雙眼炯炯有神、說話帶著上海腔，談吐風趣，閒話間逗得大家歡笑不斷。

戴家人圍在一起的樣子，讓人感到溫馨。阿嬤貼心的準備了西瓜，我們邊吃著香甜的水果，戴阿嬤也開始娓娓道來老爺學生時期的事，老爺自小生

1 戴阿嬤逐漸放下心來，臉上多了笑容說起回憶的難言之語。

2 與女兒和孫女一起受訪，格外難得。

3 戴阿嬤與孫女子涵正用手撕烤麩，做料理的前置。

長在書香世家，在自家私塾讀書，長大則到上海讀中學，但當時上海已經開始受到國共內戰的影響，嚴重干擾學習，老爺不得已換了兩三次學校，也在畢業後速速從了軍。

阿嬤說到別人的事很爽快，自己的事則少少地略提，是在戴阿姨分享自己年幼的記憶時，才旁敲側擊出阿嬤的種種往事，以及多樣的工作經驗和許多她從未說出口的，那些對家庭的無私付出。

戴阿嬤曾經的工作經歷，可能都只是補貼家用的小筆生意，但阿嬤想得可不是賺大錢，而是想讓孩子吃飽穿足，不會感受到金錢的匱乏，所以許多工作即使是毫無經驗，她都願意去拚一把。而不知不覺間，就成了現在的社會所定義的「斜槓人生。」阿嬤和老爺是在臺北認識的，老爺從軍後輾轉隨軍隊來到臺灣，三十來歲退伍後在文具店擔任會計和調撥物資，而阿嬤當年正好是剛過雙十年華的少女，剛好在對面的布店上班，當時街坊店家都彼此熟識，便開始了一段緣分，後來兩人結了婚後，來到東門開了間小餐館。那時候店面小小長長的，靠著兩人的打理，請了個師傅便開始營業，當時的阿嬤還不會燒菜，通常廚師的技藝也是不願外傳的，但她就在廚房的一旁「看」，偷偷學了些料理的基本功夫。之後在閒餘的日子裡，阿嬤除了會自己鑽研料理，也常常從老爺口中聽了些他在軍旅時期跟大江南北的兄弟們學會的功夫菜，她對於料理的天分便慢慢發掘了出來。

我想那年代的人們，所擁有的天賦不是靠興趣培養，而是被生存磨練出來的。

兩三年的時間過去了，開店畢竟是辛苦生意，長期做下來兩人的身體狀況開始吃不消，因此收起店面遷居到了新店，那時鄰居們互相串門子，在彼此家聊天、吃飯都是在陽光日子下的平凡事情，素什錦烤麩就是從老爺的一位上海朋友那學來的，是道地的上海菜色。阿嬤學得非常快，對於食物之間的搭配相當敏銳，甚至後來自己調整了這道菜的調味，變得更貼合自己和家人的口味。戴老爺做的也仍然是與財務相關的工作，對錢的精細謹慎成為了他的一技之長，為家裡提供了一份穩定的收入。但考量到孩子的未來，想要提供更好的學習環境，阿嬤開始到外頭找些工作來補貼家用。起初是賣當時正流行的絲襪，後來一位做旅館生意的朋友想退休，將旅館交給戴阿嬤經營，但二十四小時的輪班管理，同時還要打理家庭，做了一陣子後考量到身體的狀況，也就把旅館經營交給了其他人。

那時為了一個家，她總是不辭辛勞地去掙一把，而孩子逐漸大了，雖然不用無微不至的照顧，但仍把孩子的事放在最前頭，甚至在那樣艱困的年代也都把孩子送到海外深造，因為阿嬤明白只要她在這段日子裡拚命，努力成為一個家庭的砥柱，儘管自己書讀得不多，但孩子是有機會能夠去讀多一

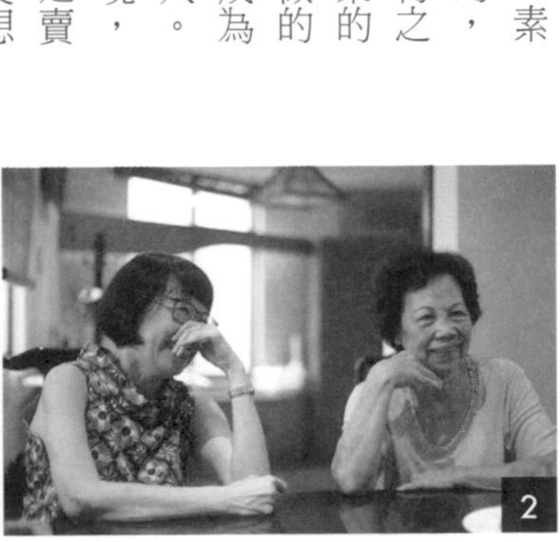
2

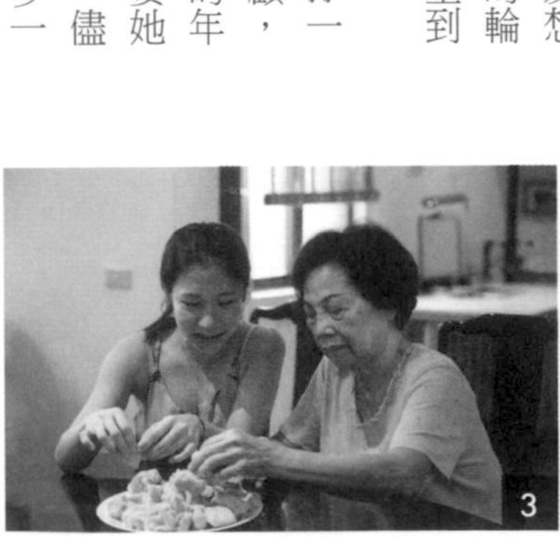
3

點的書，過上比他們更好的生活。

我想，這是那個年代裡頭，刻苦艱辛的人們所共同營造出的一片光景，因為人父母的他們所奉獻了一切，而讓這個島嶼變得更為深刻，更有重量。

談訪到了一段落後，廚房的事項也正要進行，阿嬤切著紅蘿蔔、豆腐、紅棗、筍片、榨菜，還有金針需做打結的動作，什錦的食材繁雜費工，阿嬤的臉上卻沒有透露一點的不悅，只是勤奮踏實地做著每一道工序。

「真的是第一次看著我媽媽煮這道菜。」

一旁的戴阿姨和孫女子涵似乎有些欲言又止的感動，過去阿嬤總是只想讓兒孫們享受到果實，因此都不讓家人進廚房幫忙，這是她們第一次看著自己的母親、阿嬤做著這道戴家的經典美味，有些藏於心頭深處的感恩和激動可能是一時無法說出口的。

我看著剛出爐的什錦烤麩，熱氣蒸著我的嗅覺，烤麩的細緻紋理，裡頭蘊著溫熱的鹹醬汁，戴阿嬤的烤麩中，加入了一般比較少見的枸杞與紅棗，色澤上看起來隔外紅潤。蔬菜的切塊跟嘴的口徑相符，每一口嚐到盡是食材本身的甘甜，像在給我的舌頭上一堂美學課，那些鍋具食材，在燉煮時好像就已經學會自己思考，知道自己該是什麼樣的味道，知道自己該過怎樣的一生。

「這到底是什麼樣的人生？」我突然明白，如此複雜的生命經驗，卻少了些真的關於自己的體會，幾乎把大半時間付諸了自己的兒女，在時間的沖刷之下，戴阿嬤早已把自己放在所有事情的最後頭，連影子都藏得好好的，然後沒有人發現。而只有當他們的兒女，帶著感恩的心與自己的成就回到家中，阿嬤和老爺那些無法估計的付出才得以被彰顯出來。但儘管如此，戴阿嬤和戴老爺也從未喊過半分的辛苦，因為那全是對兒女的愛。

老爺幽默地說著自己學生時期的事蹟。

info

新北｜戴阿嬤（鄭金蓮）1934年生
戴老爺（戴貽澤）1928年生－2021年歿

筆者｜陳泳劭

份量
10人

素什錦烤麩

｜材料｜

薑…適量
香菇…70公克
筍子…1根
豆干…10塊
烤麩…10塊
蘑菇…35公克
金針…35公克
榨菜…適量
紅棗…適量
枸杞…適量
小白菜…2把
黑木耳…100公克
紅蘿蔔…1根

｜調味料｜

醬油…200毫升
冰糖…適量
白胡椒…適量
橄欖油…適量

｜作法｜

1 鍋子放入2/3的水，煮滾後將撕半的烤麩放入，1分多鐘後取出後再放入冷水，將雜水擠出。
2 香菇對切、豆腐斜切、筍子、薑切片、紅蘿蔔及榨菜切厚片、金針打結。
3 鍋放入能淹過1/3食材的油量後，放入薑片，小火2～3分鐘，煸出薑味後撈起。
4 烤麩放入油鍋，炸至金黃色後撈起，再炸豆干，至中心顏色偏黃後撈起。
5 一同放入香菇、蘑菇、木耳、金針，香味溢出後起鍋撈起。
6 將炸過的烤麩、豆干、香菇、蘑菇丟入炒鍋，再放入筍片跟飯碗8分滿的醬油，開大火炒。
7 加水直至淹過食材，再放入白胡椒、冰糖、紅棗，轉成中火蓋上鍋蓋燜煮20分鐘。
8 放入紅蘿蔔，收汁後再放入木耳及金針。
9 依個人喜好使用鹽巴調味。
10 再燜一段時間，使其更入味後放入枸杞。
11 最後放入榨菜轉為大火，煮至乾，即完成。

冷藏吃法

1 冷藏過後食用，別有一番風味。
2 如果不想使祕用太多油，省油的小秘訣是可以把步驟第4、第5，需要下油鍋的食材分批放入炒鍋。

時代有時代的故事，而她們正在島嶼飄香。

—寶珠與月雲的滷牛腱—

還記得當時看《牯嶺街少年殺人事件》時，對裡頭那群建中進修部的男孩印象很深，他們成天喊著「哦~泡MISS，打KISS。」，現代年輕人哪有人這樣說話的？看完後我就跑回家裡，找正在打麻將的阿嬤。

「你們那時候真的MISS、MISS這樣叫喔？」

「真的啊，你阿嬤我也常被這樣叫哩。」

我的嘴巴傻氣地開著，閉不起來：

「那……那個聽歌的中山堂呢？就是Honey跟二一七打架的地方。」

「當然也是真的。」

林月雲，我的阿嬤。大學時下課回到家，總看到她持著電視遙控器和平板，一手搓著電子化麻將，一眼則看著時下流行的電視劇。我們共有的話題常常是一部部的新舊電影，從瓦昆．菲尼克斯飾演的《小丑》聊到臺灣的新電影浪潮，在她口中談論的明星彷彿只是個住在隔壁的鄰居一樣熟識。在我的生活中，她大概就是個充滿文藝氣質的阿嬤。

也許我從來也沒想過，這樣的她，會有著一個不那麼安穩的童年。

我阿嬤幼時綽號是「ㄚ頭」，出生在一九五一年的臺北中山北路，父親因為染上吸食鴉片的習癮，她的母親（我的阿祖）林寶珠便帶著五歲的她離開，回娘家與外公同住在一間平房。沒有父親的日子，母親出外工作，到酒家（即是現今的酒店）上班，也認識了後來的養父，母親非常著迷於那個男人，為了與那個男人交往，便考慮將她送養到別戶人家，可能是賣肉的鋪子，又或許是賣菜的家庭。

因此比起這間有著親人的房子，她更多的時間是在那些收養家中以及逃跑的路上。她時常趁收養人家忙碌之際，悄悄離去。六歲的她只依稀記得外婆家的地址，便許多次跑去「避難」。沒多久，母親就會同時接到外婆家和收養人家的電話：「阿珠啊，ㄚ頭又跑來了。」、「阿珠，她怎麼又跑走啦！」阿嬤把這段經歷講得可愛，笑聲都快多過那些傾吐的回憶。

ㄚ頭成了別人家小孩的這段時間，她的母親與養父希冀生個男孩兒，但不料卻連續兩次子宮外孕，失去生育能力，這時才驚覺：「我只剩這麼一個女兒了。」便在一次女兒又逃跑時，索性把她帶

1

1 林月雲，我的阿嬤。

2 月雲阿嬤幼時（右），家裡住在大龍新村附近，時常與眷村鄰居串門子。

3 1970年攝於日月潭番社碼頭，相片背後寫著阿嬤的日文名字：千姬小姐。

4 寶珠阿祖與曾孫們一起吹生日蠟燭，筆者陳泳劭是最小的曾外孫（左一）。

回「家」來。後來遠房親戚的朋友們傳來消息，有個男嬰的母親未婚生子，沒有能力撫養，母親經過考慮後，便帶著女兒坐上火車，遠行到涼州街一同去領養這個男孩。

男嬰抱回來後，養父卻突然說：「我不想要這個孩子。」但，這可怎麼辦？已經在回程的路上了，難道要再送回到那個年輕母親的懷中？說到這，我恍惚地以為阿嬤講的是領養某隻貓狗的事情，彷彿那個年代的孩子是一隻隻流浪動物，奔波各處，找不到一個落腳的家。「那個男嬰後來被一戶賣魚人家領養，他們夫妻給他取名『天賜』，說這孩子是老天賜給他們的禮物。」阿嬤的手撐著下巴，目光看向一個高處，好像在輕柔地翻攪記憶。

「你寶珠阿祖從山東人那學了些菜。饅頭、麵食，還有經典的滷牛腱。那個山東老兵，是第一批登岸的軍人，住在我們家旁邊的大龍新村從事料理的工作。」講到食物，阿嬤好像變回當年那個總被住在眷村的外省鄰居們叫著ㄚ頭的小女孩。這讓她想起自己的母親在爐火前做飯的身影，以及十五年後，自己的女兒阿玲（也就是我的媽媽）繼承了祖母的手藝，讓這份家族味道一脈相承且綿延不斷。

阿嬤說起還在念書的日子，母親每日都會開火做飯，每當要做些備料繁多的湯品時，阿嬤都會洗淨自己的雙手到廚房裡，踮起腳尖，聽著母親的指示處理眼前的食材，也曾拿著母親寫好的食材清單去市場採買。菜單上常常有「牛腱」這一個食材，而且一定要到指定的肉攤去採買。其他的食材還有辣椒、青蔥、冰糖、滷包，這是寶珠阿祖做滷牛腱需要的材料，因為是冷食，僅需要切片就能食用。儘管每每從酒家下班已近深夜，仍能幫孩子準備好一個有肉的便當，隔日便可帶去學校午餐。

我的母親曾說：「小時候我都會在晚上打開冰箱，看裡頭有什麼菜。有時候挑了一條黃魚和一小把空心菜，你阿祖下班回來會幫我做成便當，然後當我在學校打開鐵蓋，除了我選的那些菜外，裡頭永遠都會有幾片切好的滷牛腱，同學都會來跟我搶著吃呢。」

牛腱的肌理細密，因為是腿腱上的部位，扎實的肉質耐得住熬滷，滷汁的香氣會浸滿肉中，讓那股香氣不再只是嗅覺，而有味覺上的體驗。從寶珠阿祖向山東人學來後，這道菜便在家族飯桌上長久擔當核心角色。一顆滷好的牛腱切成片狀，大約是使用筷子夾取時不費力也不鬆軟的厚度，肉的軟嫩堪比情人的唇，配著米飯的滿足感使人警醒，也許我有許多次是吃著媽媽切好的牛腱肉片，發現自己逐漸從不知米價的男孩，長成一個知道感恩的人。

可能是來自便當盒的記憶，媽媽比起阿嬤更喜愛廚事，她會自己挑好食材，讓這些菜料待在盆中半夜，等著阿祖回家接手去做。我想了許久，這宛

2

3

4

如用食物來留言一般的事，是多麼獨特的情感；唯有生活在這個家中，懂得烹飪的她們才能讀懂的一種默契。

媽媽還說了颱風夜的事，八〇年代的颱風又猛又沉，對抗它的最好方式就是團聚，還年幼的她與家人待在暗夜的屋內，寶珠阿祖會煮一大鍋筍粥，熱呼的白粥摻有筍的甜味，筍子的清脆口感在齒牙間迴盪。她會因為祖母煮的筍粥而記住那年颱風的編名，也會因為風雨的強勁想起親人們聚起吃粥的相似夜晚。

寶珠阿祖已經在我高二時離開，我持續訪談著自己的阿嬤和媽媽，依稀能從她們口述的記憶中，那勤快的身姿還有許多人愛慕的事蹟，拼整出寶珠阿祖年輕時的面龐。

談起二二八，一九四七年二月二十八日，在陳儀宣布戒嚴後，寶珠阿祖的父親於一連串的搜捕與清查人口的行動下，被押解至集中區嚴刑逼供。那時的寶珠阿祖正值二八年華，貌美的她說服人的功力了得，帶著保正(里長)去與官員遊說：「父親在鐵路局工作，吃公家飯的，沒可能作亂。」順利的把爸爸帶了出來，也在那時認識了一個外省軍人，談起了戀愛，嚴格來說阿祖當時甚至認為，和外省軍人交往對家族更有保障。

採訪家裡的那陣子，正值香港的公民運動，也許是體會到歷史事件曾發生在自己家族的事實，再加上生活環繞的政治氛圍，我好幾個晚上夢出汗來。在夢裡，不清楚自己究竟置身什麼樣的時代，但明白一件事是我很可能會死，明確地死在某個「肅清整治」事件中。說來可笑，我只在睡眠的時刻，才真正體會那種不同於歷史課本上描述的深刻恐懼，而我的親人和許多人卻都曾真實經歷過。

那個寶珠阿祖的初戀情人，雖然一開始並沒有因為外省人的身分受到寶珠父親的反對，但那時他想帶著寶珠一起去大陸生活，紙條約定在臺中的梧棲碼頭搭船，就在這時候，父親出聲了，把寶珠阿祖關在家中不讓她赴約。至此，再沒有那個情人的消息，這讓我不禁想到，寶珠若在那時千方百計去到了碼頭，真的去了中國，那還會有我們現在的這個家嗎？

我邊吃著媽媽新滷好的一鍋牛腱，這次還多了滷牛肚和牛筋，一邊思考著這個有如時光悖論的問題，但或許是肉質上軟嫩與帶筋韌性的完美衝突感，讓我回了神，停止了這件事的妄想，轉過頭去，繼續與阿嬤討論楊德昌的電影還有他與蔡琴短暫的婚姻。

而如今，繼承了寶珠阿祖手藝的我的媽媽，就像是連寶珠阿祖辛勤的特質都承接了下來，善於做著盛大菜肴迎接每一個回到家中團聚的親人，最珍貴的是還能讓自己的媽媽吃到祖母的遙遠味道，彷佛穿透了時光來說一個道不盡的愛。

info
臺北｜林月雲 1951年生
筆者｜陳泳劭

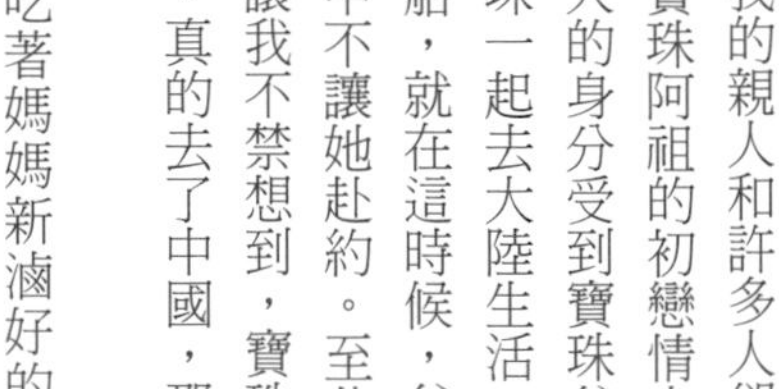

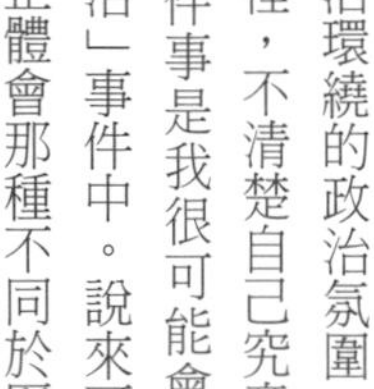

1 月雲阿嬤與孫子們，懷裡的正是快滿週歲的筆者陳泳劭。

2 月雲阿嬤與女兒阿玲正笑說著往事。

份量
5～8人

滷牛腱

｜材料｜

蔥…2把
牛腱…2～3顆
紅辣椒…1條

｜調味料｜

滷包…1包
醬油…適量
冰糖…適量
香油…適量
胡椒粉…適量
紅標米酒…250毫升

｜特殊器材｜

竹蒸墊…2個
陶鍋或砂鍋…1個

｜作法｜

1 將陶鍋或者砂鍋底部放入竹蒸墊。
2 將2把青蔥鋪在底部。
3 放上2～3顆的牛腱。
4 接著放入紅辣椒，不需切碎，保留香氣。
5 置入滷包。
6 加入醬油和適量冰糖。
7 加入米酒，再加水蓋過牛腱，將其大火煮滾後，加入適量香油及胡椒粉。
8 轉至中小火熬煮1小時。
9 熄火，須浸泡3～4個小時，如能浸泡至隔夜會更入味。
10 取出斜切成1公分厚片擺盤即完成。

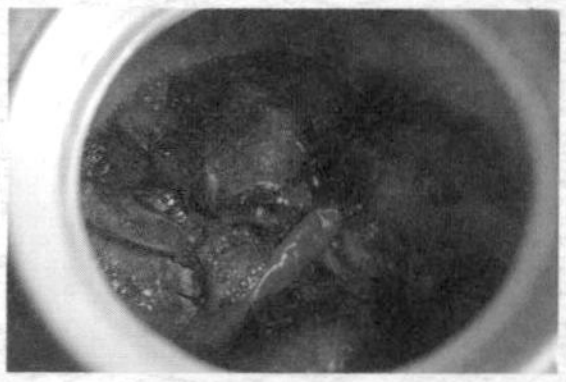

阿嬤啊，那些妳遺忘的事，現在換我來幫妳記起。

——秀蓉黃阿嬤的柴把湯——

在我記憶裡，阿嬤家之於我的意義，是收納童年時暑假作業的混沌與不安。

前院那臺黑色美利達腳踏車，後座的藤編嬰兒座不知道哪一年拆掉的，以前總載著我，市場、診所、車站去，等我長高也學會騎車，它的地位依然不減。暑假的中元節是我和弟弟最期待的行程，採買大人需要的生活用品和小孩最重要的零食，只要我們喜歡吃，阿嬤都隨我們的意搬進購物車，鄰居都笑說阿嬤每年夏天都在儲備戰糧。夏天是貪嘴的季節，阿嬤和我們是一國的，不管姑姑、大伯、爸爸、媽媽怎麼勸說飲料別喝，尤其是吃冰，但阿嬤永遠是孫子們最強的擋箭牌，挺身而出好讓我們躲在她身後偷吃。

開始念書後，有一陣子家裡經濟比較寬裕，每個週末都能從臺北往返臺中潭子老家，跟阿嬤搶電視頻道的熱門時段，她老人家打瞌睡的時候是最佳轉臺時刻，還跟弟弟分析了作戰策略，記得維持音量大小，太大會露出馬腳，太小太安靜，阿嬤也會立刻清醒。我們三人偶爾討論八點檔、韓劇劇情，最經典的是《飛龍在天》、《天國的階梯》、《戲說臺灣》及一系列的三立喬傑立偶像劇，如果因為期末考漏了一個禮拜的進度，還會隔週讓阿嬤幫我補習，儘管是子孫輩，我們的生活仍因為電視劇而有著數不盡的交集。

只是，這些她都不再記得了。這些回憶，平行地殘存在我這裡。

翻出老照片，好幾張都是我站在原地大哭的模樣，全都是大人捉弄要把我丟在某處，看著我大哭再拍下來。印象很深刻，弟弟還沒出生的時候，阿嬤每天五點都會帶我去臺北保安宮對面的魚池，有一次玩躲貓貓時，阿嬤竟然就自己躲起來，留我一個人在圓型花圃轉了老半天，以為阿嬤不見了，又開始天崩地裂地哭喊，阿嬤安慰我的時候大概既傻眼又多清楚幾分，她的孫女真的生來沒帶膽。

還有還有，我那膽小又跟屁蟲的天性，被阿嬤放在家裡的時候，總會在門邊靜靜地守著，就算只過五分鐘也會覺得天長地久，和弟弟一起看家，我也會焦慮想著阿嬤獨自出門是不是碰上麻煩了？是不是腳踏車被撞了？好險最終都會信守承諾帶

info

臺中｜洪阿嬤（洪黃秀蓉）1936年生

筆者｜洪薏淳

1 難得有機會聊起以前的故事，我（筆者洪薏淳）才知道阿嬤小時候手足太多養不起，被送給人家當童養媳。

2 將榨菜絲、肉絲、香菇絲，以金針綁起猶如柴把。

3 綁柴把，超適合當作午後的休閒活動。

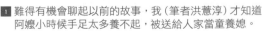

些獎品回來，犒賞看家的我們，愛之味麥仔茶、麥香奶茶，青箭口香糖裡弟弟喜歡黃色水果口味，我喜歡白色的，這幾個是我認知裡哄小孩的經典零嘴，調皮的阿嬤配上膽小好捉弄的孫女，這輩子剛剛好。

這些故事，只停留在我的童年裡，後來的日子，被課業、同儕、工作、旅行塞滿，只剩下我逕自得往前奔跑，享受風般的自由，鮮少回頭停留。

其實也沒什麼大不了的，就是長大了有自己的生活重心，思想價值觀和上一個時代不同，過年過節討厭被問的那些問題，離不開月薪、感情、存款諸如此類，甚至替我規劃當初該走什麼行業現在才能賺大錢，這些都是聽了會想逃回臺北的原因。

身為「島嶼上的飯桌」計畫團隊核心成員，直到拜訪了三十多個家庭，才開始有了些感觸和改變的念頭。每個家庭都有美麗可愛的一面，也肯定各有難解的題，但在悄悄流逝的日常裡，有些事、有些人並不會永遠像棵大樹一樣，總在原地等待。

總說飯桌計劃的目的是讓更多年輕人記得回家吃飯，重視與長輩的交流，每當我們走進別人家採訪，看著其他人的阿嬤與其他人的孫女親暱著，總讓我有回憶的投射，卻始終不敢去細數那些沒回家的理由。

因此，正猶豫著是否要採訪阿嬤，不是其他長輩，而是「自己的阿嬤」時，那種除了是採訪者同時也是親人的身分，頓時使我有著複雜的情緒盤據在腦中，同時，內心卻又有一股小小的聲音：「哪天阿嬤離開……哪天。」彷彿在提醒我如果哪一天，這篇故事只能用阿嬤還在的時候來作開頭，而不是「這次回到阿嬤家」。所以，這次回到阿嬤家，採訪了她，也一併採訪了我的童年。

阿嬤啊，那些妳遺忘的事，現在換我來幫妳記起。

印象中，妳很會做菜，都是自己摸索也沒跟誰學，香菇雞湯、擔仔麵、蘿蔔糕、長年菜、滷蹄膀……不管因計畫吃過多少別人家庭的料理，建立在自我情感和記憶之上的菜肴，是不能比較的。小時候想待在廚房，被說礙眼，大了想分勞，又被說手藝太清淡，唯獨柴把湯，是唯一會和妳一起完成的料理，每年的最後一個日落前，我們總是一起在客廳綁柴把湯的材料，妳總說我是愛畫畫的人手巧，金針、瘦肉絲、酸菜絲，全綁在一起，動作要快點，才能在圓桌上吃上一頓好圍爐。

這次回阿嬤家，老早指定要再做這道「柴把湯」，只需要一點點鹽巴和豬油，憑著酸菜的酸香和豬肉的甜味，牽引出淺淺長長的味道，尤其我最愛那金針、乾香菇在湯裡釋放出陽光精煉過的滋味，悄悄地熬，熬到孫女懂事，懂得再忙也要回家。

找尋走訪許多閩南家庭，偶然得到此湯品的名

稱，先是欣喜若狂，爾後的失望是關於柴把湯的由來典故，無人知曉也無人關心，僅在簡體網站找到相似作法的「清湯柴把鴨」，源自於湖南長沙地區的漢族名菜，屬於湘菜系湯品，形狀宛如農家的柴把，故名。

黃秀蓉，冠夫姓洪，民國二十五年出生，家中十二個孩子已經忘了自己排行第幾，學校老師在她二年級前說日語，後來三年級到六年級又說國語，在家裡臺語配著日語，來不及繼續升學，因為天空時不時飄散著戰火黑煙，時間到了就要負責去領配給的地瓜食糧。

在我還不懂「歷史」兩字意義的年紀，印象裡只記得妳和媽媽轉述的某些片段，好像很酷又很可怕。慶幸妳能成為我的阿嬤，慶幸妳沒在小時候喝到被下過毒的井水，天黑了能在簡陋的防空洞躲著，慶幸妳那一年從豐原逃回潭子家才告別十幾年的童養媳身分，最後和阿公相識相戀，光復後的日子安分守己地相夫教子。後來，這些被我拼湊起來的「慶幸」，才意識到妳的一生，幾乎和臺灣的歷史相伴相依。

農業時代的女性時常被賣做童養媳，不見得是什麼重要原因，包括阿嬤自己。而謝雪紅因為家境貧困，十二歲被她的三伯父賣進洪家，以一百六十元換取母親的喪葬費，歷經曲折後逃離了洪家，沒能成為我曾祖父之妻。阿嬤說，後來她去了日本，又去了大陸，成為二二八事件的重要人物。

換我和阿嬤說，謝雪紅當時是臺灣社會主義的革命先驅，被譽為「臺灣第一位女革命家」，參與組織臺中二七部隊，以武力抵抗二二八事件的國民政府，是當時規模最大、維持最久的反抗勢力組織。抗軍失敗後赴香港，後來正式加入中國共產黨，不但在日本、俄國念過書，還見過毛澤東，最後病死異鄉。

在執行「島嶼上的飯桌」計畫前，鮮少回家，也鮮少帶朋友回來，第一次領著這麼多夥伴回家，阿嬤突然變得有點害羞，自認為老了不上相頻頻想閃躲鏡頭，只知道不停地準備大魚大肉、不停得確認我們是不是會留下來吃晚餐、不停地問我有沒有要留下來過夜。這次的採訪，似乎在心底產生了一點變化，細細的漣漪傳到大腦，過去列舉不完拒絕回家的理由，厭惡過年的原因，或許依然存在，只是，想把握時間陪伴的念頭，愈來愈成熟強烈。

後院傳來吱吱鳥鳴，西下的夕陽影簾映在廚房地上，這樣平凡的日常是繁忙日子裡的美學，格外珍貴。或許，我家的菜肴，登不上大雅之堂，卻是我心裡最重要的童年支柱；我家的故事，比不上大江大海的悲愴，也是滋養我成長的底蘊。記得回家，「吃著高級餐廳找不到的平凡味道」，陪伴長輩，有意識地認識自家的故事，讓平凡的一切，不止是慢慢流逝的日常。

阿嬤站在灶跤，從陪伴了她半生的菜廚裡挑選碗盤。

份量
5人份

柴把湯

| 材料 |

酸菜…1塊
乾金針…適量
乾香菇…10朵
豬瘦肉…150公克

| 調味料 |

鹽巴…適量
豬油…適量

| 作法 |

1 將香菇、金針泡水靜置約30分鐘。
2 將香菇、瘦肉、酸菜切絲約0.5～0.8公分粗。
3 香菇、瘦肉、酸菜為一組，以金針做線固定綁住。
4 燒一鍋滾水，將柴把食材放入，加入適量豬油，以中小火熬煮約20分鐘。
5 待香氣出來後，加入鹽巴調味起鍋享用。

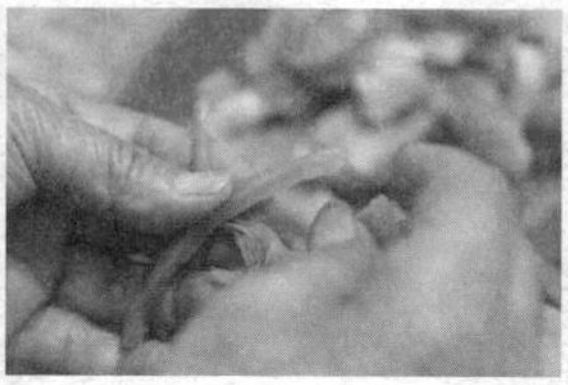

Cina、Cina！唱故事給我聽。

—Cina Puni 的阿嬤湯—

《跟祖靈說，我們回家了，我們回家了，
我們要回家了。
我們要翻山越嶺，第一個看到的是瀑布，
接著遇見土石流，經過土石流之後，
在林中搭一個簡單的茅屋，煮一些東西吃，
男人去找野生動物，猴子飛鼠。
我們再度翻山越嶺，終於看到一個山谷，
抵達的時候，雙腳已布滿水蛭。》

Cina Puni用宏亮中帶著溫柔的歌聲唱著布農族語，她說：「以前阿嬤時常一邊做菜，一邊說故事、唱歌給我們聽，故事與旋律陪伴我們長大，等到我們有了自己的家庭，就會繼續說給孩子聽。」Cina Puni的生命記憶是由一個故事又一個故事，一首歌曲又一首歌曲所串聯而成的。

Cina Puni與她的丈夫松先生，在民國七十年從臺東的桃源部落搬到Kalibuan時還沒有可以安頓的地方，一家五口先暫住在松先生的工作單位久美派出所宿舍。所幸不久好運降臨，中了愛國獎券的獎金足夠蓋一個屬於他們的家，就此開啟嶄新的生活，這裡是一點一滴慢慢建立起來的家。

而Kalibuan是什麼意思呢？

兩條蜿蜒的溪流之間，有一個河階臺地，Kalibuan就是坐落在這片環山圍繞的土地，這是一片能隨處眺望玉山、被玉山靜靜守護的土地。

以前這裡是鄒族的領地，本來有滿山滿谷的楊梅樹，Kalibu的意思就是楊梅樹。一九三〇年代，日本人要求布農族巒社群的祖先離開中央山脈的舊部落向下遷移，當時耆老們謹記先祖的囑咐，無論怎麼樣都不能離開玉山的視線，而Kalibuan正好就是能遙望玉山的地方。

如果你來過這裡，也許會跟我有類似的感受也說不定。連微風吹拂過樹梢的聲音、人們行走發出的鞋聲都變得清晰，經過的車子寥寥可數，看見貓狗的身影比看見人還多，這裡的時間是在植物的身上、動物的足跡、石頭的紋路、人們的生活之中可以找到；聲音也不僅僅是滴答滴答地響，大自然演奏的四季樂章更加完整了時間的旋律。

「Kalibuan」是因楊梅而取的地名，而這裡漢文地名「望鄉部落」則來自日本人對故鄉的思念，這兩個名稱都並非源起布農族，也許能遙望玉山才是最珍貴的意義，是族人的根本，布農族的聖山。

1

2

當一位快樂的媽媽

「你們可以叫我Cina Puni或是松媽媽，Cina布農語是媽媽的意思，Puni是我的名字。」晨光中的熱情招呼聲讓昨晚趕夜車睡眠不足的我們統統醒了過來。

Cina Puni圍著縫有珠垂的紅色兜裙，戴著鮮豔美麗的布農族頭飾亮相，她是一位母語老師，平日在校教學，假日幾乎在自己的菜園照顧植物，六十多歲能有這樣的體力要讓許多年輕人都自嘆不如了呢！

她的外公是高雄六龜人，年輕時從事籐椅製作，常常為了收集藤芯而入山，一走就是幾天幾夜。我心想這絕對不是件容易的差事，要如何在整片樹海之中辨認方向呢？遇到野獸怎麼辦？該怎麼面對變化莫測的天氣環境？據說當時外公從現今在六龜旁的高雄桃源區，一路翻山越嶺進入臺東延平鄉的內本鹿，望著眼前未曾看過的房子形式感到非常訝異，其中有間屋子傳來扎扎扎的機杼聲，他瞧見有位全身上下掛滿苧麻彩線的女孩正在織布，彷佛仙女下凡的畫面，一時間讓他亂了心神。也許是山神眷顧，這神話般的故事指引著外公來到內本鹿遇見Cina Puni的外婆，成為布農族的女婿。

外公外婆結婚後一起住在臺東內本鹿，後來日本人以管理之名強行族人逼迫遷移至紅葉，最終輾轉來到臺東的桃源部落扎根，而出生在桃源部落的Cina Puni是邱家最小的孫女，與她的大姊足足相差十六歲，備受長輩、哥哥姊姊們疼愛，或許樂觀開朗的性格就是在溫暖家庭中生長出來的吧。「由於外公是漢人，我們童年時期跟著信仰佛教，從小就會慶祝農曆過年，部落鄰居、親戚統統相約來家裡一起吃年夜飯，小孩子最開心了，可以穿新衣、領紅包！」Cina Puni眉開眼笑地接續說道：「小時候要是不聽話，阿公會用臺語罵人，所以我的臺語也算不錯喔。」

民國五、六〇年代，Cina Puni的父母務農種甘蔗，她為了幫忙分擔家務，國中階段即開始在部落裡的天主教學校煮菜：「學校的外國修女會教我們如何製作西式餐點，印象最深刻的是馬鈴薯紅

3

info
南投｜邱美惠，Puni 1955年生
筆者｜陳佩君

1 Cina Puni 在菜棚底下摘採皇帝豆。
2 打開豆莢後，飽滿亮澤的皇帝豆。
3 Cina Puni 很認真地替大家取布農族名字，並且一一解說意義。

蘿蔔蛋沙拉，在當時可說是很新穎的一道菜呢！另外也有臺灣主廚教我們中式料理，我算是從小就接觸烹飪，一面讀書、一面做菜並不覺得辛苦，其實挺有趣的。」

無論西式、中式、原住民風味的料理全都難不倒Cina Puni，如今她將大部分精神投入教育，已經鮮少下廚，然而周遭的朋友偶爾還是會向她提出邀請：「邱老師，你可以為我們這次的活動準備兩、三桌合菜嗎？」只要她的時間允許，依然會大展身手一番。

Cina Puni的兒子Ibi，在臺北工作當了幾年的電臺主持人後，決定返回望鄉部落生活，一方面照顧父親，一方面期許能夠透過自己的看見讓更多人認識他的家鄉。從開立一間民宿到開展一家餐廳，這兩個空間都蘊含一種能夠在Cina Puni身上發現的特質，一種會讓人不經意開心起來的氛圍。大概是自小看著媽媽在廚房進進出出，Ibi對於料理也有獨到的見解和創意；幾年前他與他的太太佩蓉共同開創了「慢午廚房」，慢午廚房的特色是菜單呈現Ibi對家鄉日常味道的意象，其中有道料理叫做「阿嬤湯」，是Ibi從小吃到大的食物，當中的滋味承載了許多與母親的回憶。

「Cina，你覺得當媽媽最重要的是什麼？」

「當一個快樂的媽媽，這是會感染給孩子的。快樂的媽媽未必要很富裕，而是懂得享受生活的點滴，帶著孩子一起。」慢午廚房的空間給人的感覺就像Cina Puni一樣，自然、舒服，與溫暖。

阿嬤湯在阿嬤的菜園

前往菜園的路上，走三步有野菜採，走五步有水果摘，一邊聽Cina Puni介紹野莧菜、昭和草、龍葵、川七、樹豆……，一邊觸摸、嗅聞以及品嘗，想試圖記住那些記不住布農語發音的花花草草。十多分鐘的腳程不知不覺走了三十分鐘，就說這裡的時間感，實在不同往常呀。

全臺灣的原住民都有屬於自己的阿嬤湯，各族有各族的特色，而布農族的阿嬤湯是以當令的豆類、野菜以及野味山肉燉煮而成的溫補湯品，更是傳統文化中不可或缺的一項傳承。

阿嬤湯的食材不是去鮮蔬賣場採購，我們整身農婦般的裝扮，袖套、雨鞋、遮陽帽，就是為了親睹食材到底從哪裡來呢？出發前還被叮嚀最好穿著長袖，菜園蚊子的嗜血程度絕對會讓住慣城市的人無法招架。

Cina Puni照顧幾十年的菜園，腹地比我想像得還要廣闊，與其說是一個整齊的菜園，更像是一片恣意盎然的野生綠地，分辨不出哪裡是邊界。攀滿南瓜藤蔓的棚架是天然的避暑涼蔭，周圍的皇帝豆、豇豆、龍葵、山A菜、莧菜、以及喊不出名字

1

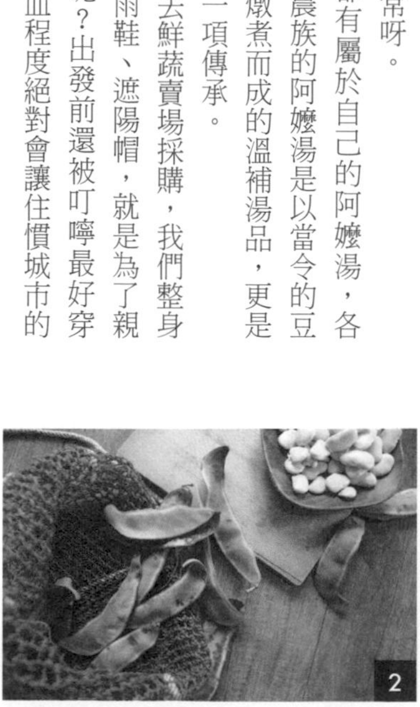
2

的各種蔬菜比鄰而居，Cina Puni不疾不徐地摘著鮮菜：「阿嬤湯就在阿嬤的菜園，我們想吃什麼就跟山拿，山裡應有盡有。」大家分工合作採收懸掛在半空的皇帝豆與熟成的南瓜，小心翼翼對待植物的同時又得眼明手快將它們取下，還要閃躲蚊子的突擊……，然而見著裝滿好幾大袋的豆子、南瓜各類葉菜，倒也忘了身上幾個發癢的腫包，內心的滿足全寫在臉上，這個瞬間，似乎有那麼一點點懂得農人揮汗如雨換來滿載而歸的心情。

《我曾經在很高的山裡面種小米
種完小米種薏仁與紅藜
還有種地瓜、南瓜、芋頭
以及各種豆類
我們都是吃這些食物而長大》

總覺得Cina Puni的歌聲是奉獻給這片豐饒的土地，小米、紅藜聽得懂，樹豆也聽得懂。

在這裡，什麼都急不得

雙手緩緩剝開一彎彎豆莢，嘴裡哼著一首一首關於食物的曲子，Cina Puni 的歌聲美得讓人以為是從音響傳送而來：「以前祖母和媽媽在準備阿嬤湯的時候，常常會唱歌給我們聽。祖母唱給媽媽

1 好奇之下，一起和 Cina Puni 品嘗皇帝豆生吃的味道。

2 褪去豆莢外衣的黃帝豆。

3 Cina Puni熱情親切的模樣，讓人忍不住獻吻。

聽，媽媽唱給我聽，我唱給我的孩子聽，就像阿嬤湯代代傳承下來。阿嬤湯是絕對不能夠被忘記的高山料理。」

《誰要去拿野菜呀
我去山裡拿野菜給孩子吃
孩子的肚子不舒服
吃完野菜就好多了》

準備了一個上午終於進入烹飪階段。Cina Puni先將清理乾淨的野味山肉直接與冷水、生薑片一同放入鍋內，以中小火煮開，她處理生肉的方式不同於一般所見：「你們看到浮在水面的泡沫可能會撈掉，但其實這些富含營養，以前老人家都是吃食物的本味。」來自山裡的肉天然純淨，沒有施打人工助長藥劑，經過汆燙反而會流失其養分價值，還會少了一份部落才有的傳統滋味呢。鍋裡的湯色開始變化，薑的香氣漸漸釋放，等待肉半生熟後把整盤的皇帝豆、豇豆以及整根的生辣椒一起加入，不一會兒豆子隨著高湯咕嚕嚕冒出來的泡泡起舞，沸騰幾分鐘再轉以文火慢慢熬煉出骨髓特有的風味，最後加入大把大把的龍葵、山A菜與南瓜心：「阿嬤湯沒有加鹽、加糖，沒有任何調味料，湯的香甜都來自蔬菜本身，有時候我會加一點點味素提味。」Cina Puni輕輕攪拌均勻混合所有的食料，滿意地試喝一口。

阿嬤湯和我過去所喝到的湯品都不一樣，直接以生肉燉煮的湯色仍保持清澈，湯頭濃郁且不油膩，甘腴的肉質有一股帶勁的野味在嘴裡奔騰起來，綿密細緻的豆子以剛剛好的速度融化於舌尖，尾韻綻放蔬菜的清甜完整了味蕾的享受。這是只有品嘗過後才能確切明白的味道，猶如必須得真正進入深山之中才能體會當中的美好。食物聽著做菜的人開心唱歌，是不是也會變得特別好吃呢？

木碗裡的野菜與野味山肉，是一切參與的成果。從幼苗到結果，從獵獲到恩典，從產地到飯桌，皆來自島嶼上的群山，山的土地、山的四季、山的風雨，以及信仰山的人們。

「以前阿公說，山裡面有很深的洞，會讓地表的東西掉進去，尤其是在下大雨的時候，不知道哪個石頭會被吸進去、哪棵樹會被吸進去，所以小孩子不要一個人跑進山裡……」

現在的洞更巨大了，因為人類著急開墾的後果，讓更多孩子處於危險的環境。在這片土地，什麼都急不得呀，就像手中的一粒樹豆，需要慢慢長大、細細品嘗。

我們與Ibi一起在「慢午廚房」門前留影紀念。

份量
6~8人

阿嬤湯

| 材料 |

清水…2000毫升
山肉…600公克
豇豆…100公克
龍葵…1把
生薑…4～5片
生辣椒…2～3根
皇帝豆…300公克
南瓜心…1把
山A菜…1把

| 調味料 |

味精…適量

| 作法 |

1 將山肉清理乾淨切塊，與清水、生薑片一同放入鍋內煮開。
2 待肉半熟後加入皇帝豆、豇豆與完整的生辣椒。
3 高湯沸騰後轉小火繼續燉煮約30分鐘。
4 最後放入龍葵、山A菜與南瓜心，煮熟後即可關火。
5 可以依照個人喜好調味，Cina Puni的阿嬤湯只有加一點點味精提味。

小撇步

1 山肉可用排骨、雞肉取代，入鍋前建議先汆燙去腥。
2 可選擇當令的蔬菜代替。

一把刀、一把鹽，醃住賽夏族祖傳的祕密料理。

—朱夏銀妹的生醃肉—

賽夏族的傳說裡頭，有一群居住在山洞裡的矮人，他們有著暗黑色的肌膚、一頭捲髮，體型矮小且行動迅捷。

因為共同居住在五峰的山區，賽夏族人與祂們建立了友好的關係，矮人傳授了許多自然知識與技能給部落的人們，而賽夏族人會在舉辦慶典的日子，邀請矮人一同參與盛宴。每當慶典的日子來到，他們會於山谷的這頭，射出一枝箭穿過一整個懸崖，抵達矮人居住的洞穴口，通知典禮的進行即將要開始。

但精靈般的矮人在來到賽夏村落後，許多賽夏族的婦女時常會感到不適。「這種感覺只有女孩子知道。」朱義德校長口吻神聖地繼續說著。族人與長老們私下商討後，猜想是矮人耍著巫術作祟，藉此靠近賽夏女子，但並沒有任何證據，只能暫時隱忍。然而在某一次的衝突下，終究爆發了所有累積的不滿，賽夏族中的男子結夥，藉著矮人要通過吊橋來到部落時，悄悄地割去了支撐吊橋的繩索，矮人便全摔落至山谷下的湍湍河流中，唯有留守在山洞的兩位矮人存活。

在此之後，賽夏族的部落長期面臨諸多社會問題，稻穀不發芽、嬰孩夭折、壯丁不斷暴斃，沒有人明白為何如此，只是在每一個夜晚，大家不禁會想起那座斷了的吊橋，並祈禱那與一切不祥之間沒有任何的關係。

直到有晚倖存的那兩位矮人來到一位長老的床板邊。

「我們對你們很好，你們怎能如此？」長老對於眼前還有矮人存活著，感到不只一種複雜的情緒。「未來的每一年，你們都必須舉辦祭典祭祀我們，才能保你們全族平安。」矮人靜靜地說著。

那一夜後，矮人們開始教導祭典的程序。「最難的是歌唱，再者是舞蹈。」朱姓家族是最先學會歌唱的；矮人便指定歷屆的主祭者都必須是朱家，其餘的氏族則擔任輔佐的角色。在一族的歷史中，也常有為了讓朱家延續後代，其他姓氏的家族便會將兒女許配給朱家的情況。

賽夏族的祖先們，始終認為就是吊橋事件招致了詛咒，為了讓村落再度活絡起來，於是悉聽倖存

1

2

矮人們的指示，將每年一次的矮靈祭祀傳統在部族傳承下去，直到日治時期，統治者為避免部落頻繁的集會結社，才改為兩年一次，延續至今。

矮人在教完了所有的祭典事項後，便離開這淵源複雜和悲傷的地方。過去是國小校長的朱義德，不疾不徐地說完一整個傳說的來由，絲毫感受不到任何對於傳說故事的懷疑和戲謔。

我們一行人驅車來到新竹五峰鄉，很難想像在百般迂折的山路終點，坐落著一個龐大優美的圓形祭場；靜靜地就待在那兒，儼然像這整座山中一個美麗的腰窩。而在祭場的更上方則住著一群熟知如何舉行祭典的居民，他們正是矮靈祭典文化的傳承者——賽夏族。

朱夏銀妹是新竹的賽夏族部落中，年紀較長的一位，同時也是朱義德校長的母親；年近八十的她，從廚房的俐落身手，乃至帶我們一行人去到後方的山丘上尋找馬告樹（雖然已被前一日的颱風不幸吹倒），這一路下來，似乎都沒有感受到任何年老的跡象，她還對一旁幫廚的孫女說道：「以後也要會做喔，看妳做得好不好吃。」

朱夏銀妹的父親，因為在太平洋戰爭時正值青壯年，被日本政府徵召入伍，隨軍到了菲律賓後，就再也沒有回家過了。那時銀妹才國小二年級，與手足一共四個孩子，就這樣被母親一人拉拔到大，一家人也因為這樣所以格外團結，許多事在成長過程中得慢慢學會，從到河邊用著石頭學洗衣服、照顧家裡的生禽、插秧種田，而下廚一事，大多是觀摩著母親在廚房裡的身影，手把手的學習著，到了初中和高中，便已能夠做出許多道地的山中料理。

其中一道醃漬料理「山地生醃肉」，是賽夏族在山中打獵以來的傳統，當時的族人於山間和溪流進行打獵活動，一般進入山中打獵，大約都會在山上待個十天半個月，即使在這段期間已經獵到獵物，也不會立即下山，為了在山中保存獵物的肉不至於腐敗，因此衍生出這種只需要將生肉、米飯、鹽以及米酒放入罐中，就能保存食物的方法。獵人會將捕獲的獵物經處理後放入罐中醃漬，再埋入土中，至狩獵結束，返家途中再從埋入的地方取出。既能保存食物，又能讓豐厚成果不會成為行動上的巨大負擔。

溼潤熟米飯與鮮紅的生肉填塞在透明玻璃罐中，用鐵湯匙壓緊，不能留下一點的空氣於裡頭，接著加進半小杯的米酒，再用保鮮膜覆蓋瓶口，最後以塑膠蓋封緊，一個多月後便可食用。步驟相當簡明的山地醃肉，吃起來氣味卻猛烈，似乎在過往裡所有的吃食中，都不曾嘗過這樣的味道，口感特別有嚼

1 朱a丶po˘第一次被採訪，害羞得可愛。

2 與孫女在廚房前合影。

3 背著竹簍上山採馬告。

勁，從一開始放入口中強烈的鹹味與發酵的氣味，再經過咀嚼後味道愈發圓潤，這時再配上一口啤酒，真是再適合不過。朱義德校長說道：「我們原住民在拿出這道菜時，就是對客人朋友的誠摯邀請，換句話說，就是當作自己人啦！」真有那麼一刻，我才透過那吃起來有如優格般的肉，體驗到融入一個文化之中，將有多麼的獨到和迷人。

採訪那日，為了中元普渡，近乎是朱家所有人都回到五峰鄉，在一個手工搭建的大涼亭中，山風吹過桌面所有的菜肴，飲酒配飯是基本，原先採訪的些許緊張，被朱家兄弟們的吆喝聲都給驅趕走了。儘管受到漢人、泰雅族及日本殖民時的影響，許多習俗與信仰或許和一般我們熟知的差異不大，但本身賽夏族的傳統仍保留著，例如祭典以及吃食待客方面。

「等aˊpoˇ來再吃啊！」朱校長對著飯桌上的晚輩叮嚀著。aˊpoˇ其實是客家人對外婆的叫法，而除了祭拜祖靈外，朱家人都是天主教徒，從此種種都可以看出分布在新竹與苗栗以客家聚落為主的賽夏，是個多元文化融合的族群，但賽夏原始文化消逝的速度，也更令人憂慮。

飯後，朱義德校長便跟我們說了許多族裡的傳說以及習俗，曾經在歷史人文課本上學到的，都不及來到山林中，真正聽著部落族人細細分享的事，有許多的印象被顛覆，也藉此更了解到認識與傳承的重要性。

「總會在聽到迷人的傳說故事後，開始好奇它的真實性。而傳說是真是假，已不再是最為重要的事。」

對於傳說的真偽已不是朱校長所在乎的，儘管今日的科技以及知識，能夠去辯證許多事情，但傳說故事的意義卻全然不是如此。

而不管是釀酒或打獵，賽夏族人都有著一個不言自明的忌諱，那即是「非得讓家和，萬事才會興，不然酒會釀得苦，整座山會無半毛獵物。」朱校長笑說如此邪門的事，卻也不得不相信，因為一直以來的傳統就是如此，而他也認為家人之間沒有心事憂擾，事情才能做得心安理得和順利。

或許矮靈之於賽夏族人來說，就像是象徵著自然的對象，遵照著這樣的儀式過程，來表達族人們對於天地一切生命的恐懼與敬畏。透過一代傳著一代的典故和傳統儀式，所帶給族人們的是對於自己部族的尊敬與認同，若糾結於真假之事上，那儼然失去了傳承的意義。一個文化的綿延不斷，仰賴著神話的神聖色彩與族人們的悉心維護與傳遞，持著這樣的智慧，許多珍貴的歷史記憶都將在百年甚至數千年後，扎實的留存在臺灣——這座人文色彩豐沛的島嶼上。

info
新竹｜朱夏銀妹 Sayta' 1940年生
筆者｜陳泳劭

我們聊著屬於賽夏族的傳說故事。

份量
6人

生醃肉

｜材料｜

水…100毫升
冷飯…250公克
鹽巴…20公克
米酒…35毫升
豬肉（三層肉）…1200公克

｜作法｜

1 將生豬肉切成塊狀，放入冷飯中。
2 加入水（飯若太黏，可加多一點）。
3 加入鹽巴。
4 最後放入米酒（殺菌）。
5 於盆中用手攪拌混合。
6 用塑膠袋將攪拌好的食材包裹。
7 包裹的食材放在盆中，用石頭壓在上頭（石頭得均勻布滿，鹽巴才能入味）。

糕餅師傅、餅店頭家，在這之外他還有一個身分是「父親」。

—阿聽師的小芋仔—

第一次見到阿聽師的時候，我們失禮地竟沒有認出他來。阿聽師在芋頭文化館園裡戴著鎮瀾宮的鴨舌帽，拿著園藝大剪修裁著園區裡的植物，看起來就像個聘僱的管理人員，而我們多次與他擦肩而過，嘴裡還嚼著被招待來的甜芋牛軋糖，完全沒能認出這位經驗熟稔的糕餅師傅。

十七歲，隻身前往「建成珍」習學餅藝

本名吳聽朝的阿聽師，在朋友的介紹下，於十七歲之際來到了一間以餅乾烘焙為主的餅店——「建成珍」。早期的餅店什麼都要賣，從傳統餅到西式餅乾，從中式糕點到日式麻糬。「這攏是在糕仔餅ㄟ範圍內。」阿聽師用臺語說著：「係用米做，所以大人、細囝攏嘛愛吃。」

我們則含糊地用國語問起：「那……阿聽師是因為喜歡糕餅才去那邊做學徒嗎？」

「媽媽說，找一個頭路學一個功夫就好。」

阿聽師出生在臺中大安的務農家庭，養鴨養雞是最基本的事項，而那時除了照顧牲畜外，阿聽師印象最深的就是小學放學回家後，媽媽總是在編織藺草做的草蓆、草帽，他如果肚子餓就會去看看大灶裡有沒有要餵豬吃的熱番薯，可以從裡面拿比較漂亮的來吃。如果沒有，媽媽就會從廚房的「幸福水缸」裡拿出美味的點心。幸福水缸本是用來裝水的大甕，大人總稱它為「水缸」，缸裡的溫度較低，再加上甕上方有蓋子保護，底部又有護城河，能避免螞蟻、老鼠、蟲子入侵，所以也常拿來醃菜或保存食物。而媽媽會將年節或親友送的糖果、糕餅點心，種種零食放在這裡保存，所以阿聽師稱作「幸福水缸」。這對年幼的他來說是在單調生活中的一種期待，他會在餵鴨時想著水缸裡頭，母親或者外婆今日又放了什麼吃食，那品嘗起來又會是什麼味道呢？阿聽師一說到這兒，那又笑又瞇眼的樣子，不禁讓我感覺或許那段時光裡，在阿聽師的心中對於「糕餅」，就已經種下了原初般的喜愛之情。儘管他總是平靜的說：「哪談得上喜歡，不會餓肚子就好。」

後來他離開了家，去到建成珍苦學做餅功夫，

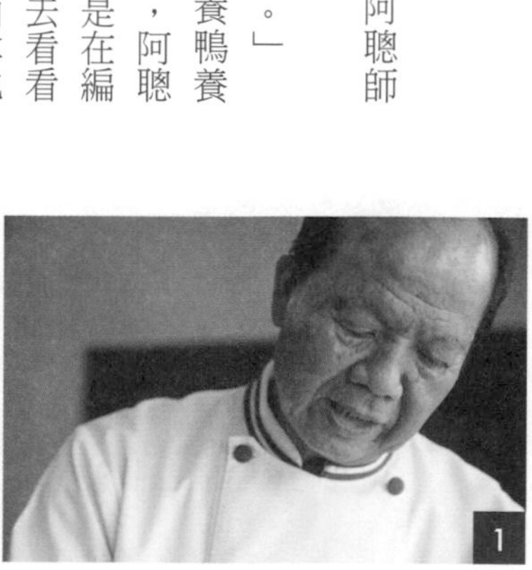
1

2

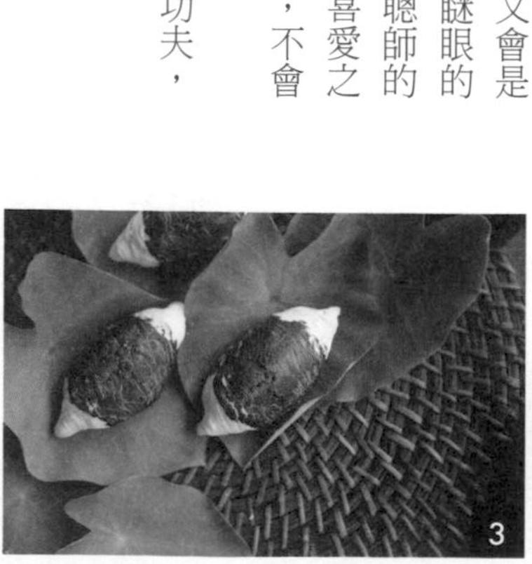
3

單純的他只想著學一技之長養活自己，而關於自己喜不喜愛糕餅，他當時似乎不曾去想，只把它當作一門功夫，找頭路的方法。那時有名的雞蛋餅乾，阿聰師告訴我們，其實都是用鴨蛋做的，因為那時期池塘多，養鴨比養雞方便，故鴨蛋比雞蛋便宜，成本是可以壓低的，但是阿聰師又說：「我還是用一樣的成本價，寧願放多一點鴨蛋，好吃一些，也不去賺那一點點的差錢。」

這不是商人的企圖，是把食物變美味的精神。

來自自然，模仿自然，自然之美，美味自然

趁著天色還未晚，阿聰師帶我們去到芋頭文化館的手工製作體驗坊，他拿著一個巨大的芋頭擬真模型，要我們看個仔細，看它的水滴錐形狀，它的深淺紋路，想像它的味道，因為這跟待會兒要製作的小芋仔有密不可分的關係。原來阿聰師在研發小芋仔時，就是按照著芋頭的外表來構思，在將麵皮包裹住芋頭內餡時，不同的力道在麵皮上造成的不工整，反而讓烘烤時能夠呈現有如芋頭的真實紋路。每一個手工製作出來的「小芋仔」，彷彿都是一次次的芋頭收成，這是深耕於大甲的阿聰師，於自然之美中得到的靈感。

阿聰師在說著有關做餅的一切時，他總會將雙手的手指交扣，有種極為認真的氣息，在還未注重食安健康的時代，阿聰師就已經秉持這樣的精神在糕餅上了，彷彿每一次的揉麵團、每一次的烘焙、每一次的使用天然食材，都帶著初次嘗試的那種專注和勤奮。

工作三年後，阿聰師到臺北三重，繼續學著餅藝，直到退伍，身心都到了一個厚實的階段，他回到臺中大甲開立了自己的糕餅店，並以父親所親題的店名「合味香」正式創業。在大甲做餅的日子，阿聰師依照著人們生活的習俗與習慣，過年時做麵龜，三月配合著媽祖的進香節慶，五、六月開始做糕，七月後開始則是中秋月餅。做餅和做農的有時節性；泥土的氣息與糕餡的芬芳，都不約而同的有著類似之處，阿聰師似乎知道這一點，所以最後他仍選擇回到臺中的家鄉扎根，而不流連在其他繁城大市。

合味香穩定成長後，阿聰師也結了婚生兒育女。我們剛來到園區時，就是他的二女兒吳佩芬為我們介紹整個環境，還有人稱「芋頭公主」的大女兒吳倢菉、小女兒吳佩娜，她們與爸爸一起創立了沃農士，旗下的品牌就是現在的《阿聰師的糕餅主意》。

大女兒倢菉說起自己對糕餅的興趣就是源自父親，小時候在爸爸開的店裡玩耍，曾跑到案秤上

4

1 阿聰師製作糕餅時專注的神情。

2 年輕時的阿聰師以父親提名的「合味香」開了第一間糕餅店。

3 小芋仔龜裂的紋理宛如真的芋頭。

4 阿聰師仔細地刷上色，小芋仔的外表不可馬虎。

結果摔了下來，也曾和妹妹輪流陪爸爸去送貨，在貨車裡頭儘管不斷從後方傳來餅的香氣，倢莱也會告訴自己：「爸爸辛苦，不能偷吃。」只有在所有貨都送達後，剩下的一點糕餅碎屑，那時她才會問爸爸：「我可以吃這些屑屑嗎？」

倢莱坦誠自己不像爸爸在餅藝上那樣經驗老道。曾經去到餐飲職業學校進修的她，說當時把學校課程做的西點帶回來，給爸爸當早餐嘗嘗，想聽些身為糕餅師傅的父親的回饋和建議，但阿聰師只在一旁悶笑著說：「真的不要再帶回來啦。」雖然倢莱在糕餅製作的實務上不那麼精熟，但說起她的「做餅思維」，從挑選原料、受眾分析、產品定價和銷售地區以及各式新產品的研發，這全是她的拿手項目。

女兒們對商機的敏銳加上阿聰師的手藝，品牌形象很快就竄升，工作上的契合也讓他們父女四人感情更為緊密，他們時常的共同話題都是圍繞著糕餅，該如何行銷，下一個新產品的可能性在哪？他們聽起來，仍然是民國六〇年代，開著貨車挨家挨戶送著糕餅的父女們。

傳承和開創的精神

說到料理的色香味，糕餅或許是一個最適恰的例子，從顏色與形狀上的精緻標準來看，小芋仔粉白又帶點焦棕色的餅皮，剖切開後中心是均勻的紫芋色，拿在手上就彷彿一個迷你的芋頭，光是視覺上就飄散出味道，而湊近嘴前，鼻子嗅到的酥皮香氣與咬下時，溢進口中的味道完全相襯，卻也不失層次，因為裡頭的內餡清爽，不會過於甜膩。

這道糕餅的設計實在精巧，三姊妹說起他們與父親工作了許久，一直都保持的精神「不計成本地開發，去問去看去考察，只為找到新的美味。」倢莱曾出差到日本、澳洲考察甜點和用料，就算工作結束有閒暇時間能在當地遊玩，她仍沒把工作的心態收起，而是邊走邊留意任何有關糕餅的可能性。

每個人，都該有自己的家鄉味解鄉愁

阿聰師雖然身為多家品牌的老闆，但他同時也是一位父親，拉拔兒女長大，把所學的經驗傳承下去，流遠在「做餅」這件事上，「糕餅」既是他們一家人的家鄉味，亦是鄉愁的味道，而孩子們也各自找到屬於自己的方式去承接，與其說他們家是做糕餅的事業，不如說他們是有著對糕餅的喜愛的一家人，創業和壯大的意義，已經不再是過去為了支撐起一個家庭那般的沉重，而是他們各自在對這項技藝的追求時，開拓的道路，撒下的飄香過程。

info

臺中｜吳聰朝 1944年生

筆者｜陳泳劭

捏麵的手勢需要練習以及耐心。

份量
12顆

小芋仔

材料
油皮…780公克
油酥…480公克
麵粉…適量
芋頭餡…240公克

調味料
巧克力…35公克

特殊器材
擀麵棍…1根
刷子…1支

作法
1 將芋頭餡分成12等分滾圓，蓋上一層保鮮膜放一旁備用。
2 將油酥麵皮平均分割成12等分（每塊約40g）滾成圓形。
3 將油皮麵皮平均分割成12等分（每塊約65g）滾成圓形。
4 將油酥包入油皮。
5 取出包好油酥的油皮麵團，先用手掌輕壓扁，接者使用擀麵棍將麵團擀成長牛舌餅狀。
6 從較長邊的上方，朝下方斜捲成長棍狀。
7 把長棍狀麵團擺成直的，擀麵棍先從中間處下手，往下把麵團壓擀成長條的薄片。
8 再從中間往上把麵團壓擀成長條薄片，接著你會擀出一條至少40公分的長麵皮。
9 從短邊處由下往上捲，捲成一個螺旋狀。
10 將麵團擀成圓形薄皮，包入芋頭餡料，麵團封口滾成橢圓形。
11 將可可粉用熱水泡開。
12 麵團收口處朝下，用刷子沾可可在麵團上塗色後，放上鋪有烘焙紙的烤盤。
13 放入已經預熱至攝氏180度的烤箱中，烤約30分鐘。
14 收出放涼後，就完成了。

從日式宿舍裡流傳出的桂圓麻油雞，拯救了日本人的身高？

—施阿嬤的桂圓麻油雞—

資本主義社會之下，常有我們必須習慣、淡忘的新聞，淪為茶餘飯後的話題，幾句批判再用無奈結尾。這些事依然持續的被消失，好像時代在更新，曾經的光輝就得被夷為平地，不能和我們一起走到未來。

我想幫施阿嬤陳設一個「家」。

這個「家」對建商來說是生意、是商機；對學者來說是古蹟歷史；對施阿嬤來說就是一生懸命的歸所。

標準鄉下該有的紅色鐵門，圍牆庭院配上一棵大榕樹，後院還要養上幾隻老母雞、鴨、火雞，藍綠色的門框鑲著停產的窗花玻璃，榻榻米飄散藺草香氣，門楣上還掛著一些泛黃的老照片。

民國三十五年，二次世界大戰日本戰敗撤臺，許多日據時期留下來的宿舍因保存完好，配給為公家機關職員的宿舍。在稅捐處上班的施阿公，帶著妻小舉家遷進南投市藍田街的日式平房。施石來富當年二十三歲，懷著的二兒子就在宿舍的榻榻米上出生，時間走了超過一甲子的歲月年頭，開枝散葉，蔭護了這座老宅。

啊！可是還少了施阿嬤才煮得出來，全世界最好吃的桂圓麻油雞，少了這一味就不算是阿嬤家了！是什麼樣的滋味，全家族一致認為這樣的味道能代表施家？

施阿嬤現在輪流住在兒孫們家，剛好最近待在臺北，我才能有這個口福嘗到施家號稱世界好吃的味道，也感受著施家四代同堂的溫暖。

「以前日本人攏學著這樣呷，後來才長得比較大漢！」

眼前這位年近百歲的施阿嬤，歲月在她臉上留下了滿滿的故事，除了聽覺比較退化外，都還能俐落的翻炒雞肉，薑片、麻油、桂圓乾，她說坐月子的女人這樣吃最好，一定要加桂圓乾這味，日本人也都這樣學著吃，後來才長得比較高大。

全酒的麻油雞不含一滴水的熬煮，濃濃的酒香配上我們登門前就擺好一道一道油亮的滷豬蹄膀、炒米粉、滷蛋與豆乾，可見阿嬤是多有才華才幹、懂得照顧人的，但是這些現在都不用她操煩了。

整個家族熱鬧轟轟的，曾孫們拿著玩具車來回追趕，最小的還抱在懷裡睡著，最懂廚藝的孫子俐落

1

2

專業地準備一切阿嬤需要的備料，媳婦女兒們與阿嬤的談笑互動，我們實在分不出誰才是親生的女兒，誰才是嫁進來的媳婦，阿嬤的好手藝也都傳到這一群「女兒們」身上，拍攝前孫女還在房間幫阿嬤梳妝，大家一點也捨不得讓阿嬤起身勞動，這個畫面是不是可愛得不得了！

每道菜都能看見是不客氣的下了厚本，完全能從料理感受到這個家族是充滿愛與凝聚力的，讓我忍不住也想念起我的阿嬤，一樣是那種孫子飯都扒了半碗才肯夾自己的菜，不時確認是不是每道菜大家都有吃到？整桌菜的組合一定是肉比青菜多的。

可愛的笑容，關心我太瘦弱要多吃一點，這種熟悉的感覺，忍不住的讓我有點鼻酸，這才意識到原來我也很久沒回家看看我自己的阿嬤了。

施阿嬤的二兒子說，以前念書每逢大考時，母親都會早早守著母雞下蛋，趁著蛋殼都還有餘溫，就直接把生雞蛋打在剛睡醒的孩子嘴裡，為準備上考場的子女補補身子，在那樣的年代，這就是最營養的。當時為了貼補家用，家裡的庭院養了些豬、雞，除了可以販賣，也會做為家中飯桌上的料理。冬天要做麻油雞，從養雞殺雞都自己來，施阿嬤會為雞念上這樣的往生咒：「做雞做鳥無了時，後出世去做好野人的子兒」，再精準的一刀往脖子割放血，動員全家一起燒水燙雞

3

1 施阿嬤住了大半輩子的日治宿舍，藍綠色的門與窗框。

2 施阿嬤在南投家中的紅磚牆前。

3 在搬離南投宿舍前，四代同堂拍攝的大合照。

info
南投｜施石來富 1923年生
筆者｜洪薏淳

拔毛，最後一起享用最營養美味的那鍋湯。

這時施阿嬤的孫子指著桌上那鍋炕肉，說以前吃飯的時候，每天桌上一定會有鍋炕肉、滷蛋，施阿嬤有時都會咬一咬後再放進孫子們碗裡幫助吞食，每天就是白飯配這味長大的，這週吃完下週還會有新的一鍋，到現在還是百吃不膩！喝一口阿嬤盛的麻油雞湯，無水的米酒香經熬煮後，揮發了大半的酒氣，剩餘的香氣瞬間充滿腦門，是外頭吃不到的渾厚湯頭，接著，散發著油亮光澤的雞腿，輕鬆脫去滑嫩的雞皮外衣，肉質Q彈卻又在適當的時機與骨架分離，難怪子孫們口中的對這碗湯的評價，好之又好。計算一下年份，其實施阿嬤和我自己的阿嬤年紀差不遠，同樣都是受過日本教育，聽著空襲聲進出地上與地下的世界，住過日本人蓋的房子，家人之間的稱呼多少用上一點日本語。

可惜，施阿嬤一〇八年就從南投遷出那座她現在說來都還會心傷的老宿舍，阿嬤是少數待到最後的幾戶，就連她最好的姊妹伴也都隨歷史遠走。

宿舍怎麼了？

幾年前，有個日本女孩子還回來這房子找阿嬤，哭著跟阿嬤相認說她在日本政府殖民時期，就是在這房子出生長大的，房子保存得一模一樣，之後還把在屋子前跟施阿嬤的合照從日本寄回來。

施阿嬤說，她回去看過，現在裡頭亂七八糟的，已經斷水斷電，但還沒開始動工建設，為什麼不讓她住到要拆建的最後一刻？

這個疑問，我們看得懂字的年輕人，也不懂。

但我深深懂的是，在施阿嬤身上，我看見自己家阿嬤的影子。孩子們都在城市裡有了好成就，隨時能過上好日子，但就是執著的要守著那裡最一開始的地方，用一輩子的時間守房、守人，人去了，房老了，還有菜園可以繼續互相陪伴。有這個房才有阿嬤，房子也因為阿嬤而得以長存，整個施家從這開始經歷生與死，令我憤慨的是阿嬤卻要在生的時候離開它。

離開時我對施阿嬤說：「要好好照顧自己，我還要來吃全世界最好吃的麻油雞喔！」施阿嬤握著我的手，說現在不多求什麼了，只要離開的那一天能好好走，沒有太多病痛就好，只是下次來不知還能不能再相見。

一時間還不能用這樣豁達、有愛的胸襟方式看待世界，我鼻酸無語。

後來，我總是滿懷感激的念想那碗濃濃酒香的麻油雞，那股辛辣帶出的甘甜，讓我憶起，是時候回家看看自己的阿嬤，也是很久沒好好陪伴自己的長輩，該好好的認識關於自己過去不怎麼接受的全酒麻油雞，裡頭有什麼味道和理由，能讓我飛得再高遠，最後還是會回到那個最初的地方？

施阿嬤和孫女慧妤講解烹調麻油雞的訣竅。

份量
4人

桂圓麻油雞

| 材料 |

老薑…1塊
雞腿肉…3隻
桂圓乾（龍眼乾）…適量

| 調味料 |

鹽巴…5公克
冰糖…10公克
麻油…20毫升
紅標米酒…1瓶（600毫升）

| 作法 |

1 先爆香老薑片，再加入麻油。
2 加入雞肉，轉至中小火約15分鐘，煎至外表金黃色，蓋鍋鎖住肉汁香氣。
3 倒入米酒淹過雞肉，加入冰糖、桂圓乾後蓋鍋，滾煮30分鐘後鹽巴調味。
4 以筷子戳進較厚的雞腿肉部位，確認熟透後，即完成。

舞動著菜勺與刀刃，搭配流暢的步伐，譜出餐桌上的酸甜苦辣。

—雪玲姐的紅糟鴨—

從臺北市沿著臺三線一路開下來，沿路會經過三灣。臺三線是一條在山間蜿蜒、滿載臺灣歷史的公路，過去也是客家人與原住民的漢番交界線，中北部的路段也是過去茶與樟腦的產業道路。

一到三灣五穀廟，就可以看到在一旁的「阿戊嫂店鋪」，阿戊嫂是鄉里間大家稱呼雪玲姐的母親的方式，雪玲姐就用了母親的名字作為店名。屋外偌大的庭院，望一眼就感受得到是被悉心照顧的，否則不會如此草木扶疏。這是一片結合了劉雪玲與一家人的生活及經營客家餐館的場域，我們走入最裡面的餐廳，空間開闊，牆上掛的都是雪玲姐比賽得獎的獎牌與匾額。

雪玲姐跟女兒與a ˊ poˇ（客語的祖母之意）之間用流利的客語交談著，雪玲姐一邊準備做菜，一邊跟我們閒聊，說到自己很會做菜，但是女兒卻一點也不會，女兒也在一旁笑著說她真的只是說了一口好菜而已，雖然如此，女兒放假時也會做雪玲姐的小幫手，平時媳婦也是廚房裡的得力助手，一家人笑談之中流露出彼此緊密的情感。

雪玲姐的聲音洪亮爽朗，在廚房裡動作極快，一下子就炒好了一桌的菜。她手上切著等等要炒的苦瓜，一邊說著這個廚房是她自己設計的，因為想說自己最清楚有哪些需求、動線怎麼樣最方便，而雪玲姐做菜也是用同樣的作風，什麼都不假他人之手樣樣自己來。作為土生土長的在地客家人，因為生活在丘陵地區，環境較為艱苦，形成了節儉不浪費的生活習慣。像是從一道道的芥菜料理就可以看出客家人的智慧，在收割完稻米後的田地，通常就會拿來種芥菜，收割後最常會被煮成長年菜，沒吃完就拿來醃製成酸菜。再剩下的可以拿去晒太陽，較溼的就作成福菜，晒得很乾的最後就是梅乾菜了，一點點都不放過。

也因為過去保存食物不易，所以客家人善於製作各種漬物、醬料或是乾貨。雪玲姐說客家菜最重要的特點就是調味料加得不多，保留了很多食物的原味，我想雪玲姐說的這個原味，除了是指食物的原型，也包含食物經過時間醃漬、發酵、晒乾後的風味，那是經過時間魔法所形成的味道。

info
苗栗｜阿戊嫂（陳順枝）1942年生．劉雪玲 1968年生
筆者｜陸以寧

1 阿戊嫂，我們晚輩要稱她a ˊ poˇ。
2 下廚時的雪玲姐，親切從容又充滿力量。

紅糟鴨就是其中經典的代表。紅糟是經發酵製成的調味品，通常用來醃漬肉類，是一種傳統的客家料理方式。角落的大甕中存放了雪玲姐自製的紅糟，看上去是非常美麗的鮮豔桃紅，一股發酵後帶點酒香的味道撲鼻而來。每個家裡都會有這樣的一個甕，紅糟的製程聽起來不難，實際上很需要經驗與耐心，如果在不對的季節，溫度過高會導致不易發酵，太過潮溼又會發酵過頭。

傳統的作法是把煮熟的肉類抹上大量的鹽，再加入些許米酒，最後再放入紅糟中醃漬，至少要放個三五天，可以的話放久一點會更入味。過去為了要延長肉品的保存時間，所以鹽放得比較多，但為了因應現在人的口味，因此鹽的比例較從前少得多，紅糟儼然成為一種增添肉品風味的調味。

煮好的菜端上桌，立刻把一張大圓桌放得滿滿的，炒苦瓜、炸溪蝦、仙草雞湯、白斬雞、紅糟鴨等等，光聞味道就讓人食指大動，我們在一旁嘖嘖稱奇，如何把每道菜都料理得這樣香氣十足，原來是因為食材都是用當地當季，所以特別新鮮的可口。紅糟鴨在一桌子菜肴裡會因為亮麗的顏色，特別引人注目，現在端上桌的是已經放在紅糟裡面醃漬兩週的鴨肉，還沒入口就聞到紅糟的香氣，聞起來酸酸甜甜，入口後又有鹹香好滋味，最後口中會留有一股酒香餘韻。

我們一群被雪玲姐手藝收服的人，全都低頭安靜地猛吃，直到每道菜都被掃過，才得空慢慢的在飯桌上聊起童年種種往事。雪玲四歲以前都住在三灣的山上，從家裡到鎮上差不多要一個多小時。她還記得，小時候那條去鎮上必經的獨木橋，每當颱風來襲就會被吹垮，要等父親再搭一座才能與外界聯繫。那橋的寬度僅僅十公分，哥哥姊姊們都可以飛快地跑過去，留下最小的雪玲一人在後面哭。

父親在位於三灣的煤礦區工作，每天清晨天未亮就要到礦廠裡挖煤礦，新協興煤礦場位於苗栗三灣頂寮村的山谷中，是一個日治時期就有開採紀錄的礦區，後來因為價格不敵進口煤炭，在七〇年代逐漸沒落，現在已經改為巴巴坑道休閒礦場，雪玲姐說現在去巴巴坑道還能在牆上看到父親的名字。

而母親除了要幫忙種田，還時常去幫忙辦桌打零工，孩子們從小就開始幫忙家裡的各種事務，當年還沒有什麼熱水器跟瓦斯爐的時候，煮飯是用傳統大灶、洗澡水也是要用柴燒的。較為年長的孩子負責上山砍柴，年幼的孩子則是要在父母回家前把飯炊熟並燒熱洗澡水，一家人各司其職。孩子

們在課業之餘還要去茶園採茶，自己家的茶採完就要去幫忙隔壁家的採收，種田、養雞養鴨、製作醃漬品，什麼活兒都從小就跟著母親學，雪玲姐的童年，就是如此樸實無華，與家人還有三灣的山緊緊相連，不知道是不是從那時候開始，已經在這裡深深扎了根。

童年的時光總是在不知不覺中從指縫間流過，原本安穩的日子，因為山中搶匪的出現開始波動，先是鄰居被搶匪洗劫，連牛隻都不放過的被帶走，嘗到甜頭的山賊發現住在偏遠山區的居民求助無門，所以又連續行搶，那一夜幸虧父親剛好回到家中，才及時阻止了這場災難。但顧慮家裡孩子和阿婆的安全，搬下山的念頭在父親心中發了芽，所以在雪玲大約五歲的時候便舉家遷到了鎮上，那時候還沒有現在的這間漂亮房子，有一段時間一家人到處租屋搬遷。

開始在鎮上念書後，食物的記憶就跟年幼在山上時有些不同了，最常吃的就是炸完的豬油渣，蘸點醬油就可以配上一碗飯，平常帶去學校的便當，通常都是白飯配上一顆醃得好鹹好鹹的梅子，或是配上自家晒的蘿蔔乾，只有在過年的時候，會準備各式各樣的封菜，高麗菜封、苦瓜封、冬瓜封等等，還有為了要拜拜準備的肉，都是一般平常是吃不到的。

國中時期開始跟著媽媽到處去幫忙辦桌，大概是因為這個時期的耳濡目染與鍛鍊吧，年紀輕輕的她就有著不凡的手藝。長大後先後在成衣以及娃娃工廠工作過一段時間，結了婚後就離開工作，除了偶爾去辦桌打打工，其他時間都專心地帶孩子。直到孩子們大了各自成家立業，才又開始在鄉公所做廚娘，因緣際會在好友的鼓勵下第一次組隊參加了廚藝競賽，這位友人不會做菜但說的一口功夫菜，所以雪玲只要專心做好菜肴就可以，解說就交給朋友了，沒想到一比就得到了冠軍的好成績，只是認真的去做自己會的事情，那些以前是為了分擔家務、維持家計的技能，有一天居然能成為被誇獎的才華，成為別人認識自己的方式，這是她從沒想過的。

在家鄉醞釀了一輩子的廚藝，在三灣出生成長、茁壯發光，爽朗的笑聲儉樸的性格活出了客家的精神，也把在這片土地所學的回饋給鄉里的人們，雪玲姐讓我想起了《海上鋼琴師》裡的男主角一九〇〇，在一艘船上練就絕世的琴藝，也終其一生都活在船上。

就像一九〇〇，雪玲姐只是把八十八個琴鍵換成廚具，廚房就是雪玲表演的舞臺，在這個空間裡用流暢的步伐，舞動著菜勺與刀刃，變出餐桌上的酸甜苦辣，她的才華讓她不用走遠，也能綻放鋒芒，我想那是一股韌性，是在什麼地方都能堅韌地活下來的生命力。

1 肥瘦勻稱的客家封肉，底下還鋪滿了一整碗下飯的梅干菜。

2 碩大的溪蝦，又香又酥非常順口。

份量
6~8人

紅糟鴨

紅糟鴨製作

|材料|

鴨…1隻

|調味料|

米酒…20毫升
鹽巴…20公克
冰糖…適量
紅糟…適量

|作法|

1 將鴨子洗淨。
2 煮滾水，放入鴨子煮20分鐘。
3 關火，蓋上鍋蓋燜20分鐘，取出。
4 加入鹽巴2大匙，米酒2大匙、冰糖，重複淋上數次，放冷後對半切。
5 放入做好的紅糟中浸泡，冷藏1個星期即可食用。

紅糟的製作

|材料|

糯米…1800公克
米酒…3600公克
紅麴…180～200公克

|調味料|

鹽巴…200公克
冰糖…600公克

|作法|

1 紅麴倒入部分米酒，浸泡過夜。
2 糯米泡入水中，浸泡4個小時。
3 將糯米洗淨，在鍋中放入3杯水，電鍋外鍋放1杯水，將糯米煮熟。
飯煮熟後放涼至攝氏25～35度之間。
5 倒入泡好的紅麴，攪拌均勻，再加入所有的米酒及冰糖拌勻，即可蓋上布巾。
6 之後每隔一天打開布巾攪拌，結束後蓋回布巾。
7 放置5天後打開聞聞看，有酒香即是發酵完成，完成後即可放鹽巴。
8 放置一週後，可放入冰箱保存。

花壇鎮上的雜貨店，解憂之道來自一塊白淨的菜頭粿。

—發嫂的菜頭粿—

外頭一道光線，從鐵捲門的信箱縫穿進，掉下一封信。

位於日本的解憂雜貨店，只要將寫了煩惱的諮詢信件，投到鐵捲門的郵件桶內，隔天雜貨店的牛奶箱，就會出現回信。

一九八〇年代的靜岡縣時越市，東野圭吾虛構出穿越時空的奇幻之地，如果你剛好也是這部電影的影迷，推薦你可以到彰化花壇走走，那裡有間超過一甲子歷史的阿發雜貨店，和電影裡的浪矢雜貨店有異曲同工之妙。

只要吃過發嫂的手藝，不管紅的、白的、綠的，蘿蔔、芋頭、菜脯，剛剛還在糾結鬱卒的煩惱，衝出灶跤追出去，街坊的婆婆可能叫你雞蛋糕帶著去大街上尋，追到廟埕前，賣炭烤玉米的說不知道我要找的是什麼，煩惱還找不回來，手上又多了一支烤得澎澎多汁入味的玉米，想想也就算了，誰能抵抗美食在前的香味四溢，溫熱的誘惑再由空氣撫摸你的臉頰，等肚皮撐大了早就忘記煩惱要去哪找，身而為人拜倒在這膚淺又幸福的欲望，這就是阿發雜貨店高尚的解決の道。

阿發雜貨店，已經到了第二代，由二兒子發哥獨立經營，四十三年次的他從初中畢業後開始接手父業。每日清晨三點到員林拉貨，四點回到店內，開始擺賣新鮮蔬果、漁貨，一直到晚上九點全年無休，能在雜貨店看見新鮮大粒的栗子南瓜，還有大尾剖半的鮭魚，和印象中灰暗老舊賣罐頭的雜貨店有點出入，店內三角窗明亮，附近有許多紡織工廠的客源，門前就是廟埕群聚人氣，百貨齊全多樣，牆上播著小朋友愛看的卡通，架上還賣著發嫂醃漬脆度一百分的白玉蘿蔔乾。

聽說花壇的這個地方，是每年媽祖繞境大甲段的必經之地，發嫂做的粿也是信徒們必搜刮的供品，就算只是平常日子，街坊鄰居也會向他們家訂製各式各樣的粿品。

聽過一輪店裡客人們的推薦後，我也不打算客氣了，直接跟著鄰居嬸婆帶路，拚命踩下踏板，要追上她的車尾燈，跟去發嫂家的灶跤。

這一幕是華麗的錯覺，以為跟著蜻蜓回到童年，回憶跟著清風停在踏板上，愈用力踩下就愈清晰。以前每年暑假下午四點，離日落還有一段可

1

2

3

以在公園躲貓貓的時間，自己的阿嬤和別人家的阿嬤，也在公園集合健走，等到遊戲結束了，當鬼的人還是抓不到暖橘色的夕陽，大家就很有默契的慢慢散去，往自家飄出香味的地方歸去，找出夕陽的遊戲，明天再繼續。

來到蜿蜒巷子裡的灶跤，還沒走到門口，就聽到鍋和鏟以一種沉重卻靈活的節奏和鳴，原來是發嫂正拌炒著稍後做粿要用的內餡。

除了灶跤這老廚房的區域，還保留下最原始如初的樣貌，其他的生活空間已經翻成現代建築。非常難得的保存，還是那種水泥鋪的地，鞋底走起來有種特別的摩擦聲，牆上有尊小小的灶神庇蔭，多了一份神聖的儀式感，下方的紅磚灶口裡的烈火燒著乾柴，有些是劈來的，有些是生活中的廢木利用，我稱作這是真正的古早味。

灶上燒著滾燙燙的水蒸氣，特大蒸籠裡如火如荼炊煮的，正是今天要拜訪的美嬌娘——菜頭粿。

菜頭粿是臺語的說法，又叫做蘿蔔糕。相傳蘿蔔糕是八年抗日戰爭時期，發明出來的食物，當時中國人痛恨日本人，把日本人稱為蘿蔔頭，所以當時前人就把蘿蔔礤簽洩憤，做成了蘿蔔糕。

華人過年，一定會在飯桌上看見蘿蔔糕的身影，因為舊時禾穀一年成熟一次，蘿蔔剛好是年前盛產的蔬菜，符合經濟效益。而「糕」和「高」同音，有著步步高昇的意涵，菜頭的發音剛好也有好彩頭的寓意。

不過，你知道嗎？早期的蘿蔔糕並不是這麼常見的東西，古時的有錢人吃的粿，是不加任何內餡進去的，純米製程的白粿，蒸熟蘸蒜蓉醬，或是煮成湯，能吃全米製程的粿，是種經濟地位的象徵，沒錢的人才會需要加入蘿蔔充其份量。

後來，這樣的料理，受到中國大陸、廣東、香港的影響，漸漸傳入了不同的吃法，才延伸出今日這樣多元的款式。

關於菜頭粿的由來說法不一，或許連發嫂也無法下定論，削著一條條的蘿蔔，只說這是她退休後，自學紅色、綠色、白色的粿，再改良口味，附近的鄉親上癮後，時不時就會訂購，隔壁巷的阿嬤路過廚房，停下機車來支援，對面的婆婆看今天忙不過來，也會一起來包粿，一份粿二十元簡直佛心價，自己種的蘿蔔，自己採的月桃葉，婆婆媽媽一起包的粿，在拍拍打打的塑形之間，拍掉了人間煩惱，緊密的不只是自家人的情感，從農田到餐桌，人跟環境之間的永續友善，孫子們從小就在這樣的榜樣下過著童年。

發哥和發嫂是一見鍾情的戀愛姻緣，三個月內的初戀閃婚，這話題還是趁發哥不在，抓緊時間問發嫂的，只見她嘴角忍不住笑意，又稱讚了發哥是有擔當的男人，甚至到現在老夫老妻，還會收到情人節的玫瑰花束，說了一堆甜言蜜語，讓我都快要

4

info

彰化｜發嫂（鄭阿沈）1955年生

筆者｜洪薏淳

1 開朗大方的發嫂，正準備切剛出爐的菜頭粿。

2 我們第一次參與粿的製作，體驗到它過程繁瑣還需要花上大量的體力。

3 蒸熟前的草仔粿，表面印痕分明有致，看了好不療癒。

4 村里還保留著古早時的灶跤，非常珍貴罕見。

不敢再問下去了。不過，幸福的關係，必定有背後成功的原因，傳統的婆媳問題、孩子早產還要忙碌生意，柴米油鹽又洗衣煮飯的難關，他們倆一樣都沒偷懶過，熬到女兒當上營養師，有空就帶著女婿、孫子回來陪伴他們，看著女兒和發哥摟摟抱抱的甜蜜互動，在大家面前一點也不害臊。只是，如果不提也不會知道，原來，雜貨店以前因為電線走火，聽說燒到剩下身上的內褲，就算是鄉下淳樸地方，也遇過客人買粿賒帳種種異事。

「痛苦經歷，甜蜜回憶，含著眼淚走下去。」發哥說著女兒送給他們的勵志名言，笑咪咪的眼睛裡，完全看不出，原來他們看起來輕鬆大器的笑容，是經過一番火海風雨，才有這片寧靜悠遠。

冷卻的蒸籠一打開，撲鼻的米香混合蘿蔔香，離開柴火冷卻後更濃郁了，我們直接在辦桌的大紅桌上，切起整籠剛出爐的菜頭粿，刀落的手感就能感受到Q彈扎實，第一次在油煎之前直接品嘗，口感彷彿女孩子的臉頰膚若凝脂，如果今天女孩想特別來點打扮，可以在油煎後穿上一襲金絲縷衣，接著，花嫂端上一疊獨家胭脂祕方，醬油膏、二號砂糖、少許的蒜末、蔥花，再來點檸檬汁點亮觀眾的眼神，是一般早餐店不會看見的款式，港式茶餐廳不會有的俗套口味，嘗過的感覺就像是，自己成為最新一季米蘭時裝週的紅人，全身上下到嘴裡散發出的氣息，清新又脫俗。

後來，回到臺北以後，我就沒再主動吃過蘿蔔糕了，不知道為什麼，在菜單上看見了就自動略過，腦子裡也只會浮現，發哥那個實在中帶點臭屁的笑容，就算找到了更好可以跟發嫂平起平坐的蘿蔔糕，還是缺了那個獨特沾醬的解憂之道，或許能解釋成，我已經落了一塊碎片，在那個與世隔絕的小鎮裡，被下了神祕魔法，非得發嫂的蘿蔔糕不吃，再多人公認好吃的味道，也取代不了它的地位。

阿發便利商店，是這裡的萬能解憂雜貨店。

份量
4人

菜頭粿

｜米漿材料｜

再來米…300公克
水…600毫升

｜蘿蔔絲材料｜

水…300毫升
鹽…適量
白蘿蔔…900公克

｜作法｜

1 再來米浸泡4～6小時。

2 白蘿蔔削皮，刨絲。

3 米瀝乾後加入600毫升的水，研磨成米漿後備用。

4 蘿蔔絲加入300毫升的水及少許食鹽，燜煮使之變軟變透明。

5 燜煮後的蘿蔔絲，倒入米漿中，利用餘溫，糊化米漿，不停攪拌均勻至可看見鍋底不回流的濃度。

6 蒸籠鋪上粿巾，倒入糊化的蘿蔔絲米漿，頂部和邊緣抹平。

7 滾水蒸30分鐘，測試熟度（筷子插入中心，無黏筷）。

8 放涼，脫模，切片，入油鍋後煎至兩面表皮金黃，完成起鍋。

進過沙烏地、科威特廚房的男人，回臺端出檸檬豬腳。

—劉伯伯的檸檬豬腳—

「各位乘客早，今天本班客運從臺中到高雄，中途休息十分鐘……」

民國六十三年，劉尚豪從臺中沙鹿搭上一班當時公路局推出的金馬號客運車，他揣著一顆熱情的心，與其他在料理上有共同興趣的眷村玩伴們，一同乘著這班長途巴士，決心到高雄的川菜餐館當學徒，那年他們才十四歲國中剛畢業。

當學徒的第一件事從殺魚開始，殺什麼魚？甲魚，也就是鱉，有時也清洗牛尾和一些打雜事項，根本還不能洗鍋子，因為清洗鍋子就可以很靠近師傅身邊，聰明一些的學徒光用看的就能學走許多技藝，所以許多老師傅會讓菜鳥先從打雜學起。

孩子離開身邊，早早就進到職場，父母不擔心嗎？「老爺子其實是尊重我的，知道做菜就是我的興趣，我自己有意願去學一技之長，他們反而是高興的。」劉伯伯都稱他的父親「老爺子」，就是那種會做麵食，像是水餃、大餅的北方老饕客。老爺子年輕時是陸軍，分發到清泉崗基地擔任通訊兵，當時撤退來臺的軍隊，在政策下為了扎根國力，開始開墾各地農地和興建鐵路，劉伯伯說：「老爺子當時在南投梨山開墾果園，張雨生的爸爸也在那兒服役。」

老爺子就是在幫本省農家收割的時候認識了妻子陳玉嬌，內外省之間的隔閡並沒有阻擋他們，結婚後一起住到了眷村，可能因為父母個性開闊的關係，劉伯伯也早早就去到外頭闖蕩，開始了透過「料理」認識這個世界的旅程。

劉伯伯在高雄的四川餐館〈吳抄手〉當學徒累積的料理底子，之後開始到各地接觸不一樣的美食，曾在臺北和臺中的知名餐館擔任領班和廚師，也在朋友的引路下，前往沙烏地阿拉伯以及科威特擔當廚師，中東地區乾燥且炙熱的氣候在劉伯伯的回憶描述下，變得鮮明而真實。自己陸續開過幾家餐館，也曾教授廚藝過，他在異地餐廳依當地人口味做調整的這項經驗，讓劉伯伯明白：「儘管這個世界有著多元的差異，總會有個像美食般的媒介，是能夠建立起彼此的橋梁的。」在中東地區，以土耳其的飲食口味為大宗，豬肉是宗教禁忌，餐桌上的日常大致以咖哩配烤餅，以及各種五顏六色的香

info
臺中｜劉尚豪 約1960年代生
筆者｜陳泳劭

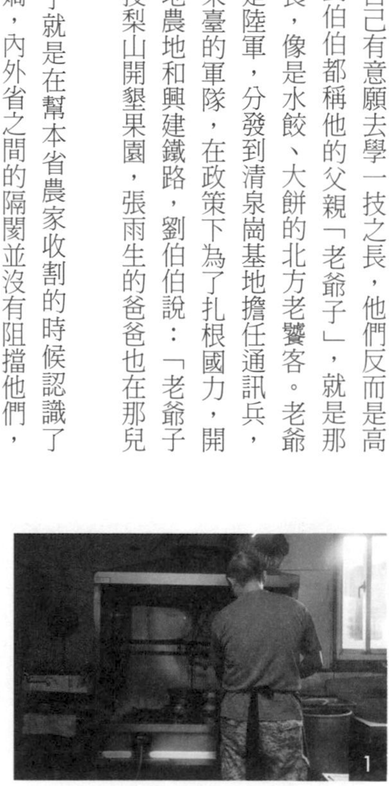
1

1 小餐館裡的小廚房，一位經歷豐富的大廚。

2 工作一天勞累的劉伯伯，仍然精神奕奕地說著沙烏地的舊事。

料為主，若要將中國料理打進市場，勢必得改變口味，嘗試新穎的食材香料，改良烹飪的序列，而最重要的是當地人的食後感想，唯有以上種種的配合，跨文化之間的橋梁才會透過飲食而搭起。

從中東回臺灣後，「檸檬豬腳」便是帶著這種精神誕生出的美食。劉伯伯說起各方豬腳的特色，傳統客家豬腳多半是用蒜頭、辣椒、糖、醬油以及米酒等日常的佐料來做滷汁調理，而德國豬腳則是選擇用水煮或是醬料火烤的方式，前者重視均衡的調味，後者則用肉味本身來做變化。

劉伯伯這道檸檬豬腳的特色，在於兼具兩者的美妙之處，將滷入味的豬腳冷凍後裹上玉米粉，放入油鍋快炸至脆酥，顏色深刻卻自然，切塊後擺盤。豬肉選用後腿肉，脂肪與瘦肉分布均勻，每一口都帶著豬油香和扎實口感，最重要的還是那豬皮，不單只是好看，脆香可達另一層次，因此從眾多風格的豬腳中脫穎而出。而盤邊上環繞著的檸檬角，是劉伯伯刀工的展現，僅僅兩刀就使一角檸檬像朵花一樣地綻開。

從其他菜系吸收了各式元素，進而發展出一番新滋味。這道菜背後所擁有的多國色彩，是寬廣和迷人的，沙烏地阿拉伯黃蠟蠟的沙丘頂替了山的形象，滑動的流沙模擬涓涓河川，風因為飛塵而變得有形可見，在其他人眼中是難得的風情，而在劉伯伯的記憶裡那卻是一塊奮鬥之地，比一般廚房還要艱辛炎熱的工作環境換來的是高額薪資，為的就只是讓家鄉的妻小和父母生活過得好些。

從小就離家的劉伯伯，似乎忘記了鄉愁，鮮少與父母親討個想念，自己在料理的世界中南征北走，整個青壯年時期在一道道的火焰和食材芬香中度過。我看著他在吊扇轉動的下方，那是店裡頭的陰涼處，擦著順流在臉上皺紋的汗，麥黑的皮膚加上平短的頭髮，劉伯伯處處都顯露著年輕時經歷的旅程。

而在軍中擅長做菜有沒有什麼好處？「我當一個月的訓練兵就被調派去給一位退休的國策顧問料理三餐，我好像從一個陸軍變成御膳廚。」他說起自己的軍旅生活相當有趣，也因廚藝而跟他人有著不一樣的際遇。

但說起老爺子，軍閥紛鬥的年代就絲毫沒有這般待遇，那樣的時局，布滿了猶如陷阱般的危險事物，只有充滿陌生和殊異的經驗。老爺子年幼時家中是河南的富裕地主，曾被山中土匪劫持，並要求贖金才還人，劉伯伯說道：「那些土匪只要搶第一次，食髓知味，就會來第二次。」果真再次下山來抓

2

人，而這次老爺子成功逃脫，老爺子的弟弟卻執意留下，被土匪逮到後因反抗而去世。

在那時代，每個選擇都可能成為人生巨大的轉捩點，甚至賠上了最珍貴的生命。

劉伯伯還說起另一件，在老爺子年少時發生的事。那時正值抗戰期間，有一起日本人發的招工，在打著號召工人的名號下，吸引了許多人前去討個生活。

當時所有前去的人，都莫名被推上沒有車窗的火車，大多數人沒有地理觀念，只以為上火車是要載去工作，確實是去工作，只不過是一車一車的被運送到遙遠寒凍的東北一帶，並替日本人修繕鐵路的無薪工作。許多人一拉開火車閘門，眼見一片白色，便知道出問題了。

老爺子那時十三、四歲，因為不想替日本人做事，趁著半夜所有人在鐵路旁休息時，跑進了山林，黑暗之中遇見了民眾自組的游擊隊，便決定加入，開始過著抗日的辛苦日子，直到光復後，才被一同收編進國軍的管轄。

館子內，劉伯伯的表情不知道是疲憊，還是思緒流轉在其他的地方，目光總看向房子的邊邊角角，尤其在提起老爺子的事時，似乎年輕時藏住的鄉愁都在這時流露。劉伯伯後來買了棟房子，回到沙鹿開店時，母親已經離開了，而年邁的父親，讓劉伯伯更加堅定要將剩下的時間留下來，不再出外拚命，好好陪伴著自己的父親。

老爺子支持孩子去嘗試自己的興趣，造就劉伯伯能夠勇敢地透過廚藝去接觸和認識各式各樣的文化，並且尊重與融合所有與自己不同的一切。如果說在外闖蕩時的劉伯伯，是個渴望世界的男孩，那如今踏實陪伴著家人度過每一天的他，宛如一位想起了自己真正重視的人事物，並付出了所有來珍惜的男人。

大約是在採訪的一個月後稿件完成，記起那天跟劉伯伯約了下午兩點在麵館見面，炎熱的下午兩點才是做吃食生意的人們，普遍的用餐時間。當我們一夥人在麵館的一旁休憩時，劉尚豪與妻子正吃著午飯。

「老爺子走啦，剛好在你們採訪完後的兩天就走了。」劉伯伯說起來自在，絲毫不嚴肅：「腦袋還很清晰呢，走的時候，每個孩子都叫回來給手尾錢。還說想吃鴨肉鵝肉，以為兩三塊就夠了，就切了個鴨胸，沒想到八片全給吃完了。」

劉伯伯飯後與我們一同調改了文章，除了些許資訊不對稱之外，基本上沒有改動，劉尚豪似乎樂見自己父親的故事能被記錄下來，悄悄地讓嘴角沒有幅度地笑了一下。在離開時，我想了又想，或許就是在那個時候，那個措手不及卻又似乎趕上了的時刻，我可能明白了，我們做著這些事的目的。

歷經風霜才來到臺灣的老爺子，後半輩子終於能含飴弄孫。

份量
3～5人

檸檬豬腳

｜材料｜

八角…2粒
蒜頭…60公克
花椒粒…5公克
玉米粉…適量
豬腳（去骨後腿肉）…½隻

｜調味料｜

米酒…100毫升
鹽巴…12公克

｜作法｜

1 蒜頭切成碎末，放入豬腳中，加入米酒半碗。
2 八角、花椒粒與鹽巴炒香後放涼，放入豬腳內搓揉。
3 將豬腳放入冷藏，醃漬3天。
4 放入電鍋蒸煮45分鐘至軟。
5 撒入玉米粉，覆蓋豬腳全處，灑入一點水，讓玉米粉更好附著。
6 放入油鍋炸至酥脆金黃。
7 將豬腳切厚片後擺盤。
8 再切檸檬角點綴，以及盤邊撒上椒鹽即完成。

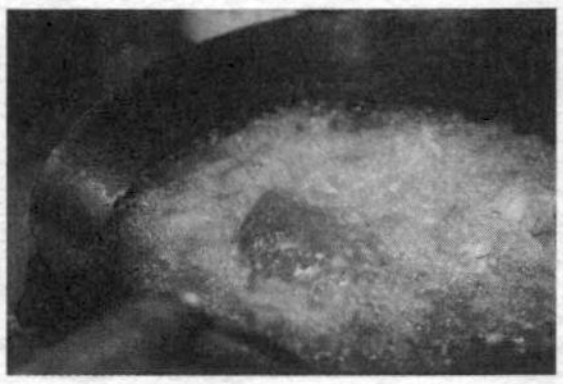

粽葉裡包的是泥沙？客家孩子的祕密。

——琇珍姐的客家栗子蘿蔔乾肉粽——

我們華人的傳統節日裡，總離不開吃喝，春節、元宵、清明、端午……能和「吃」沾上邊的傳說故事也總能被源遠流傳。

夏至前夕，一腳踏出電梯門立刻傳來撲鼻的煸炒香氣，尚未按電鈴就能知道該往哪家門去，進門左拐愈靠近廚房，鍋鏟碰撞聲和滷汁的香氣就愈是清晰濃烈。這濃濃的味道勾起我腦中很久以前的畫面：自己拿個小凳子，坐在阿嬤與媽媽身邊，大大小小的鍋子布滿在老家的磨石子地，鍋內各式炒料的濃郁香味已飽滿了家中每一個角落，我的眼神總被阿嬤流暢的包粽動作給勾著，陣陣冒出的熱氣逼得坐立難安，標準坐等吃的孩子。

「我帶大的孩子啊，都說家裡的粽子才是最好吃的！」

除了兒子、孫子，就連左鄰右舍都爭相推薦琇珍姐的粽子是如何好吃，所以今天才有機會到她的廚房一探究竟。

從琇珍姐眼角上的魚尾紋看得到她的自豪和一股暖流，我也被勾起幕幕對粽子的回憶。交流著彼此端午節對包粽習俗的記憶，琇珍姐一邊翻炒著鍋內炒料，吸收過陽光精華的蝦米和乳白圓糯米，隨時得注意調味要比平日習慣口味再重一些、油一些，要讓滷汁均勻裹滿每顆糯米。我瞥向一旁其他已經備好的用料，蒸過滷汁的栗子、滷得油亮飽滿的三層豬肉、朵朵香菇、切碎的蘿蔔乾，還有那最吸引我目光，顆顆透亮像是夕陽般散發橘紅色光澤的生鹹蛋黃。

這些，都是琇珍姐耗費了一整日時光的成果，我才明白為什麼很多人總說包粽麻煩，但也驕傲地說自己家的口味最好吃，因為撐起一個家庭的記憶與味道是外頭買不到的。

一個人的氣質蘊含著他走過的路、品嘗過的日子、守護的故事，而琇珍姐的氣質是從她每個有條理又俐落的步驟及選用食材的智慧，看見她在廚房裡對料理的堅持；可愛大方又充滿元氣的嗓子裡，感受到一個客家細妹對飲食的勤儉與美德。

琇珍姐說：「其實自己做沒有比較便宜，但我賺到的是看不見的價值。」

「長這麼大，這也是我第一次動手包粽子耶。」我不好意思的說著，看著琇珍姐手巧把食材一一放入折好的粽葉中，左手俐落的捏住粽子尾

info
苗栗｜吳琇珍 1961年生
筆者｜洪薏淳

端，右手將粽葉往下折，一個氣勢就捆上棉繩，完成了一個飽滿有稜有角的客家粽；而我在一旁一下掉蛋黃、一下粽葉糯米散開來捆不緊，手忙腳亂的，琇珍姐竟然還誇讚初嘗試其實這樣已經很不錯了，愈做會愈好的。

「細人仔，出去寮。」琇珍姐的兒時都會這樣被a╱poˇ（客語祖母之意）趕去一旁，而我的阿嬤也是常常說「囝仔人有耳無嘴，恬恬看就好。」以前客家人來臺晚，只能選住桃竹苗一帶，靠山吃山、從無找有，資源相對泉州、漳州人來得匱乏，為了延長食物保存期限同時豐富餐桌上的菜色，琇珍姐說記得祖母非常擅長製作醃漬物，但小時候放學肚子餓回家偷吃個蘿蔔乾都會被揍，可想而知那時候有多窮啊！粽子真正的食材太過珍貴，所以小孩子是碰不得的，想學的話就只能自己去採竹葉、包沙子當作是糯米，幾個孩子學著大人的樣子扮

1 琇珍姐是個廚房老手，包起粽來俐落快速，一個上午就能包個60顆。

2 我們第一次嘗試用一條棉線切開滑溜溜的鹹蛋黃，非常不容易。

3 一顆好吃的粽子除了內餡講究外，包裹的形狀和綁線也是功夫。

家家酒，自己摸索著玩。就算是重要的祭拜日子，粽子裡的餡料也是切丁切絲的，糯米飯永遠比料多，不像現在的粽子的內料那麼飽滿豐盛。現在堅持這樣費時費工地包，是因為有個團聚的機會、遊子回家的理由，這早已大過了用粽子拜拜的意義。孩子能寓教於樂，一家人有個契機能一起包粽、能好好坐下來吃頓飯。

我看這被淡淡竹葉香緊握的漏斗中，包住的是童年的記憶和琇珍姐對祖母的思念，疊出一個家的味道傳承，遊子們想家的味道，捆捆串起一口又一口的幸福。

我和琇珍姐說能學到包粽子真的是有意義又有福氣，小時候沒學起來，長大後工作忙碌，不一定年年都能趕回家幫忙，雖然繁複，但是個不能失傳的傳統，雖然家家口味不盡相同，一顆粽子卻是包住了不分種族的共鳴。琇珍姐笑說：「現在有人想學已經很難得了！」

聽著蒸鍋內咕嚕咕嚕的水煮聲，聞到加熱後的粽葉香，滾著熱氣冒出的白煙，守在一旁倒數著能掀鍋的那一刻，此刻我老家的舊灶是不是也是這般景象呢？我想這個應該都是每個家庭裡最美的畫面之一吧！

栗子蘿蔔乾肉粽，滿滿的內餡，平常日子想到也是口水直滴。

份量
約60顆

客家栗子蘿蔔乾肉粽

材料

栗子…60顆
蝦米…300公克
乾香菇…60朵
蘿蔔乾…600公克
圓糯米…4200公克
生鹹蛋黃…30顆
豬梅花肉或三層肉…2100公克

調味料

水…適量
米酒…適量
冰糖…20公克
油蔥酥…400公克
老抽醬油…100毫升

特殊器材

粽葉…150片
麻繩…3串

前置

1 將圓糯米洗淨泡水，勿超過兩小時。
2 蘿蔔乾切碎炒香。
3 栗子泡水挑出筋膜。
4 香菇浸軟瀝乾，香菇水保留。
5 棉繩洗淨保持溼度。
6 蝦米泡水泡軟後切碎。
7 生鹹蛋黃切半。
8 粽葉兩面泡水泡軟後刷淨，頭尾去除硬梗。
9 將三層肉切成適口大小。

作法

1 起油鍋，將三層肉放入鍋中煎至微焦，逼出油脂。
2 加入冰糖炒至琥珀色，再加入醬油、米酒，小火煮滾。
3 加水持續滷40分鐘，香菇可以一起滷或分開。
4 栗子加入少許滷肉汁放入電鍋，外鍋半杯水蒸熟。
5 起油鍋，將蝦米煸香後加入醬油、圓糯米、香菇水或開水拌炒，至糯米吸收湯汁變成咖啡色後拌入油蔥酥，即可盛起備用，開始包粽。

包粽

1 取兩片粽葉頭尾相反交疊，光滑面朝內，比較不會黏米。
2 在粽葉1/3高的地方摺出一個小折，左右交疊向內折成杯狀。
3 舀一匙米，鋪滿粽葉周圍，內側作出凹槽放料。
4 將滷肉、香菇、蘿蔔乾、蛋黃、栗子放入。
5 再舀一小匙米，覆蓋內餡，將米鋪平，推擠均勻。
6 左手捏住粽子兩端，右手將粽葉尾端往上折。
7 右手把粽葉尾左右兩側往內折，包覆粽子。
8 右手捏住粽葉尾部分。
9 將粽葉尾往下折，即完成粽型。
10 將粽繩在粽子中心繞一圈拉緊，再繞第二圈打一個結，再打一個活結即可綁好粽子。
11 燒一大鍋滾水，將粽子直接放入，加入少許的油，水量要蓋過粽子。
12 蓋鍋後煮一個半小時熟透後即可取出。

冷藏吃法

1 調味依個人口味調整，但是鹹度、油度要比平常更重一些，水煮時才不會流失鹹度。
2 如果喜歡糯米溼Q彈口感，粽子在煮熟後可多煮半小時讓糯米更軟，放涼後口感更佳。
3 如果喜歡糯米乾Q彈口感，也可選擇用蒸的，蒸之前用滾水煮一下讓米粒吸飽水再蒸約半小時以上。

那年在牛背上的雲林田僑囝，期待年節吃炸卜肉的魔幻時光。

——林家的炸卜肉——

「後來呢？」

「後來老牛的孩子，小牛，繼續陪伴這個家二十年。」

老牛被賣掉了。那天，進寶大哥落下眼淚，牛兒不走，也流下眼淚。

說起林家的故事，總想起這兩頭沒名字的牛。

車子駛入雲林虎尾鎮的三合村，畦畦田園與幢幢屋舍擁有相似的調性，散落在這片阡陌縱橫的淳樸大地。沿著蜿蜒如河流的道路前行，即使設定導航也可能錯過那條該轉彎的巷弄，不知道會流向哪裡。而五十多年前，離開故鄉打拚的林家四兄弟，沒有人知道他們的命運會流向哪裡。

來自雲林虎尾農村的庄跤囡仔

「我們是一個大家庭，阿公有十一個孩子，差一個就成雙成打了！我的爸爸是長子，當年阿嬤坐月子，我的媽媽也在做月子，七叔和八叔都比我還年輕。」進寶大哥泡著茶，與另外三位兄弟，二弟金能、三弟萬興、小弟萬佑的對談聲此起彼落，往事彷彿被藏在保存良好的乾燥葉片裡，隨著暖熱的茶湯緩緩開展，茶香悠悠四溢，悄悄地喚醒了昔日的記憶。

林家四兄弟的阿公，是家中獨子，自小怙恃俱失，生活環境困苦，成長過程染上惡習，嗜賭成性，淪為別人眼中的不良少年。後來因為鄰居一句辱罵的話「你這個毋成囝」！令他如夢初醒，決心痛改前非奮發向上。與阿嬤楊怨成婚後，夫妻兩人胼手胝足共創家園，育有八個兒子，三個女兒。

民國四、五十年代的農家村落，一間簡陋房子時常容納龐大的家庭，五十幾口人住在同個屋簷下，男女老幼必須依序輪流圍在僅有的一張飯桌用膳：「輪到我們小孩子，飯菜都快沒了，都是吃地瓜簽，或是去廚房挖鍋巴配醬油。」在那個以柴火燒煮、裊裊炊煙的年代，焦香米飯蘸醬油，就是最好的味道了。

當時阿公擔負起全家族的生計，兒子成親需要聘金，女兒出閣需要嫁妝，還需要買塊地立房建屋，一分一毫都得小心翼翼地使用。身為長孫的進寶大哥全看在眼裡，於是時常暗暗自忖，長大以後要讓家人吃好，穿好，過好日子。

無法放棄渴望讀書的心情

「國小四年級，學校會進行分班，升學班的學生每天留校準備考試，非升學班的學生下課後回家幫忙餵養家畜，餵雞、餵鴨、餵牛……，就是所謂的放牛班。」

大部分的農村家庭對於讀書升學會如何影響未來，幾乎沒有概念，光是養育就夠煩惱了，哪裡有餘力讓孩子念書呢？反倒希望孩子小學畢業後盡快投入工作，不論務農還是外出求職，多少幫忙分擔家計。

進寶大哥是林家第一個上學的孩子，也是第一個考初中甚至到臺北讀大學的孩子。勤學不輟的他，即使明白家境清寒，仍然無法放棄繼續求學的心願。阿公與父親似乎看見孩子孳孳不倦的好學態度，即使要勒緊褲袋籌學費，還是點了頭。

二弟金能天資聰穎，順利考上虎尾中學就讀。幾年後，孩子們陸陸續續上學，大人漸漸負擔不起與日俱增的開銷，原本無法繼續升學的三弟萬興，幸運地遇見一位良師，老師親自拜訪父母，並且無

info

雲林｜長兄林進寶 1949年生

筆者｜陳佩君

左起三哥林萬興、四哥林萬佑、大哥林進寶、二哥林金能。

條件支持這個有學習天分的孩子考取虎尾中學。至今，萬興時時感念當年恩師的提拔。

小弟萬佑在國小畢業前，已經改為九年國民義務教育，手中填妥的升學表單遞出後，一心等待入學通知；不料，當時家裡的狀況無法支付學費，失去念書的機會。不久後便獨自搭乘夜班火車，北上投靠正在士林當木工學徒的二哥金能，學習一技之長。

十三歲離鄉背井的少年站在月臺邊，第一次看見火車長什麼樣子，分不清楚南下北上即懵懵懂懂地搭上列車，整路不敢闔眼，車廂搖搖晃晃，內心忐忐忑忑，直到聽見「楊梅站到了，楊梅站到了……」才鬆一口氣。幸好，這是直直開往臺北的火車，沒有搭錯方向。

邁入一甲子的起家厝

眼前的三合院，起初只是一間上雨旁風的舊屋。屋外颳風，屋內漏風，屋外下暴雨，屋內滲小雨，每每落雨天，室內泥土地總是泥濘不堪。窄小的空間使盡全力納含所有的人，全家大小睡覺擠在一張通鋪，連輾轉的間隔都被填得滿滿。

民國六十年左右，阿公打算分家而興建三合院。為了節省花費，大部分建料都是就地取材，聘請師傅指導技術，粗活則由全家族分工進行，四周環繞的竹林成為最容易取得的材料。竹子能夠編造牆壁主體結構，再以泥土混合稻穀稻稈輔建而成，「竹管仔厝」是早期南部村落常見的居家建築。

除此之外，建蓋所需的沙子必須到嘉南大圳挖取。遇到河水乾涸期間，先用兩根竹子綁在梯子左右兩側而加長高度，架在河岸邊，將一簍一簍的沙子挑到岸上，送到牛車後載回家門口，再扛進庭院。挑回來的沙子幾乎全用來填高地面，以防大雨來時做水災。光是搬沙整地，就花了將近一年。再經過一年，新屋才終於落成。

「扁擔上的沙子應該有五、六十公斤重，現在還能有這樣的體力，大概就是那時候開始鍛鍊的吧。」兄弟間笑鬧的輕鬆話，無意間流露出農家子弟吃苦當吃補的精神。

多得了一頭牛

「如果沒有這頭牛，爸爸可能就無法讓我們繼續念書。」三合院落成不久，阿公接著宣布分家，同時也將蓋房的借款均攤給父親與叔叔，算一算每人負債了兩萬五千多。進寶大哥因為是長孫

1

的身分，而多得了一頭牛。他的父親因為這頭牛得以耕種自己的田，還能出隊替別人耕田，增加收入。

從整地到插秧，抽穗到篩米；從立春到夏至，大暑到小雪，沒有一刻讓時間白白溜走。放牛吃草算是最輕鬆的工作了，只有農閒的時候才有這樣的差事。

農忙的時候相當累，最辛苦的是看天吃飯。「有人拿著鐮刀割稻，整天彎腰彎出痠痛；有人一邊持續踩著打穀機，一邊握著稻子稈把稻穗上的穀粒掃下來，踩久了腳會很痠呢！」四兄弟鉅細靡遺地描述農忙的過程，活靈活現地開始模仿收割的場景。

稻浪金黃的收割季節，剛好是放暑假的時段。整個村子的人不是在自家的田裡割稻，就是在別人的田裡幫忙割稻。夏風吹來稻穀的清香，汗水落入金色的浪裡，沉甸甸的稻穗向大地禮敬。農夫可沒有這樣的閒情逸致欣賞風光，竭盡全力趕在壞天氣之前搶收稻子，祈禱接下來晒穀的日子，可別落大雨，做風颱。

「我們家人口多，常常幫忙鄰居收割稻子，從早忙到晚，印象最深刻是休息的點心。」哪一戶人家收割稻子，那戶人家

2

1 林家的祖先肖像。印刷術發明後，先將融入時尚元素的背景印刷在底版，留下頭部空位，後續再置入遺像的做法，成為臺灣早期祖先肖像的新型態。

2 林家古厝翻新後的模樣。

一定會準備「割稻仔飯」。「割稻仔飯」就是農人的下午茶，每當體力快耗盡時，喝碗綠豆湯、吃著鹹粥就是絕佳的享受。

辛苦收成的稻米是經濟來源，大部分都扛去街上農會賣了，農人捨不得多吃一口，於是在自己的碗裡多放點番薯。

媽媽的手藝，點亮著平凡的日子

「當時媽媽和幾個嬸嬸會輪流為孩子準備便當，每次換到媽媽準備的時候，我們總是雀躍不已！」他們知道，母親會把魚煮得特別漂亮，再附上一顆完美的蛋。那天中午不必因為菜色粗糙，彆扭地端著便當去教室外的大樹下吃飯，而是滿足地坐在教室裡與同學享用午餐。

另外一個美好時光莫過於逢年過節祭拜祖先才有的三牲供品，難得可以打牙祭的日子：「阿嬤和媽媽、嬸嬸會準備雞肉、魚肉、豬肉……，我們小孩最開心了。」尤其神明桌上那盤色澤飽滿的「炸卜肉」更是讓人饞涎欲滴，孩子們最期待祭禮結束後，將彈牙的肉塊送進嘴裡的魔幻時光，一口一口細細咀嚼，捨不得多汁的肉香太快散盡，捨不得祖先的魔法太快消失。

林家每代媳婦都會這道祭祖的菜肴「炸卜肉」，四兄弟的母親是長媳，從婆婆那裡更是學會了不少獨門廚藝，再將獨門廚藝傳授給四個兒子的妻子。

「在入鍋前裹上薄薄的麵衣，放入熱油炸至色澤油亮、香脆即可，如果炸太久反而會乾柴。」二嫂與四嫂動作俐落乾脆，從醃漬、裹粉、油炸、起鍋，每道程序都很熟練，掌握婆婆傳授的精髓，完整呈現「卜肉」該有的外酥內嫩，鮮香多汁。

製作「炸卜肉」通常會選擇豬里肌，此部位的肉質細嫩、水分多脂肪少。工序是先將處理好的肉塊浸入醬油、五香粉、白胡椒、蒜頭、糖、香油調和而成的醃料，至少放置兩個小時以上讓食材入味。二嫂與四嫂對醃漬下了相當的功夫，足足醃製整晚，使醬汁滲透每一塊肉，滿足大家的口腹。

如今，炸卜肉不再是祭祖限定，但只要出現在日常飯桌上，一樣三兩下就都被吃光。林家孩子託祖先的福，真有口福呢。

四嫂俐落的下著卜肉到鍋裡炸，瞬間香味四溢。

份量
8~10人

炸卜肉

| 材料 |

雞蛋…3顆
里肌肉…600公克
玉米粉…90公克
酥炸粉…200公克

| 調味料 |

糖…適量
醬油…適量
蒜頭…2～3顆
麻油…5～10毫升
五香粉…適量
白胡椒…適量

| 作法 |

1 里肌肉切塊後，將糖、蒜頭、醬油、五香粉、白胡椒、麻油倒入拌勻，至少醃製2個小時。
2 將酥炸粉、玉米粉、適量的水混勻成稠狀的麵糊。
3 醃好的里肌肉平均沾裹麵糊，放入攝氏約150度油鍋油炸。
4 以中火炸至金黃色即可撈出瀝乾。

小撇步

1 如果時間允許，里肌肉醃製一個晚上會更加入味。
2 可以將麵糊滴入油鍋測試溫度，麵糊滴入後立刻浮起表示油溫已達油炸標準。

從樸實農村到世界舞臺，不變的是三合院那糯米香。

—林家的糯米腸—

「我們兄弟從小擠在同一張床鋪、蓋同一條棉被長大，無論怎麼樣都要一起變得更美好。」

與其留下金錢財富，更想為家人蓋一棟房子，永永遠遠都在這裡。

不管去了哪裡，會知道有一個家可以回來。

進寶是大哥，也是林家第一位離開雲林農村北上念大學的孩子。初到臺北之際，隨即在松山鐵廠打工賺學費，樸實單純的性格還來不及認識城市社會的風險，便將得之不易的五千元全數借給向他求助的室友，對方拿到錢後立刻消失無蹤。不但錢財損失，還影響了升學計畫，考前最後三個月幸好有三弟萬興的支持，才得以專心念書。

「那段日子，萬興會每月補貼給我兩、三百元，這樣就可以生活整個月。因為這些經歷讓我們兄弟對錢財總是彼此分享，覺得夠用就好。其實人生到現在，我不曾感到窮困，真的覺得夠用就好。」進寶大哥的話語流露出生命經驗的體悟，愛惜家人重於身外之物，給人一種淳樸知足的風範。

喜歡念書又不想造成家裡負擔的萬興排行老三，志願是考進可以請領公費的師範專科學校。離家北上複試的前一晚，投靠在大哥進寶就讀的大學宿舍裡，隔天從陽明山搭乘公路局班車赴考的路上，突如其來的車禍導致無法準時抵達考場，斷送了當老師的夢想。然而即使遭遇人生低潮也沒有多餘的時間難過，他很快地在貴陽街的一家百貨行工作，白天選貨、配貨，騎著腳踏車送貨到北投、士林、芝山，每日忙進忙出，心裡卻始終懷著繼續升學的夢想。

所幸不久以後，大哥在打工的瓦斯行翻閱報紙時，看見「大同公司」建教合作的大同高工公布獨立招生，隨即通知弟弟報考。當年有一千兩百多人參加獨招，萬興順利考上僅錄取五十人的電子科。

「爸爸在註冊那天，一清早就搭首班火車從斗南北上，到臺北車站時已經接近中午。當他把錢遞給我時，手不斷地發抖遲遲無法鬆開，說這五千

1

是跟隔壁的舅舅借的。」每每提及這段故事，萬興總會泛紅眼眶。

四兄弟的父親重任在肩，平時務農還得多賣些農產品補貼學費，為了孩子升學向親戚借款，如牛負重的壓力時常讓他擔憂生計，倘若不讓孩子念書又感到過意不去，心中常常百般糾結。萬興明白家人的辛苦，第一學期過後，接下來每年度都憑靠自己的實力領取獎學金、半工半讀完成學業。

從小鋪子到全臺貨色最齊的「良興電料行」

四十多年前，臺灣各個大專院校實驗室、工程研發單位要找相關材料，肯定會前往全臺電子零件最齊全的門市「良興電料行」。

民國六〇年代，光華商場附近有一位經營唱片行的老榮民，同意讓眼前這位投緣的年輕人在店裡掛上廣告「精修電器音響」。老榮民負責收件，年輕人帶回家維修，老榮民看見年輕人的努力，年輕人感謝老榮民的幫助，兩個人以這樣的默契進行了一段時日。

一天，老榮民緩緩說出：「不然這樣，我這個店頂讓給你如何？」

萬興就在這處位於光華商場最後段、最不起眼的地方，創立了「良興電料行」，專門修理家庭電器。當時非常流行個人組裝收音機、音響，店裡販售的零件時常銷售一空，生意日益壯大。

另一方面，萬興畢業後曾經擔任大同學校的助

info
雲林｜長兄林進寶 1949年生
筆者｜陳佩君

1 台北光華商場是良興電料行起家的地方，也是老台北人共同的回憶。（照片提供：陳碧岩）

2 大哥進寶（左）與三哥萬興（右）訴說當年創業的心路歷程。

教，負責管理實驗室的器材設備，敏銳的觀察力讓他看見政府推動職業教育改革所帶來的變化。當時國內陸續成立許多職業、專科學校，實驗室需要大量的電子材料、零件，如果沒有材料要如何進行實驗呢？因此供應商的貨品完整度成為最重要的關鍵。

「假使店裡沒有客戶想要的材料，我就想辦法提供。飛去日本、香港、新加坡等國家，搜尋更多的元件來滿足學校、工程單位的需求。我敢說，當時全臺灣貨色最完整的就是我們良興。」萬興溫和中帶著驕傲的口吻回憶著。

良興電料行漸漸成為眾多學校、研發單位、公司行號指定的服務門市，成為學生們尋寶、交流的地方，時常到了打烊時刻依然門庭若市，商場警衛都要等到客人離開才能下班。

進寶大哥退伍後也全力投入經營，讓萬興可以接續念書、當兵，隨後最小的四弟萬佑加入發展業務，大家彼此相互協助。良興電料行從一個在最尾端的小鋪子，漸漸往商場中心擴展至七家店面的規模，歷經十八年的歲月靠的全是穩紮穩打、手足合作的精神，展現農家子弟的踏實與堅韌。

「為什麼會取名良興呢？」

「因為良，是父親的名字。沒有父親的支持，就沒有現在的我們。」

從外行起家到全球矚目的台灣晶技公司

目前為全球第三大石英元件大廠「台灣晶技」，在民國七十二年由大哥進寶一手成立。

戒嚴時期，臺灣拆船業非常發達，電料行業透過拆船業者取得輪船上設備的零件，良興四處替客戶尋找材料，體會到石英晶體元件是整體產業發展不可或缺的重要元素之一，市場上卻相當缺乏，因此大哥萌生了創立台灣晶技的想法。

回想起創業之初可說是慘澹經營，投入的資金從三百萬到三千萬，兄弟倆仍然緊咬牙關撐了過去。當時的材料、技術、設備皆掌握在日本人手中，對方提供什麼就得接受什麼，絲毫沒有討論的空間，日方強硬的作為以及市場上價格競爭，讓進寶大哥陷入困境。

「最可貴的精神在於，大哥對日本文化和禮節琢磨很深，面對日本前輩總是誠懇認真，也因為如此的品格而遇到貴人提攜。當時深得一位供應商社長的信任，在他的協助與指導之下，使得晶技突破了重重瓶頸。」萬興強調，人的態度決定事業是否成功。

「做生意沒別的法門，就是腳踏實地，千萬別投機取巧。無論種田還是經商，其實都是秉持良心一步一步做起，不偷工減料，不眼高手低，別人看好或不看好，都無法影響自己的決心。」林家兄弟過去受到各方前輩的照顧，從中學習人與人之間的溝通與連結比什麼都重要。因此他們對待自己的員工如同對待家人，在期望員工發揮所長之前，一定要先讓員工認同這個組織，信任這個公司。他們將整個企業是當作家在照顧和經營，最引以為傲的不是營業額有多高，在意的是員工能否安心工作。

從世界舞臺回到農村的家

有錢沒錢都要回家過年，這是天經地義的事。父母最開心的就是孩子們都回到身邊，平時刻苦勤儉，年節一定會殺雞宰鴨、灌米腸、做菜頭糕，大家開開心心一起吃豐盛的團圓飯。

1 二嫂和四嫂在廚房合作數十年的默契已經不需要言語。

2 小朋友們好奇地體驗灌糯米腸。

「早年還沒有中山高速公路，春節返鄉都要趕火車、搶座位，火車進站的時候，第一個動作是從窗戶扔行李進車廂，第二個動作是車還沒停就要跳上去。」

在鐵路運輸還沒有空調的年代，大部分的人幾乎是搭乘沒有對號入座的平快車，有一年進寶大哥打聽了如何搶先上火車的門路，於是提前到華山的調度場，並且找到即將開往臺北車站的南下列車。在臺北車站等待的二弟金能眼見火車來了卻擠不上去，車上的大哥靈機一動打開窗戶，伸出手將弟弟一把抓住，直接讓他從窗口鑽進車廂，兩個人終於可以稍稍喘口氣，再過六個小時就能抵達雲林老家，品嘗媽媽親手做的料理，而他們最懷念的是糯米腸的滋味。

糯米腸是林家代代相傳的家傳料理，也是林媽媽的手路菜，整個過年期間的飯桌上一定會有這道食物，絕對馬虎不得。灌米腸至少會準備二十斤以上的糯米、七隻豬以上份量的豬腸，以及香菇、蝦皮、絞肉、紅蔥頭、香菜等內餡食材。除此之外，整理豬腸衣的程序相當費工，表面與裡層都要仔細地清理，必須一段一段由內而外翻面，細心將內層的油脂、黏膜處理乾淨，並且修剪多餘的雜質。在灌米腸之前，糯米得先浸泡約兩小時才能入鍋炒香，餡料製作的步驟是將剝好切碎的紅蔥頭爆香後起鍋備用，接著使用豬油炒香絞肉，加入香菇、蝦皮，再放入紅蔥頭，撒入五香粉、白胡椒……。一道又一道繁複程序完成後，才能將香噴噴的糯米與餡料慢慢灌入腸衣，填裝的份量要恰如其分以免水煮的時候腸衣爆裂，而水煮的時間必須拿捏得宜，才能呈現完美的飽滿彈勁口感。

四兄弟陸續結婚後，每逢過年都會盡量提前返鄉，讓媳婦幫忙婆婆做年菜。除夕當天，清晨四點公公會準時呼喚大家起床備料，必須得趕在祭祖時辰前完成所有料理。

「一開始我們也不太會做菜，就跟婆婆學習，一回生二回熟，現在我們動作都很快了。」林家媳婦們早已將婆婆傳授的廚藝深記在心中，看著二嫂和四嫂俐落乾脆的料理節奏，彼此合作數十年的默契已經不需要言語。

糯米腸是林家兄弟自小到大必吃的一道年夜菜，樸實無華的美味總是與母親的愛交織一塊兒，而這份關於愛與思念的味道，會永遠在這個家流傳下去。

糯米腸的餡料，絞肉、香菇、蝦米一起炒香。

份量
8～10人份

糯米腸

材料

糯米…1800公克
啤酒…適量
麵粉…適量
蝦皮…40公克
香菜…適量
豬大腸…1副
紅蔥頭…適量
乾香菇…25朵
三層肉絞肉…600公克

調味料

鹽巴…適量
五香粉…適量
白胡椒…適量

作法

1 以剪刀除去大腸表面的油質、雜質，正反面都要處理，接著在清水中加入鹽巴、啤酒反覆幾次清洗後，最後加入麵粉水浸泡10分鐘，溫柔搓洗直至乾淨。

2 將大腸平均切段，注意是否有破洞，破洞處盡量是切口，清水浸泡備用。

3 長糯米浸泡約3～4小時後瀝乾。

4 香菇泡水至軟化，瀝乾切絲後再切小塊。

5 蝦皮清洗泡水約5～10分鐘後瀝乾。

6 紅蔥頭切碎，使用豬油爆香至金黃焦糖色。

7 以豬油炒香餡料。先熱炒絞肉至變色，加入香菇、蝦皮一起拌炒，最後加入紅蔥頭、五香粉與白胡椒均勻攪拌，起鍋備用。

8 將五香粉、白胡椒與鹽巴加入瀝乾的糯米，均勻攪拌。

9 以小火拌炒調味過的糯米至水分收乾，加入餡料一起入鍋拌炒，將兩者均勻混合即可。

10 加入香菜至糯米餡料之中均勻混合。

11 將餡料灌入腸衣，不需要完全填滿，以免水煮時破裂。

12 煮一鍋水，水滾後，抓住米腸的頭尾讓中段先入鍋，腸衣遇熱水收縮使得糯米不易掉出，轉小火滾煮約40分鐘，過程中需要適時攪拌避免黏鍋。

13 切片擺盤即可上桌。

小撇步

1 可以加入水煮花生提升香氣與口感。
2 不喜歡豬油的朋友能以其他植物油取代。
3 抓住米腸的頭尾慢慢放入鍋內，稍微等待腸衣收縮能避免餡料外漏。

先把自己倒空，才能裝得進在乎

—胡阿姨的空氣餅—

「叫我胡阿姨就好。」

一頭銀灰漸層到褐色如瀑布般的蓬鬆小卷髮，襯著白色花紋的黑色洋裝特別顯眼，脖子上的紅色圍巾和紅唇巧妙的點綴，她若不提，誰也料想不到胡松枝已古稀之年，如今仍風姿綽約，可以想見年輕時的花容月貌。

「我的料理都是婆婆教我的，嫁來這裡之前，我根本不會做菜。」一個從小在苗栗山邊長大的客家女孩，嫁到被田環繞的雲林虎尾空軍眷村，從天天吃米食、客家菜，變成一週吃至少三天麵食，學著拿軍眷補給證去扛麵粉回來，揉麵團、做麵食的媳婦。「我婆婆從包子、麵條、水餃、餅呀什麼樣樣都自己來，做多了就拿去串門子，送給鄰居媽媽們。」但阿姨也不好意思的笑說，「一開始吃這些麵食都覺得吃不飽，吃完還要偷偷去吃碗飯。」

最辛苦的不只是飲食文化的不適應，還有語言也不通，胡阿姨嫁入雲林虎尾的建國眷村，這裡是當年空軍以及其眷屬的基地，基本上都講四川話，而公公又是湖南人，剛嫁去的第一個月常常雞同鴨講，一句都聽不懂，「小時候放學後我們是去山上割地瓜葉來餵豬，在這裡是養雞撿雞蛋；我們的村莊都是石油井，爸爸在石油公司上班，所以從小家裡都是燒瓦斯洗澡，但這裡就要學劈柴火、燒開水才能洗澡。」

語言的隔閡加上生活習慣落差，怎會讓人不感到孤單？剛嫁來時胡阿姨幾乎天天在哭，一有機會回娘家，就住個半個月不想回來。

她和先生是在火車上認識的，民國六十一年時任莒光號車掌小姐的她，當時是個花樣年華的二十歲少女，車掌小姐有如國家的門面，制服也十分講究，於是挑人特別嚴格，不只身高要求在一百五十八到一百六十五公分之間，體重也要控制在四十五到五十五公斤內，達到標準才能進到口試，口試時規定著洋裝，進去就看到坐一整排的鐵路局長官們，從頭到腳打量著妳，遞上一張寫得密密麻麻的紙，要求用國語和臺語廣播。

幸運的她，擠進了那道窄門，成了少女們稱羨的對象，也成了許多男乘客目光追逐的焦點，她的先生也是其中一個。退伍後的他搭上火車要去臺北的新公司上班，原本朋友還要介紹另外一個陝西小姐給他認識，想不到正好坐到胡阿姨值班的車，一見鍾情。

1

2

「那時他的公司就在火車站旁，我要發車去高雄前，他在月臺送我，第二天回來，他就在月臺等我，拿情書給我，害我沒機會跟別人約會，我都跟我先生笑說：『我給你看中，好倒楣耶！』」

寫情書、彈吉他唱情歌樣樣來，先生的熱烈追求，終究還是打動了胡阿姨，戀愛三年後，他們決定結婚。

「談戀愛時只想天天跟先生在一起，但嫁過來又很後悔，婆婆很嚴格，不准我出門上班，要我在家學做菜，帶小孩。那時不流行孩子給別人帶啦。」經歷一段辛苦的適應期，慶幸胡阿姨人緣十分好，街坊鄰居總會拉著她教東教西，她也因此習得一手好廚藝。

從一九五〇年開始，為防堵共產勢力擴張，美國開始對臺灣提供各項援助措施的計畫，除了軍事戰略以及基礎建設所需要的資源，也提供民生物資，包括小麥、黃豆、棉等，其中大量的小麥更開啟了臺灣人麵食習慣的大門。當時為了補貼大量播遷來臺的軍人及其眷屬，因此發行了眷補證糧票，可以到指定地方去兌換。

眷村成了麵食研發的大本營，除了原本的北方麵食像是韭菜盒、豆沙鍋餅、烙餅等，還會有一些創新的品項，胡阿姨的空氣餅就是從眷村的空心餅演變而來，是一種用大麵團裡頭包著一個小麵團，切開以後取出小麵團，便成了空心的狀態，可以夾入各種喜歡的配菜。過去在眷村中多是做大的烙餅，如紅豆、花生、黑芝麻等大餅，後來胡阿姨把它改良成小的，讓大家來作客分食時更方便。

過年眷村常有炒素什錦、烤麩、滷牛肉等年菜，都可以用空氣餅夾著吃，也能包進絞肉就變成肉包，變化萬千；預先多做幾個放在冷凍庫，要吃的時候簡單回烤一下，當早餐也很方便，這雖然不是大菜，但卻如紅花旁的綠葉，完美的襯托出每道料理。

胡阿姨掀起黑色烙鍋上厚重的木頭蓋，芝麻香氣撲鼻而來，冉冉白煙充滿了整間廚房。「好香啊！」我們擦了擦口水，急忙從鍋裡撈了一顆，卻燙得我們哇哇叫，在兩手間丟來丟去彷彿在玩雜耍般，畫面特別逗趣。

迫不及待地咬下一口，酥脆的外皮配上柔軟的內裡，老麵的香氣溢滿口中，輕輕撕開，取出小麵團，夾入這次虎尾鎮建國眷村再造協會的魯理事長親自為我們做的肴肉，和特別加碼的蔥蛋，我們一邊做著、聊著，不知不覺中幾乎將空氣餅一掃而空。在太陽下山前，胡阿姨問想不想去她的老家走走，車子在眷村的小路繞著，每個巷口都有點似曾相識，若不是胡阿姨指路，我們一定迷路。最後胡阿姨停在一片雜草叢生的廢墟前說：「就是這裡，以前我家門前的花可漂亮了。」阿姨的臉上露出燦笑，眼底流露出滿滿地驕傲，儘管眼前已成廢墟，

info

雲林｜胡松枝 1953年生

筆者｜陳亦琳

1 夕陽下眷村旁的農田看起來格外祥和，過去的戰事早已成過眼雲煙。

2 眷村的宿舍原是日本神風特攻隊隊員的宿舍，由於久未有人居住，如今一片荒涼。

3 胡阿姨帶我們到自己以前的住處，聊著這裡過去的回憶。

在她眼中彷彿還是當年那個百花齊放的古厝，她指引著我們向前，細數每一個方位：「這裡以前是養雞的，後面是廚房，那裡是李媽媽家，那邊是傅媽媽家，我們會在廚房裡打麻將，可熱鬧了……。」

我們幾乎忘了胡阿姨最初提到一開始適應眷村的苦日子，那些彷彿不存在似的，取而代之的是濃厚的情感與思念。

「這裡以前是神風特攻隊的宿舍喔……對對，就是日本的那個神風特攻隊，防空洞跟堡壘都還在！這整片日本軍營是福華飯店的創辦人，當年在虎尾創業，標下日本人的案子蓋成的，後來國民政府接收後成為眷村。」

家家戶戶緊鄰著一片片用甘蔗築起的薄牆：「隔音太差，隔壁發生什麼事我們都知道，甚至還會約好一起打小孩。」那片薄牆的土塊掉落了，房與房之間再也沒有祕密，有幾度跟不上阿姨步伐的我們，只見她對著幾片倒塌的房舍，留下層層被雜草和樹幹包覆的空地，自顧自的說著，與其說是介紹，更像是一種抒發，對這塊土地多年來的思念。

夕陽漸漸落下，我們聽見遠方火車鳴笛響起，「這是臺灣最後一個運蔗小火車喔，只有每年十二月到四月虎尾糖廠的製糖季、甘蔗的採收時節可以看得到」，走到糖廠旁邊就聞得到甜甜的味道。

微風徐徐，一旁的農田與平房編織成一幅讓人心曠神怡的農村景象，誰知道這片土地曾乘載了多少人們的生離死別與悲歡離合，從神風特攻隊的日本青年、到流離失所的空軍和家眷，孩子們的打鬧聲逐漸取代了炮彈的聲響，直到一切再次回歸寧靜。雖然早已物是人非，但土地見證了時代的更迭，歷史的痕跡、消逝的生命，其實還靜悄悄地被安放在這，沉默地述說著臺灣的曾經。

幸好還有再造協會，幸好還有胡阿姨跟過去眷村居民，和一些願意經營、保存這裡歷史的年輕人，讓這裡不致被淹沒在時間的洪流中。

若只有聽到故事的開頭，你可能會感覺，胡阿姨為了圓滿一個家犧牲好多，犧牲了夢寐以求的工作機會，嫁入了語言不通、文化隔閡的眷村中，更沒有自己熟悉的家人好友在側，但若不是如此，她也不會因此發展出了對料理的興趣，從不會下廚到傳承了眷村的經典菜肴，甚至能結合了自身的客家文化美食做變化。現在不只是推廣虎尾眷村菜的第一把交椅，更是各大傳統美食的常勝軍及料理講師。唯有把自己倒空，才能裝得進在乎，也許這就是胡阿姨空氣餅中美味的祕密。

「空氣餅是其中最簡單的，想學其他的你們要常常回來找我玩喔！」，我們流著口水直呼好，話還沒說完，胡阿姨突然跨坐上摩托車，「不好意思，我要先回家收一下臘肉，我還晒在外面呢！」，轉身便瀟灑地揚長而去，這也是一道眷村才有的獨特風景吧（笑）。

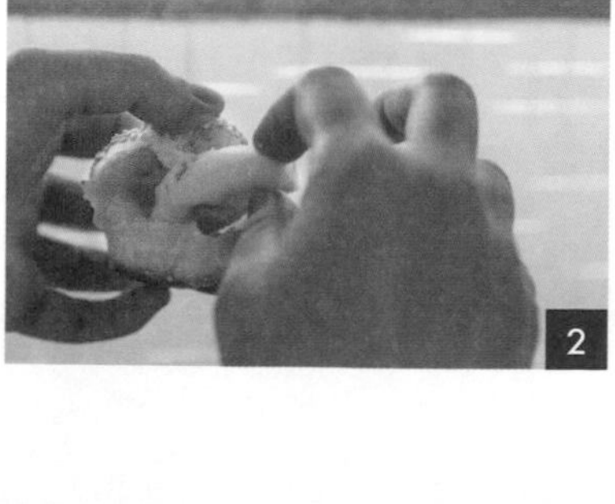

1 胡阿姨手把手地教怎麼做空氣餅。

2 剛煎好的空氣餅，剝開後中間原放的小麵團可以沾各類醬汁食用，中空的餅皮內可搭配其他餡料。

空氣餅

份量 6人

｜材料｜

油…適量
水…500毫升（約攝氏30～35度）
芝麻…適量
鹼粉…5公克
老麵…900公克（600公克中筋麵粉，300毫升水，2公克酵母）
中筋麵粉…1000公克

｜作法｜

1 製作老麵：混合600公克中筋麵粉，300毫升水，2公克酵母，發酵10小時以上。
2 將一點點的水倒入鹼粉中化開後，倒回500毫升的水中混合均勻（利用鹼粉來中和老麵的酸味）。
3 將800公克老麵先分成一坨坨的小麵團後，加入500毫升水和1000公克麵粉，混合均勻後揉成團（預留100公克老麵以後使用）。
4 成團後在麵團中加入一點點油，有助於麵團保溼，用布蓋著醒麵發2小時（過去使用豬油，現在可依個人喜好選用）。
5 將烙餅鍋不加油預熱（家用可使用平底鍋取代）。
6 將麵團用虎口分成數個大球和小球，一大一小為一組，大小依個人喜好決定。
7 將大球壓成圓，小球蘸油後，在大球中心抹一點，再把小球包進去（沾油是為了防止麵團沾粘）。
8 麵團滾圓收口後表面蘸水，再蘸芝麻。
9 鍋熱了將麵團收口朝下煎餅，蓋上蓋子乾煎。
10 一段時間後，打開蓋子檢查，餅的周圍如果用手壓了會凹下去，代表內部沒熟。
11 起鍋。

從日治飄香到民初，會呼吸的筒仔米糕

—施阿嬤的米糕—

二十歲時我結婚了。那時候的女孩如果到二十幾歲才出嫁，會被說是老新娘，幸虧自己在青春最後的限期成為別人的妻子，不算太晚。與先生相識結緣是因為我們的長輩彼此認識，母親說男方家的人客氣友善，我嫁過去她會比較放心。在那個年代，結婚的對象從來都不是另一半，而是另一半的大家庭，所幸公公婆婆待我如己出，凡事替我著想。

剛嫁到鹿港時，大部分的事情都順順地走，除了聽不慣鹿港人的海口腔，然而這也隨著時間漸漸適應，生活中實在沒有什麼可以挑剔抱怨的。

「日子過得好不好？」某一日母親送來關心。

「很好啊，覺得婆婆比妳還要更好。」我不經意地回應。

「這樣啊……」

當時太年輕，不知道內心已經纏繞一個很深的結。直到七十幾歲，才跟兒子談起這件事，那句脫口而出的話語本意是為了不讓母親擔憂，卻不小心傷了母親的心。我連續幾次回去彰化老家的宗祠，與已逝的母親說上許多心內話，那個結啊，才漸漸解開。

我們這一代都把心內話藏很深，攏毋敢講。現在活到九十五歲，慢慢學會表達自己的感受，人生的路也算圓滿了。

我是施郭雪娥。

那面扇形，走過了多少年代

一九二七年，雪娥出生在日治時期昭和二年的彰化市，家就在「機關庫」旁邊。

「阿嬤，機關庫……是放什麼機器的地方嗎？」

「就是現在的扇形火車庫，以前日本時代我們都叫做機關庫。」

「那妳小時候都玩些什麼？」

「機關庫旁邊有很多農田，我都會去田裡抓小青蛙。」

臺灣這座僅存的扇形車庫建於一九二二年，走過日治時期、二次世界大戰、臺灣光復、戒嚴時期以及當今的民主時代，庫房的空間保留住鐵道迷的懷舊之情，鐵軌旋轉盤也運轉著雪娥自幼小到年長

1

2

的生命記憶。

「夏天的時候穿白色鞋子，冬天的時候穿黑色鞋子，六年學了好多日語歌曲，到現在都還記得呀，是母親讓我可以有當學生的福分。」雪娥還未出世，父親就離開家了，母親憑靠著縫紉工作養育三個孩子，全力支持他們就學讀書。

公學校畢業後，她跟從母親進入成衣工廠當學徒，由最簡單的直線車縫開始，隨著技巧日趨純熟，不僅減輕母親的工作負擔，爾後功夫好到擔任樣品衣的車縫師。時間又往前走了幾年，雪娥決定考取鐵路局公職，經過集訓成為當時第一位上線操作的電報員，無論做什麼事情，她嬌小的身軀總是散發出全力以赴的模樣，實在難以不叫人喜愛。

在鐵路局工作兩、三年的期間，每天清晨大家都會攜帶便當徒步去八卦山的防空洞躲避美軍空襲，吃完冷涼的飯菜再從山上回到各自的工作崗位，例常檢查廠房、機器、鐵軌是否毀損，火車一如既往地繼續行駛，百姓生活彷彿沒發生什麼事情般地繼續下去：「那時候不太知道擔心害怕，只要每天有飯吃，就算是冷掉的飯也好吃，旋律哼著哼著時間也就過了。」是因為雪娥生性樂觀呢？還是人們在戰爭的日子裡學會苦中作樂，把精神耗費於恐懼之中顯然無濟於事，或許將躲防空洞當作例行公事，就不會這麼令人焦慮不安了吧。

如今回想起來最深刻的反倒是中秋節與三五好友一起散步去八卦山賞月，在月光下團圓歡笑：

3

4

1 可愛親切的施郭雪娥阿嬤。

2 彰化扇形車庫興建於大正 11 年，設有可供360度旋轉的轉車臺。（照片提供：王佩琪）

3 我們一邊處理紅蔥頭，一邊分享彼此的故事。

4 將筒仔米糕一一放進蒸籠，由於紅陶土模子已經老舊易碎，放在上層。

info
彰化｜施郭雪娥 1927年生
筆者｜陳佩君

「那時候不知道哪裡來的膽量，我們幾個女孩子在馬路中間排成一列自顧自地走，開心唱歌，也不管有沒有擋到別人。」當年雪娥唱著喜歡的日本歌曲，不知道她懷著什麼樣的希望走向山林裡的神社，許下的願望是否實現了呢？

「那時候的女孩如果二十幾歲才出嫁，會被說是老新娘。」雪娥慶幸自己在桃李年華時結婚，卻反過來鼓勵我們：「現在不用太早結婚，沒嫁也沒關係，去做自己喜歡的事情。」活在這個世代，任何年紀都是摽梅之年呀。

剛嫁到鹿港時，先生在郵局送信，她仍舊在鐵路局上班；然而隔年懷孕之後，嗜睡與孕吐頻頻影響工作狀態，深恐連累同事於是遞了辭呈。在生產前夕，分娩的劇烈疼痛從午夜持續到早上八點，產婆來到家裡接生，看在同是施姓的緣分就不收錢了，說要留給孩子用。

當時的鹿港有一間禮拜堂，禮拜堂的外側圍牆延伸出一條熙來攘往的街衢，街衢上的攤販賣著綠豆湯、炸年糕、麵線糊、肉圓，每天有二、三十家固定的小吃店吸引附近的居民到這裡用餐。雪娥與他的丈夫施溪川先生，就是在這樣熱鬧的地方經營起筒仔米糕小吃攤生意。

「小叔喜歡做生意，很有生意頭腦，但是先生和我都在公部門上班，完全不是當生意人的料。後來小叔找溪川一起經營路邊攤，我和小嬸則負責在家備料蒸煮。」

他們每天天未亮已經開始製作上百盅米糕，天一亮就準時出攤，老顧客都知道中午過後很可能會撲空，常常提前在攤位等待。尤其是做工的人特別喜歡早晨吃米糕，比起稀飯更有飽足感，總是先吃個兩碗才上工幹活兒。下午收攤之後也沒閒著，雪娥與婆婆兩人揹著嬰孩的身影在廚房與廳堂之間忙進忙出，一面準備隔日的食材一面打理家務，公公則是幫忙煮飯，全家人同心協力相互扶持，小吃攤的生意也就日復一日維持了二十幾年，直到溪川先生離世之後才停歇。

「當初結婚時，我不習慣他的鹿港腔調；現在反而會想念起他的聲音。」雪娥後來搬離鹿港，與孩子們在北部展開新的生活。

會呼吸的筒仔米糕

「小吃攤收了後，我留著這些筒仔，你們算算有多少年了？」

桌上幾個手掌般大小的磚紅色陶器，從外觀看起來猶如是在閣樓某處櫃子裡被找到的舊物，好似只要輕輕拍掉塵灰就會從表面的紋痕中浮現許多故事那般的舊物。雪娥看向那些像是花盆的陶器，繼續說道：「每次做米糕都會破掉幾個，東西老舊了就是這樣，只剩下這些。」

　　離開鹿港後，雪娥每年冬至仍會準備上百份的米糕送給親朋好友，為此忙得不亦樂乎；然而隨著陶盅一年一年逐個碎裂，她的身體也漸漸衰老，在時間流逝之中，許多本來習以為常的事情逐漸變得無法順利進行。上次做米糕已是二十多年前的冬天，即使如此，雪娥依然記得每一道工法，井然有序地指導我們該怎麼泡米、備料、熬湯汁，唯獨傳統的米糕陶盅已經買不到，取而代之的是金屬色的鐵盅。

　　早期盛裝米糕的容器多是紅陶土或竹子製成，透氣的材質讓糯米在炊煮過程中可以自然呼吸，容易排除多餘的水氣，因此蒸出來的米粒特別

1 從小吃攤保留至今，早期的傳統紅陶土米糕模子，僅剩六個。

2 誕生於日治時代的鹿港施家米糕。

飽滿Q彈。製作米糕所選擇的秈糯，也就是長糯米，黏性較圓糯米低，煮食不易爛稠，需要預先浸泡約二至三小時；一旁將新鮮紅蔥頭爆香成油蔥酥起鍋備用，接著分別拌炒香菇與蝦米。再來是處理梅花豬肉，該如何讓肉質鮮嫩入味好讓米糕更加可口呢？首先將肥瘦適中的肉片炒至微微變色，倒入醬油均勻拌炒至熟透，再添入水、冰糖以小火持續熬煮四十分鐘，最後放入油蔥酥增香。滷到恰到好處的肉質不會太軟爛也不會過於乾柴，味道不死鹹帶有甘甜。全部準備就緒之後，將餡料鋪在盅底，澆淋一湯匙肉汁，填入瀝乾的糯米至九分滿，雪娥交代必須一邊放糯米一邊輕敲筒仔，用指腹輕輕按壓，使得米粒與米粒之間的空隙更加緊密，蒸出來的米糕才不會鬆垮垮。

最後一道熟煮步驟看似簡單，卻不能輕易草率。開始炊蒸約五分鐘左右，米粒會呈現晶瑩透亮的色澤，此時再添入熱水至米糕裡，水位剛好淹蓋過米粒即可，掌握水與米的比例至關重要，一旦失手就前功盡棄了。

我們一人捧著一盅剛出爐的米糕，等不及發亮的米粒倒扣在飯碗中就先送進嘴裡。以鐵盅裝盛的米糕較為軟糯一些，似乎是多餘的水分殘留在容器之中無法散去；而以陶盅蒸煮的米粒圓潤豐實無可挑剔，原來這就是會呼吸的米糕呀；不過總的來說，第一次品嘗沒有肉鬆、香菜、蘸醬陪襯的米糕，使得味蕾能夠單純沉浸在食材本身所呈現的鹹甜香醇，相當清晰的米香與飽滿彈勁的口感配著清甜的肉羹湯，完全展現筒仔米糕的樸質之美！倘若這時候澆淋任何調味料反而會干擾了純粹的原味。不禁懷疑過去的自己到底是在吃甜辣醬還是吃米糕呢？

謝謝雪娥阿嬤在這座島嶼的飯桌上，重現日治時代的鹿港施家筒仔米糕。有些老味道，對我們來說是美好的初次遇見，但願能延續下去，以任何形式都好。

「阿嬤，你滿意今天的成果嗎？」

很滿意呀！雖然二十幾年沒做，幸好功夫還在；很多事情都變了，但米糕的滋味和七十年前一樣沒變。最重要的是，你們聽我說故事，本來快遺忘的事情統統都找回來了。

想起讀書的時候，老師會在初一十五帶著我們去八卦山上的神社拜拜行禮，離開時總是到附近的攤販買幾份現炸油條回家當做配菜。傍晚提著油條進入家門，媽媽正踩踏著縫紉機做衣服，廚房傳來阿嬤煮飯的聲響……這一切宛如昨日。

然而神社消失很久了，油條的味道存在記憶中，以後這個米糕也會留在你們的回憶，我們都是活在彼此的心中而體會生命的意義。

我啊，想念母親，已經準備好回到她的懷裡。

以細長形的餐具戳洞，確認筒仔米糕是否煮熟。

份量
10～12人

筒仔米糕

材料

紅蔥頭…20顆
乾香菇…18～20朵
小蝦米…150公克
長糯米…1800公克
梅花豬肉…1800公克

調味料

水…600毫升
醬油…50毫升
冰糖…20公克

作法

1. 長糯米泡水約2～3小時。
2. 乾香菇浸水軟化、蝦米泡水約10分鐘。
3. 將切好的紅蔥頭爆香製成油蔥酥後起鍋備用。
4. 炒香蝦米與香菇，起鍋備用。
5. 梅花豬肉炒至表面變色再加入醬油與油蔥酥均勻拌炒，煮滾後加入冰糖與水，繼續小火燉煮約40分鐘。
6. 先放入香菇、蝦米，再放入幾塊肉鋪平，接著加入一小匙肉汁，填入米至九分滿。
7. 蒸籠預熱滾水後再放置米糕蒸煮5分鐘，隨即開蓋添加水到盅碗裡，讓米粒可以完整浸泡，繼續大火蒸煮25分鐘，關火後燜鍋約5分鐘。

小撇步

1. 一邊添加糯米，一邊輕敲盅碗，讓米粒平均分布且更為扎實。
2. 蒸煮5分鐘後添入水到米糕裡，米粒完整浸泡即可，水過多會使得米飯失去飽滿口感。

把感恩、追憶放進料理，那是種什麼都無法比較的美味。

—古媽媽的美味雙牛—

這是一個關於思念的季節，也是大地萬物甦醒，梅樹盛開的時刻——清明。

生在信義鄉，幾乎家家戶戶都種有一片梅園，生活大小事繞著節氣和梅樹在過活。來到這片群山擁繞的地方之前，住平地的我對「青梅」一點也不了解，沒想到這趟上山，震撼了我對「生活」的認知。

桌上的這壺茶還來不及喝完，我們已經忍不住喊她一聲古媽，不是客套也不是為了禮貌。她是古信維，新認的乾媽，看我們細瘦的雙臂扛著器材，手持攝影機運鏡，打燈和收音，無線電響個不停，心疼得直說想交換崗位，讓我們有個喘息時間扒口飯。古媽的溫暖在幕前幕後始終如一，面對人生和食物的態度，都像股暖流，有明確前往的方向卻仍能適時地轉彎。

「如果能對仇視的人寬容，對捉弄人的命運順服，那就是真正懂得溫柔的人。」

古媽就是這樣的存在。她說活到這把年紀，自己的一生就像一棵梅樹，初來到新生世界，像個十八歲的少女開花綻放，步入禮堂，準備迎接生命的歷練。要醃製一顆梅子，得要歷經粗鹽搓揉殺青，擠壓再被敲裂，就像人心，因著裂縫反而能流入。梅子也在經歷種種淬煉後才洗去苦澀，提煉出酸甜的滋味與成熟的香氣。

生在群山擁繞的南投信義鄉，先是在一九九六年碰上了賀伯颱風，首次出現了「土石流」這個名詞與現象，又歷經九二一地牛翻身，這一村與那一村之間全斷了聯繫，留下一輩子的恐懼陰影，隨後接連著幾年的強颱，桃芝、莫拉克相繼席捲，上天不知要信義人領悟出什麼？這些聽似耳熟，腦海最多也只有頭版頭條或是不停播放的SNG畫面，卻是信義人一輩子對於逝去的傷痛。古媽和我們說起時還是忍不住哽咽

1

2

流淚，我手上的寒毛豎立，趕不及讓熱茶安撫。

多少人能想像一場天災，讓畢生奮鬥的家園隨著泥流緩緩向下流逝，房間門一打開，跨出去的那步就是滾滾泥洪水，如果想吃一口乾糧，要到斷橋對面的校舍才有，那你會選擇搭流籠還是怪手的挖勺呢？這些古媽都試過，甚至被直升機吊掛送往醫院，在不斷上升的擔架上，心裡擔憂著會不會一去不回，而成了與家人的最後一面？卻又只能無助的看著家人漸漸的成為一個愈來愈小的點直到消失。

古媽說：「很神奇啊！只要為了愛的人，冒著生命危險的事情都做得出來。」

散步在梅園裡，我忍不住問一句，歷經這麼多風災的摧殘，難道都沒想過要離開嗎？她從倉庫搬出一整箱的古早器皿，上面一層厚厚的龜裂泥土，那是賀伯颱風留下的痕跡。她說，雖然真的有很多傷心的過去，不過，來去都在於自己，住在山裡就與山共存，其他的留給上天安排。把自己全然交給山，相信並臣服，處之泰然，又保持對生命的熱情與感恩。

說了這麼多，古媽堅持要先讓我們飽了肚子再繼續聽故事，拿出從村頭傳到

3

1 古媽媽的餐廳「喜覺支梅園梅宴工作室」中的胭脂梅。

2 聊著對料理的堅持與生活態度，感受得到古媽媽是個溫暖樂觀，同時又很有力量的長輩。

3 只要經過南投，就會忍不住想去探訪古媽媽，吃頓她的飯，想念她的笑容。

info

南投｜古信維 1958年生

筆者｜洪薏淳

村尾，連外地客都著迷的招牌料理——「美味雙牛」。

堅持每日親自挑選，肉質佳、油花分布均勻的上等牛肉，搭上飽滿鮮紅的牛番茄、老薑，還有最重要的「自釀黑金陳梅」，再花上幾小時熬煮湯頭，不需要過分調味，就能提拔出獨有的一股甜韻，這種真實的美味，才最叫人難以抗拒啊！

這份對美味不妥協的背後，其實也是有故事的。從小家住信義鄉深山的古信維家在山上是開雜貨店的，而「溪阿縱走」登山隊，是民國六十至七十年代救國團暑期的熱門登山路線。每到這時間就需要大量的運輸人力以及物質補給，對經過信義鄉同安村下榻的登山隊而言，雜貨店是他們必經的一站，劉金光就是其中一位司機，也因為這樣，古媽在小時候就和劉叔叔有了幾面之緣。

古媽高中考上臺中的學校，住在力行路上的宿舍，雖然離家不算太遠，不過也要兩週才能回山上一趟。

巧的是，世界雖大，有緣的話大山大海也擋不住，古媽就在臺中和劉叔叔相遇相認了！那些沒辦法回家的日子，古媽就會隨劉叔叔回到陸光九村待著，叔叔會準備餃子、牛肉麵，就像爸爸一樣顧護她，這些都是一些平常山上吃不到的外省味，這些手藝就這樣從山東傳承到了南投信義的她手中。

「每當思念無處安置時，燉一鍋他傳授予我的牛肉麵，等待星河之中能有一個回覆。」

後來，劉叔叔和他太太都走了，古媽在山上開了間餐廳，熱愛廚藝的她不斷嘗試將各種自己栽種信義鄉盛產農作融入料理中，選用當地盛產而非進口食材，堅信消費的力量能為家鄉帶來新生的機會。其中最熱賣又受網友喜愛的「美味雙牛」，讓古媽媽的餐廳聲名遠播，就是當年劉叔叔常做的料理。劉叔叔似乎用這種方式，繼續陪伴著古媽，成長、茁壯、然後慢慢變老，在深愛的家鄉。

在廚房看古媽媽的料理過程，堅持慢工細活，食材只用自然退冰法，留下食材的原味，不求快速的翻桌率，守著這樣的理念，還常常下山進城，為許多學生授課。

古媽媽說：「因為我真的真的很想念他，現在我只要想他就煮這個美味雙牛，看看天上的星星，相信叔叔也是這樣看著我。」

這牛肉麵我們都各自吃了兩大碗，湯更是舀個不停，只想讓這滋味在嘴裡留得久、留得長，美味雙牛的食譜本指牛肉和牛番茄，但經過古媽的改良加上在地的陳梅，湯頭雖是紅燒但卻清新不油膩，是豐盛的蔬果甘甜。就算世界上有再多的五星級美味，但是看著古媽媽眼裡的淚，我第一次真切感受到，清明真的是個屬於思念的季節，那種把感恩、追憶帶上飯桌，是什麼都不能相比的美味。

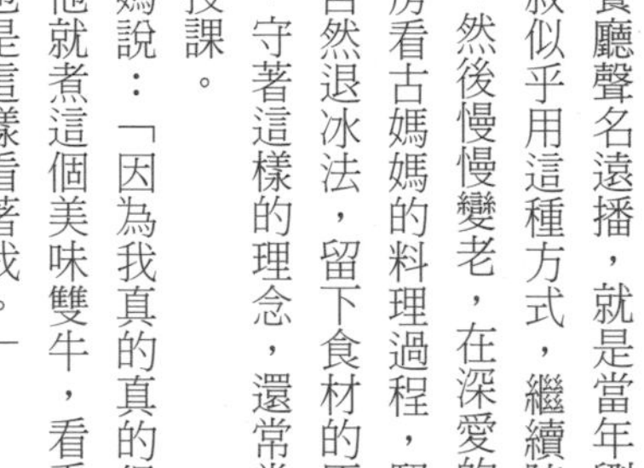
1

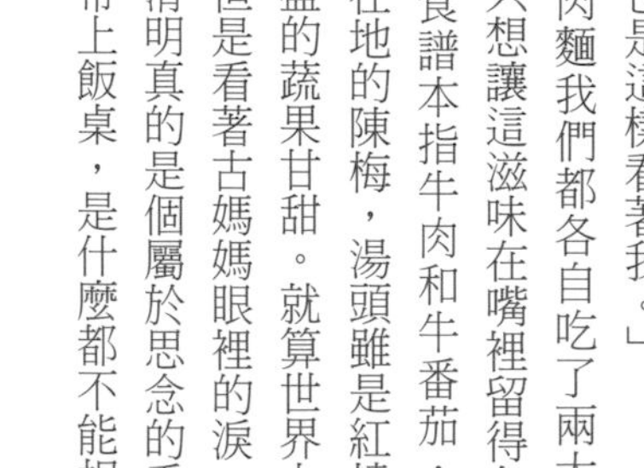
2

1 2 賀伯颱風在古媽媽的盤子上留下的淤泥，直到今年成了特別深刻的回憶。

份量
10人

美味雙牛

| 材料 |

洋蔥…1顆
蘋果…1顆
麵條…10份
老薑…1塊
蔥末…適量
辣椒…適量
香菜…適量
陳年梅…適量
月桂葉…5片
牛番茄…1顆
辣椒乾…適量
牛肉滷包…1包
牛腱半筋半肉…2000公克

| 調味料 |

糖…適量
米酒…適量
淡色醬油…100毫升
岡山辣豆瓣醬…50毫升
岡山原味豆瓣醬…50毫升

| 作法 |

1 牛腱不需汆燙或走水，牛腱、蘋果、洋蔥、牛番茄洗淨切塊，薑切碎末。
2 將牛腱、洋蔥、蘋果、陳年梅、牛番茄、豆瓣醬、淡色醬油、月桂葉、滷包、米酒、糖、薑末、辣椒乾全數倒入鍋中，水量淹過食材即可。
3 中火煮至滾燙後，轉至最小火繼續燉煮約3～4小時，過程中湯頭裡的雜質不需過濾，靜待燉煮至消失即可，保留肉汁原味。
4 換鍋滾水，下麵煮熟，盛湯即完成。
5 盛盤後，可依個人喜好加入蔥末、辣椒絲、香菜增添風味。

優游在臺南三十七年的魚，營養了府城人晝夜的五臟六腑。

—王媽媽的四神虱目魚丸湯—

王媽媽和古媽媽自組了「山珍海味」團體成為姊妹淘，長久以來透過廚事聯絡彼此感情，這來自一段巧妙的緣份。有一回，王媽和先生開著車上南投信義鄉，傍晚在山徑之間繞著繞著，都沒遇上能果腹下榻的地方，就在路的盡頭終於碰到人，問了哪裡有吃食，對方一指竟然是遠在對面那座山頭上的「喜覺支梅園」。

幸好路雖遙遠，卻因此碰上志同道合的姊妹，在一頓梅宴的飯後，王媽媽和古媽媽間產生了一種高手間惺惺相惜的珍貴情誼，兩人都才華洋溢，互相欣賞對廚藝的品味，更重要的是有著相同的信念與熱情。

一個久愛著山，所有的料理都離不開信義鄉盛產的梅子；一個屬於海，一條魚就能做出三種以上的巧思。她們都以自己生長的家鄉為傲，古媽說歐洲人用橄欖油加上玫瑰醋蘸麵包吃，那我們也能用在地的苦茶油加上梅子醋調製出健康又充滿層次的沾醬；王媽說外國人吃的漢堡方便能拿著就走，我們也有可以說走就走的粽子，並自己研發出了包裹著滿滿虱目魚鮮甜的海味魚粽。她們倆就是這

樣，有著一股傲氣，融合了對家鄉的愛，不斷地研發創造出健康在地的風味，能一起討論切磋、擦出新的火花，這樣亦師亦友的夥伴，當真不可多得。

她們總說等退休了，要一起開著一臺車環島旅行，將她們手中的「山珍海味」，傳遞到臺灣三六八個鄉鎮。能夠認識王媽媽，是去年的清明時節，古媽媽強力引薦我們一定要走一趟臺南，見見她的好閨密。

王惠慧，民國四十七年出生於臺南佳里，你可能沒去過，那種鄉間小路沿路帶點鹹臭、天然發酵的氣味，就是她心目中對老家的印象。

曾在和先生經營著一間「和興號鱻魚湯」，就坐落在熱鬧的府城街廓，照顧著四方的食客，可能是自遠方驅車而來的觀光客、可能是在地一家老小來吃個便飯、也可能是文人雅仕接待賓客。

國外的月亮沒有比較圓，在地食材也能登上檯面，這是她堅持一輩子的理念

王媽年輕時當過老師，後又轉行成為美容師，帶著學生們四海參賽，中年後和原先在鈕扣工廠工作的先生，一起開了第一代鱻魚湯店，每天半夜一點親自上市場挑魚貨，就在攤子前的騎樓下自個兒現殺起來，每天因為紅燈停下的車流和路過群眾，都是不用靠宣傳手段就自己上門的顧客，因為他們早就親眼見證這家的鱻魚湯是多麼新鮮實在。

雖然沒有繼續教書和從事美容業，但是美化自己生命這件事，王媽從來沒停下來過，談吐儒雅得把自己打理成一個美麗的老文青，熱愛老家具，三句話內就能聊起一本書，五句話就能推薦一部電影，大多和飲食文化記憶、生命的經驗延伸有關。

擅長將遺失的味道重新找回，從小在鄉下長大的孩子，吃到的美味，大部分都是由一些外貌不怎麼吸睛的食材製作，甚至被視為低賤的粗食，卻是最能代表當時那個年代的樣貌，代表一種時代記憶的料理。

醃越瓜

臺灣栽種越瓜極為普遍，夏季多在南部能看見，是粗俗、耐旱、耐蟲蛀的瓜果。當其他的葉菜因為暴雨、曝晒開始腐爛時，越瓜朝地泡水的那一表面只會粗化泛黃，它以頑韌的生命力，度過每年颱風洪水的襲害，成為主婦們哀聲抱怨後的最佳選擇。儘管再樸拙的越瓜，經過王媽的妙手和巧智的催化下，剖開、剃籽、抹鹽脫水、壓力，等待時間帶走多餘的包袱，等待陽光連續進駐一週，再施以醬油、白糖、辣椒重新浸入第二生命。

說實在的，碟裡這幾塊紅配綠我真沒概念是什麼，王媽只說以前滿地都是，現在要是快餐店裡能

info
臺南｜王惠慧 1958年生
筆者｜洪薏淳

1 古媽媽與王媽媽情如姐妹，每年清明就會相聚敘舊釀梅。

2 細碎的越瓜揉進油亮的米飯裡，在嘴裡溫存一股溫潤的暖流。

看見實屬難得，不過也是以色素染出來的仿品。

單吃，口感脆韌的聲響，必須細細咀嚼方能下嚥，說是有點鹹但又不足以讓人難受，筷子反而忍不住又伸出去；搭配飯糰又是另一個境界，將炒好的越瓜以角刀切得更細碎，揉進入口適中的米飯中，米粒均勻地裹上一層醬香的油光，放入嘴裡先是被這種香氣感動，好像赤腳走在田埂上，陽光晒得大地暖香香的，徐徐涼風拂過雙頰，多接地氣啊！碰上了越瓜的鹹酸滋味，透過嘴裡唾液溫柔混合，滿嘴的醬香和澱粉釋放出的甜份纏綿不散，不說是早期的務農子弟了，這也是現在年輕人野餐、登山最理想的行動美糧，難以形容的美好，只想求王媽再給我揉一顆越瓜飯糰吧！

長長苦夏，越瓜就這樣在揉捏醃漬的過程中隨著鹽巴脫去雜質，沉澱進化出另一番生命，我們也在各式各樣的醬菜中、驕陽蟬聲和午後的渴睡中慢慢過去。

四神虱目魚丸

一六八四年臺灣納入清朝版圖，虱目魚已經優游於臺南一帶，一直留存著鄭氏父子的故事足跡，虱目魚又稱作國姓魚、國王魚、皇帝魚，出身亞熱帶、偏好溫暖，獨到的身世讓牠保有一絲神祕尊貴氣息，只是每當遭遇天災酷寒，就會耐不住翻肚死亡，養殖業者只好趁新鮮，趕緊加工成魚丸。

小時候王媽家族裡是開中藥鋪的，應該就是像《俗女養成記》中那樣的場景吧，一腳踏進去，前院晒著一簍一簍的中藥乾，屋內整牆的中藥櫃，陽光從四角窗灑進來，瓣瓣的暈影讓每個小抽屜上的標籤，添了一份神聖莊嚴，透過千萬組合去標配，芳香、治病、食療、美容……又和生活息息相關。

王媽手裡熟稔地倒著四神藥材，懷山、芡實、茯苓、蓮子，需要某種手勁跟手勢才能精準地搗碎又不濺出來。舀兩匙四神粉加入已經剔好刺的虱目魚柳裡，再次搗勻，關於肉質的纖維有多細緻，搗藥棒一次次地撞擊之間，都能聽見兩種介質表面分離的瞬間，溼度與纖維的纏綿不清，到達一個程度後，開始利用離心力力道，模仿打水的撞擊原理將肉質口感提升。

全程堅持只加入四神粉和鹽巴，沒有其他多餘、花梢的添加物，從虎口擠出圓球狀，保有虱目魚本身獨特的鮮味和粗糙口感。這麼做是承襲自

1

1 加入虱目魚柳裡的四神藥材，得用搗磨缽杵搗碎。

2 醃漬越瓜，也是王媽口中道地的草根性代表食物。

她的阿嬤，王媽說那畫面深深印在她的腦海中，年邁眼睛已經不再明亮的阿嬤，為了給瘦小的她開脾健胃，會將虱目魚肉對著即將西下的陽光，在落日餘暉中虱目魚細小的刺被照得顯眼，阿嬤就這樣一根一根的用鑷子挑出。為了讓孩子們願意吃四神這樣藥材提升營養度，便自己摸索研發出了眼前這一碗，充滿了樸實溫暖愛意的四神虱目魚丸湯。

虱目魚醃瓜脯

除了和興號鱻魚湯，王媽也跟兒子和媳婦一起經營一間已經轉為網路銷售的食堂「小滿」，就像踏進自己家裡的灶腳，開放式的廚房，陽春的家庭設備，沒有菜單，充滿古早味環繞的老家具，就像回到自己的老家一樣。

小滿小滿，「物致於此，小得盈滿」。是的，只要是進入這裡的食物能被喚醒五十年前被遺忘的庶民的滋味，而進入這裡的人都能得到最樸實豐盈的療癒。

王媽和我們分享最深刻也是支持她一路走來的初衷。小滿營業的第一年，有一位客人帶著媽媽來店裡用餐，那位媽媽看起來體弱蒼老，吃完虱目魚醃瓜脯和醃越瓜後，一直看著王媽卻又無力說話，直到王媽媽放不下心上前問候，那位媽媽握著王媽的手，激動哽咽地說：「沒想到我這輩子還有機會吃到這個味道，這就是我小時候的記憶。」原來，這對客人是從臺北特地南下的母女，當年母親從臺南七股北上到三重當女工打拚，現在回來故鄉走走，竟然能吃到童年消失的味道。就是那一刻，王媽確定她走在一條正確的道路上，對傳統口味與品質的堅持，還有怎麼把那些過去的智慧與文化融合進自己的料理。

開始自己嘗試料理後，找不到訣竅就問賣菜的菜販，賣菜的也不知道就問種菜的，種菜的沒聽過就想盡辦法找到吃過的人。總之，在某處一定待著和王媽有一樣共鳴跟理想的人，也藏著期待餘生還能碰上老味道的人。

做自己認為對的事，愛自己所愛的人，找到自己想走的路，秉持著做人、做菜都誠實的心尺，是王媽一路走來給自己的中心思想，對自己的生活能夠交代，就是最好的認同與證明，只是剛好這一路上遇上了古信維這位閨密的相知相惜，也被眾多客人們的回饋給滋養，這是我眼裡美好的她，一直溫柔，一向堅定。

你真的也應該嘗嘗她的手藝，或許哪天你走出巷口，就真的遇上「山珍海味」的餐車，點什麼都不會錯，並記得祝她們倆姊妹環島成功。

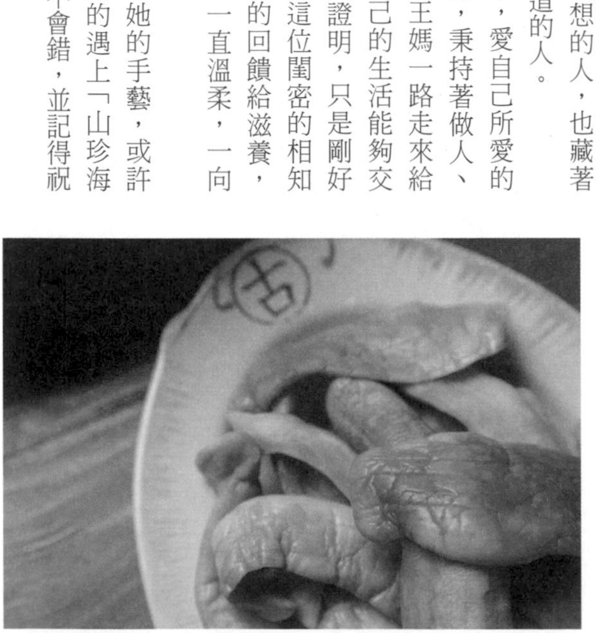

外表粗獷的越瓜耐旱耐陰濕，醃漬後反倒體現了陽光及土壤的精華。

份量
3人

四神虱目魚丸湯

| 材料 |

芹菜末…適量
虱目魚柳…10條
虱目魚骨…6副
四神藥材…20公克

| 調味料 |

鹽巴…適量
白胡椒…適量

| 作法 |

1 將虱目魚骨放入鍋裡注滿水，中小火熬煮成高湯。
2 將四神藥材以搗藥器搗碎。
3 加入少許鹽巴調味及兩匙四神粉，混入虱目魚柳中繼續搗勻。
4 魚漿呈團狀時，以手握球之姿摔打魚漿數下，增加肉質口感。
5 以虎口擠出圓球狀，湯匙輔助加入高湯裡煮熟。
6 待魚丸熟透後，肉質呈現白色，即可起鍋。
7 依個人喜好加入少許芹菜末或白胡椒，完成。

北漂的高雄洪金寶，手起刀落，燒得一手好野味。

——林爸爸的魷魚螺肉蒜——

記得好幾年前，還是替代役的我抓了條蛇回家，爸爸興致沖沖地表示這可以怎麼料理，便熟稔地從袋中提出長達近兩公尺的大蛇，將頭部用紅色尼龍繩綁在廚房水龍頭上，一瞬眼的手起刀落，俐落完成喉部的放血動作，接著仔細教導我如何將蛇皮取下，劃破、剪開、「嘩！」地一聲，整件蛇皮就像脫衣服似的從蛇頭扒到了蛇尾，即使已經斷氣，但大蛇軀幹的中樞神經仍在作動，至今想起那一晚，蛇體粉嫩扭曲的畫面，就彷彿還在我手中竄動般歷歷在目。

對於一個出生於都市的孩子，這絕對是個不可多得的殺蛇體驗，身為「島嶼上的飯桌」計劃中的一員，我向團隊成員提到了關於我爸的陳年趣事，希望自己也能透過一次家常料理的採訪行程，增加更多我與爸爸的對話。

「魷魚……魷魚螺肉蒜。」林芳尾，年過八十，因為採訪團隊中，有人聽不太懂臺語，他貼心地操著不是很輪轉的國語，為大家介紹今天要做的菜色。

身高不高，紅潤的雙頰洋溢著滿臉福氣，有著一顆圓圓的大肚子，面對客人，臉上總是掛著燦爛圓潤的笑容，他知道今天有人要來採訪，兩天前就開始去附近的幾個市場備料，爸爸是個海派的人，過去每逢年節，即使家中只有三個人，也要準備個十來道的佳肴上桌，為的就是能在這個團聚的日子裡，讓家人們感受滿滿的過節氣氛。

爸爸來自高雄市內門區烏山坑，那是個離最近商店都要徒步將近一小時的偏僻郊區，他從國小便要擔起負責家中十個兄弟姊妹伙食的重任，總愛製作大份量料理的習慣就是在這時期養成。他從未參閱過任何食譜，現在的幾道拿手佳肴，都是在生涯中某次機緣吃過的美味，便嘗試用力記下味道，往後再憑記憶去配料，依喜好去調味，創造出屬於自己的那一道菜。

「要把整罐螺肉倒下去了喔！」爸爸挾著自信的眼神，盯著波波沸騰滾水豪邁說道。「那林爸爸是怎麼挑選螺肉罐頭的？」採訪團隊好奇地問。

「這款雙龍牌的比較好，裡面螺肉比較多啦。」在過去，魷魚螺肉蒜是道常在酒家見到的經典菜肴，乾貨魷魚易於保存、螺肉罐頭香醇甘

info

高雄｜林芳尾 1942年生

筆者｜林瑋竣

1 年過八十的林爸爸，依然充滿朝氣。

2 滿滿整桌山珍海味，好似提早團圓過年。

甜，連同蒜苗一同加進鍋裡滾熟，就成了寒冬裡最暖心的圍爐盛宴。「這煮完是一道湯品嗎？我以為還要炒過耶！」年輕的團隊成員沒有聽過這道菜，爸爸說，現在大多都是在來自南部的家庭中見到，若不是在稍有年代的餐廳裡，還真不常發現這道菜色的存在，盛了一碗品嚐，立刻被甘甜的湯頭給收服，魷魚的厚實咬勁以及可比擬鮑魚的螺肉所帶來的彈牙口感，這時再來一段蒜苗作為收斂，絕妙的搭配！不難想像為何這道菜會成為早期酒家與辦桌的亮點。

「以前每天出去工作，餐餐都吃白米飯配番薯簽，能偶爾加顆蛋就該偷笑了。」爸爸笑談，光復那年他才剛滿四歲，在二十歲北漂前那段食物匱乏的時期裡，桌上能有肉吃，就是一種滿滿的感恩，而那些偶爾捕獲、自然生長的野味山珍，對於我爸爸那輩務農長大、靠天吃飯的孩子來說，都是難能可貴來自大自然的贈禮，舉凡各種蛇類、竹雞、野兔、山豬，甚至當時尚未編列至保育類的山羌、果子狸及帝雉，都能成為桌上佳肴，就如住在平地的獵人般，爸爸熟知各種動物的處理方式。而這也讓他們更懂得對生活中的一切感到知足，比起採買於市場，更多的食物是來自雙手、取自自然，粒粒盤中飧，扎扎實實地來自自己與家人的辛勤耕作，任何的生命都是恩賜，餵養了這些連鞋子都不一定有得穿的小孩。

2

而我動手修理水電、收集食材自製創意料理，這些平時樂於動手做的生活態度，很大一部分是來自爸爸的影響，他不是個善於言詞的人，但能從習慣中看出對事情的講究及堅持。每逢端午節前，爸爸總會騎著那臺怠速老機車，載著夫唱婦隨的媽媽，去到臺北某處郊山，採集小時候習慣用來包粽的月桃葉，逐葉清洗、浸泡、曝晒，並且費心準備近十種餡料，包出粒粒飽滿南部粽，每道程序都得經過自己的雙手，確保這些食物都是自己喜歡的好味道。「吃不完可以送人啊。」每年家中總是掛著滿滿的粽子，不是自己吃的，大多都是拿來贈送給想要感恩回饋的朋友，樂於分享的情懷，也體現了兒時與兄弟姊妹們同舟共濟的寬闊胸襟。

「如萍啊，客廳桌子可以準備一下了。」為了這次採訪，爸媽特地在不大的客廳內打了張過年才會祭出的大圓桌，就為了能好好擺上這次盛情款待的料理。

他們夫妻倆的相識，來自叔叔的牽線，爸爸生性害羞，不敢主動搭訕女生，當時的媽媽有很多人在追求，卻因為一次釣魚活動，被爸爸的忠厚老實所吸引。「如果不嫌棄我是做工的，有緣的話，不如就訂一訂了吧。」媽媽被這一席話打動，相處了兩個月，便毅然決然與爸爸訂了婚，在這兩人都超過四十歲的流年，決定相伴終生。「如果無緣，就算結識了幾十年，最後還是會散，這樣想想也是有道理。」媽媽害羞地分享過去他們倆浪漫的邂逅，有了其他人的好奇，爸媽在我面前展露出了平時少有的可愛模樣。

步步講究的料理、往年青澀的相遇，因為這次訪談，我聽聞到很多爸媽不曾聊過的往事，總覺得，長輩就像是個大乘載量的活字典，即使我們閱歷再豐富，也無法超越長輩過去所經歷的風雨歲月。出社會後，工作繁忙總成了藉口，漸漸與家人之間的距離拉長，鮮少好好與爸爸做菜時聊上個幾句。

前陣子才得知，爸媽他們某一晚去吃了結婚三十週年紀念晚餐，經由店員推薦，點了從來都捨不得點的海陸龍蝦鍋，但他們卻將整盤的龍蝦跟海鮮外帶回家，一問之下，才得知爸媽因為覺得很難得點一次，所以想要帶回家來跟我一起分享著料理吃。雖然身為獨子，與他們間有著因極大年齡差距而存在的隔閡，但父母就是這樣，無論彼此距離多遠，總是思思念念，將最好的留給兒子。

將回憶倒進鍋裡，用閱歷好好滾個一番，再將這些美味的故事盛盤，端上桌的，是爸爸那篳路藍縷的歲月。今天這道魷魚螺肉蒜，燉出爸爸甘醇的笑容，也讓我們父子之間有了更多的交流。「以前的日本警察，還會去家裡跟我阿公喝酒……。」喝著啤酒、吃著佳肴，爸爸聊得開心，我們聽得津津有味，比起桌上的豐沛料理，從爸爸口中道出的點點滴滴，更是浮現著豐沛情感的色香味俱全。

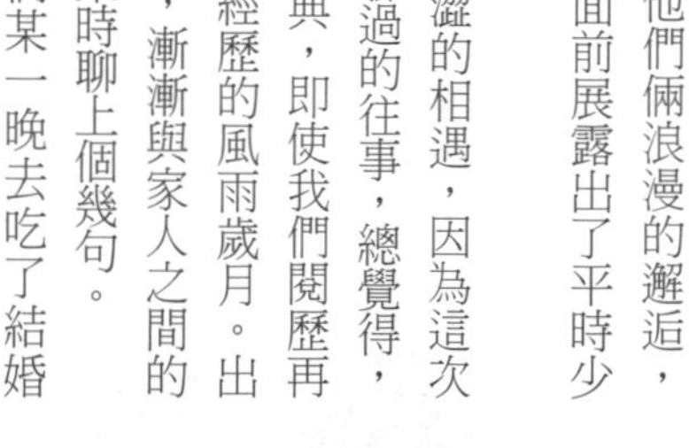

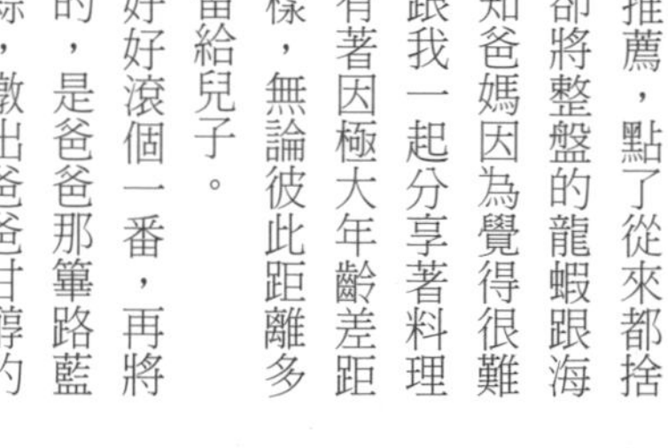

1 豪邁的林爸爸，做起飯來，用料一點都不手軟。

2 全家福，左起媽媽、林爸爸、兒子（筆者林瑋竣）。

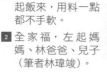

份量
6人

魷魚螺肉蒜

| 材料 |

花枝丸…10顆
乾魷魚…1尾
大支蒜苗…8支
豬梅花肉…900公克
大乾香菇…5朵
雙龍牌螺肉罐頭…1罐

| 調味料 |

鹽…適量
味精…適量
細黑胡椒粉…適量

| 作法 |

1 將乾魷魚剪至適口大小，浸泡溫鹽水至少兩小時，至乾魷魚變軟（勿用過熱的水，以防魷魚捲起）。
2 香菇浸軟瀝乾。
3 將豬肉、花枝丸、蒜苗、香菇，切至適口大小。
4 將水燒滾，放入魷魚、香菇跟罐頭螺肉（連同湯汁），熬湯出味約15分鐘。
5 放入豬肉、花枝丸，待熟透後即可調味。
6 最後放入蒜苗，待蒜苗熟後，即可關火起鍋。

從北飄到回鄉扎根，拌炒出一家羈絆的炒米粉。

—孫媽媽的櫻花蝦炒米粉—

正午時分，抵達位在高雄的孫媽媽家，我們將器材卸在路邊，躲進騎樓底下，試圖遠離燠熱的天光和街道。

孫媽媽本名洪月昭，民國四十七年於高雄出生，經歷過求學階段禁說臺語（一段頸上掛著警語牌子，並罰款一次一元的時光），從七歲時便因為父親母親繁忙，自己得學會做菜燒飯，耳聽眼記之下照料起自己的弟弟妹妹，那時大概只有身材的矮小是她在料理時的困難，當她說起幼年開伙時，都得拿個板凳站在大灶前，我的腦海頓時就浮現了深刻的影像——一個僅三呎高的小女孩用持家的背影再搭上張小板凳，如此征服著柴燒和巨灶。

當我們在餐桌前與孫媽媽一家人吃飯訪談時，眼前的大銀盆裝著的炒米粉，使我回想心中對於「炒米粉」的印象，那該是於廟會遶境時的供食，或是某位神明生日在街道擺開的筵席中會出現的菜色，或是食堂中的團食料理。

但此時，在孫家餐桌上出現的雖仍然是「銀盆」，卻不是那種大陣勢的料理，而較像是讓全家人溫飽並同時也能細細品嘗箇中美味的一道料理，我嘗不到那種在大量烹調食材時，難免會忽略掉對調味料的控制，而產生過鹹或過油的問題，反而只留下了櫻花蝦、香菇、黑木耳本身鮮味，以及適量醬油、糖與黑胡椒均勻深入米粉內裡所擁有的溫和口感，孫媽媽烹飪時，是在需要利用鍋氣來製香的炒鍋中完成的，她真正將炒米粉視作一道需要準確調理的食物，而非大鍋隨炒。這些在此之前我並不曉得的細節，也許就是孫媽媽炒米粉如此不同於，我印象裡那可供百人齊餐的炒米粉的原因。

來自東引的情書

在飯桌上，最後一位就座的總是那位料理的人。當孫媽媽終於補上圓形飯桌的缺口時，孫爸爸說起「東引島」的經歷。

東引島位於基隆西北方約一百海里處，同時也是馬祖列島的北疆，是為戰略要地，曾駐守著大批的「反共救國軍」，最多時達兩萬名軍人。乘船行經時，可見東引島上時患大霧，其特殊的岩石風貌（彷彿是一座經過雕刻的島）矗立在兩峽的中線上，有著與世孤絕的神祕感。

1 看見孫媽媽活潑開朗的笑容，立刻化解了我們一大早逛市場的疲倦。

2 孫爸、孫媽述說著過去的故事。

3 來自東引的情書。

孫爸爸在二十二歲時，便在此地服役三年的時間。當時島上只有十幾戶人家，駐軍幾乎是這座島上的主要活動群，他們為海岸防線開闢山洞、防禦措施，從山頂往下鑿出濱海峽壁上一個個的炮眼，就是為了放置防禦用的戰防炮。

「床鋪旁邊放著槍，手榴彈要掛在這。」本名孫萬德的孫爸爸雙手舉在胸前說道。

孫萬德與妻子洪月昭是在初中時結識，在孫爸爸前往服役之前，兩人雖已有著戀人般的關係與默契，卻遲遲沒有定下婚意。但當孫爸爸去到距離百哩遠的東引島上，三年兵期結束歸來之後，便馬上結了婚。

「為什麼？為什麼孫媽媽你說如果他沒去當那三年兵，妳可能就不會嫁給他？」

這時還沒等孫媽媽解釋方才的話，大兒子立倫便拿著一疊泛黃的紙到我們面前「這是他在那邊三年，寫給我媽的信。」一旁的孫爸爸面色未改地接了下來，開始說起了在東引島上書寫情書的時光。

身為士官長的他在士兵站哨時，待在辦公室中監督著夜間的一切，東引島的西邊是中國，東邊偏下便是臺灣，當警戒的西方吹來海的鹹味時，只要稍微轉個身，就會是自己愛人的方位。在這樣子的夜晚中，沒有電話通訊，孫爸爸便在桌前拿出紙和筆，寫起了一封封信件要將思念傳達給遠在高雄的孫媽媽。

孫媽媽沒有明說「那三年」究竟帶給她什麼？讓她願意在後來的日子，選擇與孫爸一同生活，但我想，那天在餐桌前的大家，在這個紙本價值愈漸逸散的時代中，憶起了不論是何種科技都無法取代的「情愛」。

在一天只能花五十元的日子，學會了炒米粉

孫爸爸在臺北的鐵路局上班，結婚後的夫妻倆，便從高雄北上，開始了在臺北的生活。白天孫爸爸去上班的時間，孫媽媽便去到美髮院做頭髮，我們原以為是坐在躺椅上讓人打理妝點，沒想到孫媽媽所說的「做頭髮」，其實是意指服務別人的美容師。

兩人在臺北居住的地方非常的小，只容得下一張床和兩個人，櫃子釘在牆上說得體面是節省空間，其實就是空間不足必須如此。拮据的生活條件下，孫媽媽說兩人在拿到薪水的當下，第一件事就是列出開銷，剩下的再平均分配到每日之中。

「他做鐵路局月收入六千元，我做頭髮月收入三千元，兩個人加起來九千元。六千元要繳互助會錢，房租一千二百元。水電算個幾百元。最後剩下一千五百元，所以我們一天只能花五十元，就這麼算。」孫媽媽說剛到臺北的這段時間是最苦的日子，與丈夫兩人彼此扶持，沒有其他人可供依靠，

2

3

得靠自己的雙手搭建起兩人的生活。但在這段回憶中還有一件事，那便是學會了炒米粉這道料理。

當時住在隔壁的一位鄰居，時常做炒米粉，孫媽媽在一旁看覺得美味，便向她學習，那位鄰居只教了她一次，孫媽媽就記得很清楚，於是在後來回到高雄的日子，就用自己的方法料理出來，成了現在在餐桌上，被孫子兒女環繞爭搶的一道佳肴。

現在孫家的後代子孫滿堂，採訪的我們來到孫家，頓時就被孩子們環繞，個個都是健康活潑的模樣，最大的孫女已經會幫忙廚事。儘管過去的日子辛苦，但也是成就這個家的起點。

傳承至今的電話買賣

住在臺北的末期，隨著大兒子出生，以及孫爸爸在鐵路局調轉地區的緣故，一家人又回到了故鄉高雄，終於結束了在臺北生活的日子。孫媽媽因緣際會下，開始做起了電話買賣的生意，將不使用的電話收購下來，再賣給需要的顧客，因為若是還給電信局，是一毛錢都拿不到的，故此形成了這樣一個行業。

從家用電話、BB call再到大哥大，無所不包，甚至還有幫民眾代繳電信費的服務。那時候妹妹和弟弟都已經出生滿一歲，兩個孩子的照顧落在了大哥立倫身上，儘管如此，立倫還是常幫忙孫媽媽的生意，照著媽媽的吩咐，前往電信局排隊代繳顧客的電話費，立倫說那時的臺灣人很有錢，繳費完剩下的小鈔全都給他當小費，毫不在意。

但一開始的電話買賣並不順利，當孫媽媽賣出第一支電話賺到兩千元，打電話告訴母親時幾乎激動落淚，她深刻地了解一切的不容易，而自己則已經挺過了這段日子，心中信念一切會愈來愈好。

多年後，這項生意交給了女兒怡蓉與小兒子立峰經營，成了家族事業，從孫爸與孫媽身上傳承下來的其實不只有這些，還有更多是兩人一路下來所建立起的精神，孫媽媽有著冒險和精打細算的性格，曾說迴異的房東全在她的勇氣和強韌的工作能力中完成，孫爸爸則處事謹慎、勤儉，擦乾手的衛生紙，可晒乾後再擦拭其他物品，立倫還笑著說：「同一頓菜，我媽做只要一下子，要是我爸來做喔，一個下午就過去了。」然而，這些默默地成了孩子們的習慣與標準，影響著他們各自的成長。

看著在房子中跑跑跳跳的孫家晚輩們，以及在餐桌上吃飽後休憩，悠轉談笑的一家人，幾乎可以瞧見家族中傳承下來的相似特質在每人身上浮現，聽完這些經歷後，我再吃著孫媽媽新出鍋的炒米粉，彷佛能夠感受到一種家族氛圍飽含在其中，久久難以散去。

info
高雄｜孫媽媽（洪月昭）1958年生
筆者｜陳泳劭

孫媽媽和女兒在閱覽相片時，談起回憶笑得開懷。

份量
8人

櫻花蝦炒米粉

|材料|

香菇…3朵
木耳…適量
洋蔥…1顆
三層肉…適量
櫻花蝦…1把
紅蘿蔔…1條

|調味料|

糖…適量
鹽…適量
醬油…適量
黑胡椒…適量

|作法|

1 將三層肉放入鍋中，加入醬油後炒約兩三分鐘，炒至微脆。
2 依序加入香菇、洋蔥、紅蘿蔔、木耳，櫻花蝦，繼續鍋炒。
3 加入熱水、適量的糖、鹽、醬油以及黑胡椒（依個人喜好調味）。
4 將米粉過水沖洗後放入鍋中。
5 煮至滾燙後，轉為小火。
6 最後以小火炒至收汁，即完成。

放掉形容詞和標籤，活出自己的每一刻。

——彩碧奶奶的香酥鴨——

每週二、四固定在文山社區大學教土風舞，臥房裡的縫紉機都還車著表演用的舞衣，家裡到處都擺放著山水臨摹油彩，還有八個一手帶大孫子們的肖像。廚房裡吱吱作響的油炸聲，飄散出一股花椒香，奶奶正在做她的拿手菜「香酥鴨」，身上穿著的是自己縫製的衣褲，淡墨綠色、簡單典雅。能下廚又會洋裁縫紉，會作畫又愛種花，不曉得的人還以為，她就是個好命的大家閨女。

現今社會風氣愈來愈開放，女性可以做的事也比從前廣闊了許多，但我相信這是女人們原始就擁有的能力，只要有熱情有毅力，就沒有什麼能被局限。但即使在女性意識崛起的現代社會，要能擺脫僵固的框架發展自己，仍然是件需要勇氣的事，更別去想過往集權的舊社會思想了。

但時勢造英雄，奶奶也是過去時代裡的英雄之一，凡屋裡的一切，都是她活出獨立自主女性代表的證明。

張彩碧，民國二十一年出生於嘉義朴子，當時正值日本皇民化運動時期，彩碧的爸爸在學校當校長，那時大家都叫她長田碧子，有著快樂的日語童年，直到中日戰爭爆發，緊接著國民政府來臺的日子，度過了一波又一波動盪的日子。彩碧的一生是跟著臺灣一起成長，臺灣也陪著她一同茁壯，這並不是一條平順的道路，但奶奶跟臺灣一起闖出了一個屬於自己的舞臺。

彩碧奶奶一百六十五公分，在現今這年代裡，奶奶身材是高眺優雅，但在她生長的年代，這樣的身高實在少見，甚至讓多數男性望而卻步。

民國四十一年，二十歲的彩碧奶奶經由媒婆介紹，彩碧嫁給了嘉義在地經營木材行的先生，奶奶笑著說當時媒婆就是說夫家因為身形較短小，因此看上了她的身高，希望能讓後代子孫們也能有修長身形的機會。嫁入了傳統閩南的大家庭，不會煮飯的彩碧突然間就要負責四十餘人大家族的三餐、還要洗衣、顧子、操持家務，一天二十四小時幾乎不夠用，婚後又育有兩男一女，青春差點都花在這個大家庭上。

然而才八年的婚姻就碰上先生經商失敗與離家，債務和孩子的重擔最終都落在彩碧的身上，當時她才二十八歲。為了自己與孩子們的生計，她報名了嘉義光華縫紉補習班學習，之後又因為看得懂日語教材，三個月後受老師厚愛栽培為助教，因此

info
嘉義｜臺南 張彩碧 1932年生
筆者｜洪薏淳

1 彩碧奶奶年輕時跳土風舞的留影，現在已是文山社區土風舞老師。
2 彩碧奶奶年近九旬依然充滿生命力。
3 彩碧奶奶在新營家門前抱著自己的第一個孫子。
4 事隔多年，孫子們陪著彩碧奶奶回到新營老家前留念。

1

得了一手縫紉的養家長才。

織品成衣產業尚未工業化前，一件衣服上的經緯，都是從一針一線手工而來，車縫做衣幾乎是每個女孩子必備的技能。三年後，彩碧學藝有成後，為了參與孩子們的成長歷程，毅然決然開了間洋裁補習班，獨自拉拔他們長大，早晚各開一班裁縫課，多餘的時間還接訂製的裁縫單，常常都是忙到半夜一兩點，清晨四五點起來給孩子做便當，雖然忙碌，但只要她能做得到的，一點也不會少為孩子們付出。

做母親的都是這樣的吧！把時間和精力都貢獻給了自己的孩子，就像一條涓涓的長河，溫柔綿延的滋養著它所能觸及到的一切萬物。

誰會知道人生給你出的下一道是什麼題？就如同《阿甘正傳》裡的那句名言：「人生就如同一盒巧克力，你永遠無法知道下一粒是什麼味道。」

一個人辛苦的日子，就這樣在拉拔著孩子的過程裡過了十年，在彩碧三十九歲時，彩碧的大姊不捨小妹如此辛勞，藉故與她相約吃飯，介紹了一位跟著國民政府隻身來臺的郭先生，當年從上海、香港一路來到臺灣，後來在臺南的新營高中任職。面對這場突如其來的相親，彩碧奶奶說自己當時唯一的條件，就是要願意把三個孩子視為己出。兩人相識交往一年結為夫妻，一起搬到臺南新營，開啟一段新的旅程。

人生有時候跟做菜很像，有的菜需要溫柔輕撫，像是滷豆腐；有的菜需要果決快狠準，像是小吃熱炒，至於需要耐心和經歷的，像是香酥鴨。

看著奶奶在小小的廚房裡的背影，因為知道

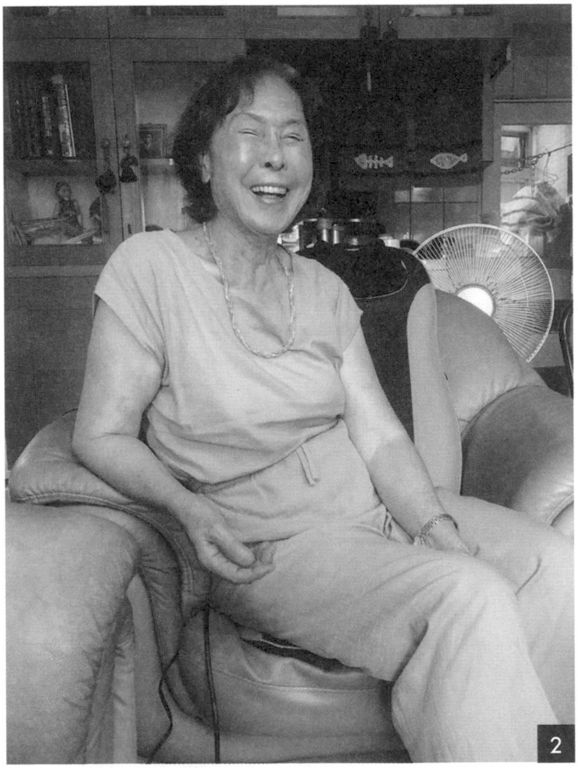

2

3

4

我們一群女孩子跑來說要吃她的招牌菜，還可愛地把整套系統廚灶給換上全新的，前一天早晨，已經開始忙著把大鴨給醃入味，這種花上兩天製作的大菜，只有上餐館才能吃得到了，而且要價不菲，整個製作過程除了繁瑣，還急不得，醃入味還得配上蔥薑蒸熟，整隻鴨需要熟透的時間，足夠彩碧奶奶帶我們看過她的陽臺小花園跟繪畫作品。

彩碧奶奶幽幽地說到，後來兒女各自成家立業後，因為工作繁忙，所以九個孫子的孩提時期都是她帶大的，常常是一套手作的孩子服裝，從長孫穿到年紀最小的，家裡甚至還有一張很小的木頭椅子，那是吃飯時的寶座，每一位孫子都在那張木椅上嗷嗷待哺過。有一天因為看著電視節目油畫示範，隨口一句想試試，小兒子就買了整套油畫畫具回來，開啟了她的退休畫家人生，奶奶說她愛畫人物，尤其是自己的孫子們，希望以後自己不在了，畫像裡的人可以留下這些畫作為一個念想，比其他東西都來得有意義。

除了繪畫還參加舞蹈班學習，只要得空就把心思投注在自我探索，彩碧奶奶的人生雖不是一帆風順，但年紀愈長反而愈活出自己的色彩。

鴨子蒸熟後，整間屋子鴨香四溢，鍋子打開，除了整隻蒸熟的鴨，底下還會有一鍋香醇的鴨汁，聽孫女珂君說，用那鴨汁做的砂鍋魚頭也是一絕，家裡過年的時候香酥鴨及砂鍋魚頭便是少不了的重點菜色，聽得我們這群只聽過沒吃過的口水直流。

鴨子放涼，要再拿去炸，炸得香、酥、脆，黃金色的鴨皮，令人讚嘆程度絕對能紓解一切鬱卒煩憂的事，刀鋒劃開表皮的聲音、表面微微焦脆的碎屑直接噴開，迎接裡頭肉質軟嫩、鮮香集中的土鴨。我們一群人坐在飯桌前，一刻都不想多等，只想快點嘗嘗這鴨到底什麼滋味，回想前一天醃漬裡的手續，花椒、米酒、蔥、薑、醬油……這樣多樣的香料，竟能如此和諧又獨立，吃了之後才知道，這道菜是當年郭爺爺的心頭好，因為是外省的功夫菜，彩碧奶奶為了做出這道郭爺爺心心念念的家鄉味，特意跟臺南新營糖廠的廚師學，爾後，家裡過年的桌上，便少不了這道美味的菜肴，彩碧奶奶也因為郭爺爺的關係，習得了一手外省功夫菜。

回到生活裡，偶爾想起奶奶的笑容，彎起來的眼睛瞇瞇的，散發著一股謙虛的溫柔，不向命運抗爭較勁，但也不將就低頭，這種對生命的態度，在過去的舊時代裡，能獨立堅韌生存，而在現代，讓我們知道，不見得要爭得頭破血流，也能走出屬於自己的風景。

1 醃漬後的全鴨，放進準備入蒸籠蒸熟。

2 彩碧奶奶的畫作靈感大多來自孫子們。

份量
約10人

香酥鴨

| 材料 |

蔥…1小把
薑…1大塊
番鴨…1隻
花椒…適量
麵粉…適量

| 調味料 |

鹽巴…適量
米酒…適量
醬油…適量

| 作法 |

1 鹽巴、花椒，一起炒到冒煙，即可。
2 將炒過的鹽、花椒一起抹在鴨皮上，醃12小時。
3 薑切片，蔥切兩段，蔥薑一半放肚子裡，一半放在鴨肉表面，淋上少許米酒，蒸1～1.5小時，以筷子插進去確認透爛為止。
4 蔥薑去除，鴨肉表面抹上一點醬油，再抹上一層麵粉，炸至表面呈金黃色即完成。

小撇步

多餘的鴨油可加入最後的油炸步驟，一起炸會更香。

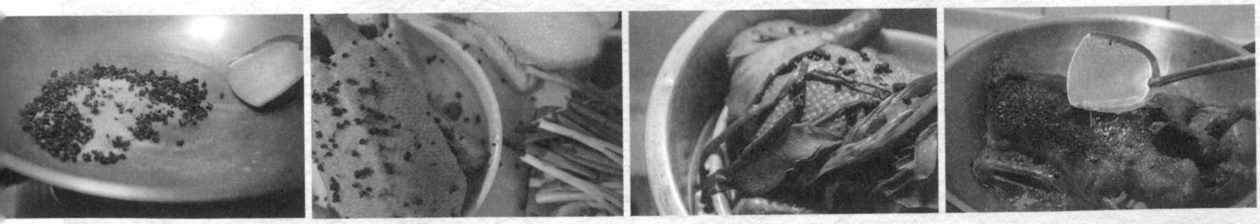

豆腐染上椒紅辣衣，肉末吸附豆瓣醬香，就是空軍落地時刻。

—淑蓮姐的麻婆豆腐—

太疼的傷口，我們不敢去碰，無論癒合多久。太深的憂傷，我們不敢去安慰，他人也無法感同身受。太巨大的殘酷，有時候我們無能為力而不敢注視。勝利星村就是一個暗藏了許多哀傷故事的例子。

在多數人都被遷往對街的國宅大廈後，這樣的塵事更難通風透氣了。往事沒再提起的必要，對人性失去信心，就只是一齣無人關心的內心劇。可惜，光談論前人歷史的教科書，是觸及不到民生百態，光有稗官野史的街談巷說，又不足稱為歷史。

說起這個地方的來歷，看起來光鮮亮麗。日治時期臺灣總督府於一九一九年，興建屏東飛行場，是全臺最早的軍用機場，勝利星村原是日軍校尉級軍官的眷舍，戰後飛行場被國民政府陸軍接收，後來也容許空軍軍官入住，是為軍人官眷舍。這裡主要安置的都是高階將領，因此形成的眷村文化與其他地區較為不同。這裡曾住過五十位以上高階校級及將級軍官，眾多將軍中最著名的就是孫立人將軍了。

孫將軍當年因功高震主，在那白色恐怖的一九五〇年代，被冠上「縱容部屬郭廷亮武裝叛亂，窩藏共匪，密謀犯上」的罪名將他革職軟禁，部屬有超過三百人受到牽連，其中也有同樣住在勝利星村的劉放吾將軍。劉將軍在戰場上戰績顯赫，是仁安羌大捷中解救了七千多名受困英軍、和五百多名美國傳教士及記者的最大功臣，卻因為受到叛亂案牽連斷送了他的軍旅生涯，為了一家人的生計，開始踩著腳踏車做起了賣煤球的生意，被稱為「煤球將軍」。當年有多少人因此過上了苦日子，恐怕是難計其數了。這些，都是我們聽淑蓮姐述說的過去，白色恐怖並不是本省族群獨有的。

黃淑蓮，民國四十一年於屏東市空軍醫院出生，生在空軍家庭，父親對工作了一輩子的機場是再熟悉不過，前些日子她自己也才剛從後勤退休，兩代人六十八個年頭的歲月都和機場牽絆一起。

天空籠罩著嗡嗡低鳴聲，走在勝利星村裡，不遠就是空軍屏東基地，一戶戶的庭院前，女兒牆不及胸口高，日治時期的磚牆明顯比國軍撤退來臺時建還要凋零頹廢，前院的紅色大門，旁邊一個柱立信箱，內門是紗窗嵌進木框的。庭外地面上散落著蓮霧或芒果，在樹上太高的就用綠網綁上竹竿去

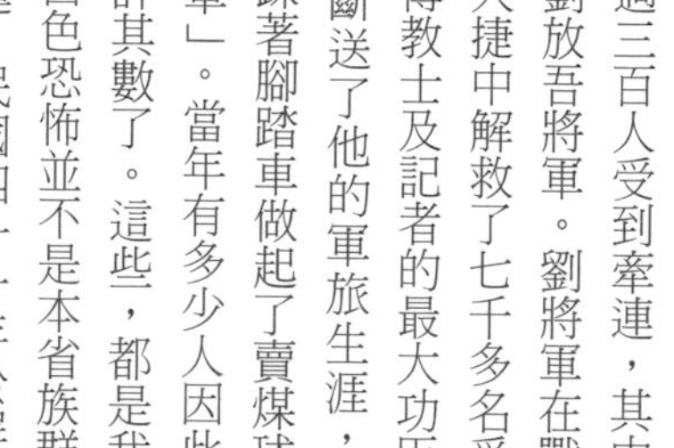

1

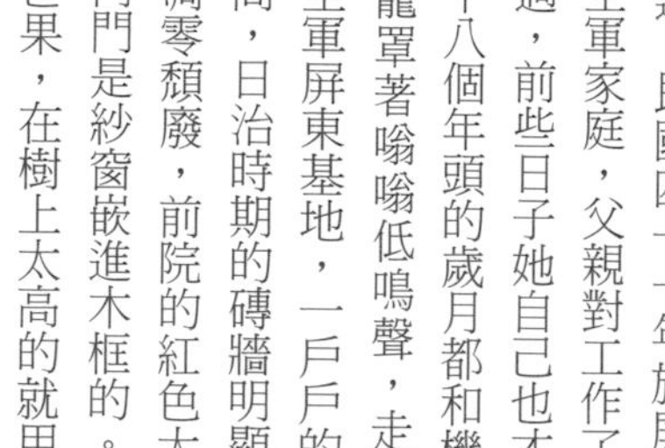

2

撈，淑蓮姐直接洗淨讓我們嘗嘗，從來沒這種在院子裡即摘即吃的經驗，特別羨慕眷村長大的孩子。

一種一種的植物解說介紹，說到這些淑蓮姐立刻滔滔不絕的分享，除了村裡的瓜果外，還談到了路樹與政府預算的議題，以及外來品種在臺灣適應不良的情形。

彷彿這些樹就是她留在這裡的故友，尤其是轉角的那棵小實孔雀木，現在看起來碩大高聳，但誰也不知道它是淑蓮姐小時候，家裡還住在這邊時種下一粒小種子長成的，這顆小實孔雀木跟淑蓮姐一起生活了一段時間，雖然感覺像是淑蓮姐種下並且照顧它，但事實上它也陪伴與守護了淑蓮姐。儘管過去的住處已經變成政府商用空間，物是人非，但淑蓮姐每每經過小實孔雀木都會一顆一顆挑起那飽滿光亮色澤的孔雀豆，做為與舊家的聯繫，以這種方式繼續和樹生活，淑蓮姐說：「不必光拍我，要拍就幫我和樹一起拍一張吧！」

「妳們要知道一個觀念，眷村，眷村，所謂眷村是要有眷屬才能住進的村子。」淑蓮姐說，現在很多年輕一輩的都沒有這個觀念，這些該保存該拯救的事，倒成了落伍之事。眷村、眷村菜，現在被打造成帶有復古趣味的物事，但眷村真正的背景，都是牽動著那些說不出口的歷史興衰。

現在的我們能想像嗎？

這個村裡，許多將軍戰將都已老去，等到後來真的能跟對岸聯絡上，父母早已一抔黃土、物是人非，認不出回家的路，生不逢時歷史的帳來生早已無法勾銷。

當初，迷惘地跟著國家遷移到一個陌生之島，每晚睡不安穩、不能通信、不能通話，更得小心每一個言詞舉動，對爹娘妻兒的思念只能轉移為反攻復國之情，深怕說錯一字走錯一步成了「鬼」，就會家破人亡。連想再組家庭，也要經過上頭審核良民證。無法想像的年代，處處都是無形的綑綁。

眷村裡的泥土和國宅冰冷的大理石對比，明顯感受到衝突與違和，幸好淑蓮姐在走廊上都擺滿了盆栽。一走進她在國宅大廈的家，就有一股陽光與木質調的香味，所有的家具都是木造，椅子沙發上疊滿了書，一眼就看到陽臺大大小小的盆栽，還有一罐罐在登山路上收集來的種子，卻不覺得雜亂無章。

淑蓮姐信手拈來都足以推翻我們的認知。她說道，其實並沒有眷村菜這種東西，那都是以前生活過不去，大家想辦法為了多攢點零頭，搬出僅有的技能。所以做餅的、揉麵的，試圖以臺灣本地現有的食材，調味出接

1 位於勝利星村的家，翻修前舊貌。

2 只要碰上對眷村話題感興趣的新朋友，淑蓮姐從不吝嗇，分享導覽屏東當年的眷村光景。

3 淑蓮姐成長的眷舍，現今成為文創商區。

近老家的味道。漸漸地四川牛肉麵、福州乾麵、山東蔥油餅等等名號開始傳開，幾乎都是這樣發展來的綜合口味。

手上這瓶明德豆瓣醬在很多的眷村料理中扮演畫龍點睛的角色，麻婆豆腐、回鍋肉、紅燒牛腩……光用一瓶豆瓣醬就能做出一桌的菜色。

民國三十七年，黃豆、蠶豆和辣椒遇上了空軍士官明德先生。來臺後因為結識道友而信一貫道，不過當時社會氣氛對於結社集會尚不允許，而被軍中上級除籍並趕出協和村。為了養家活口，劉明德夫婦憑著當年駐軍四川時的記憶，手切辣椒、嘗試醃製豆瓣醬，冬天替豆子蓋棉被，夏天忙著散熱，牽著腳踏車沿路叫賣，以粽葉包裹秤斤論兩，就這樣真材實料的好東西，終究會為憨人灑進一道新的陽光。漸漸在空軍眷村裡散播開來，南北往來的遊客也把這個家鄉味帶回自己的縣市，如此的淵源才使這罐老醬始終占領廚房的一角，成了麻婆豆腐和明德豆瓣醬的標準公式。

絞肉、碎豆腐放進炒香的豆瓣醬裡，漸熟的肉香開始吸附豆瓣的香氣，豆腐染上了辣椒的外衣，不需要過多的調味，光有豆瓣醬香氣就已經充滿廚房，果然是眷村菜的重要角色。

會選這道菜作為淑蓮姐的代表料理，也是有淵源的，小時候的她曾經在高雄岡山跟外婆住上一年，外婆雖是廣東人，但是岡山卻非常像四川，或許是因為空軍官校們都是從重慶來的，所以岡山眷村早期人人都說四川話，讓她自小就接觸四川口味，也看過第一代眷村的樣子。

嘗起來的味道，其實沒有過分的驚豔，大概是這牌子的豆瓣醬全臺普及。恰到好處的鹹度，豆腐和肉末大小均勻不出風頭，配飯能扒上三碗，單吃也不刺激，我想，這就是家常味的平凡魅力，說不出非它不可的關鍵，但是離開太久，沒了它，生活好似就盼不到了滿足。

狹義上的眷村是指軍眷舍，這個定義中的眷舍現今早已不復存在，曾經居住在其中的人，各自保有一部分關於那個年代、那時的屋瓦與住在其中的人們的記憶，雖不完整，也稱不上客觀，但卻一段真實的歷史。回家、吃飯都跟這些故事一樣的吧，都是生活中相當過於生活平凡的存在，一個不慎就會被它給溜走，不懂得把握和保留，在當失去的那一刻，才會明白再也找不回來。

info

屏東｜黃淑蓮 1952年生

筆者｜洪薏淳

1 把房子照顧好，把植物養好，彷彿能把歲月保留得更久一點。

2 淑蓮姐與相思樹合影。

份量
3人

麻婆豆腐

|材料|

蔥…適量

薑…適量

蒜頭…適量

絞肉…150公克

嫩豆腐…1盒

辣椒末…適量

|調味料|

醬油…10毫升

明德豆瓣醬…20毫升

|作法|

1 蔥切末，將青蔥和蔥白分開。薑、蒜切末備用。豆腐切小丁備用。

2 熱油鍋，下肉末炒出香氣後，加入蒜末、辣椒拌炒。

3 下豆瓣醬爆香，加入一匙醬油上色。

4 下豆腐丁拌炒，均勻上色後放入青蔥末，即可起鍋。

府城遊子思念的，是美而美打烊後端出的私房菜。

—李媽媽的高麗菜飯—

偶爾，在夕陽餘暉的下班機車潮裡，享受著城市裡產著餘光的魔幻時刻，還拿不定晚餐是糊弄買個四格便當，還是回家講究的煮一頓。

拐個彎，就剛好飄來那家廚房滋滋響的煎魚味兒，下個巷口窗邊又傳來砧板篤篤地聲響，揣測著是戶平凡的家庭，也許家人們正從交通支線上往這個中心點歸來，回來吃的是最平常的飯菜，比館子的料理多一份隨興自在。

如果要說學生時期最懷念的，或許不是滿腔熱血的社團成發，也不是酸甜青澀的愛戀日記，而是肩負沉重的升學壓力，回到家放下書包不必多想，碗筷拿著盡情地把嘴塞滿，每一口都是給現實的安慰與沉澱。

李宛宜也是這樣的吧？從小在臺南長大，北上求學才見識世面，原來一碗豆漿可以超過五塊錢，卻還買不到純豆漿；臺灣唯百分之三的自產麻油在臺南，她到了臺北才知道原來麻油有人賣摻過水的，更知道有些食物是不純粹、不美味的。

當年高分考取臺北學府，放榜那天從圖書館自習完，回家赫然發現鄰居們群聚在她家門口，簷下高掛「金榜題名」的紅布條，又見撒滿一地的鞭炮殘紙，里長伯代替還在市場做生意的李爸、李媽向右舍左鄰道謝，留下一陣錯愕的宛宜在遠處。

這趟，我們跟著宛宜和先生林幼青一起南返，宛宜一點也看不出是個道地的下港人，已經有兩個孩子的她，精品服飾穿搭內斂不庸俗，俐落迅速的手腳，在臺北總能找到好車位、談吐間的自信，怎麼看都像個OL高階主管。只有說到「飲食」和「回憶」，好似突然變回了當年上學要監督弟弟起床趕校車，放學回家在街頭巷尾逗牛、雞、鴨、鵝的鄰家大姐。

上課打瞌睡，下課趕約會

李媽媽，宛宜的母親，四十六年次，二十一歲時嫁給了大她兩歲的李爸爸，同是臺南人的兩人，自學生時代就認識，每天放學李爸爸和其他男同學在火車上，都會伸著手，拉上騎腳踏車拚命追趕火車的女孩們，因為從市區回家的火車班次少，若遲了一分鐘，到家就天黑了。一直到李媽媽車禍後，李爸爸頻繁來回醫院照顧，在對方家長心裡留下了好印象，才有了現在的四十年紅寶石婚。

1

談感情容易，經營家庭卻是一輩子的課題。都是農家子弟出身的李爸、李媽，白手打拚經營一間「美而美」，一般來說早餐店了不起營業到中午，李家的第一代美而美，卻直接做起全年無休的三餐包辦，每日清晨四點起，照顧無數上班、上學的囝仔，中午是樹薯工廠的外籍工作者，然後八點再迎接日落歸來的遊子。親切幽默是李媽的待客特色，擔心不會說中文的外籍工人看不懂中文菜單，還自己印了很多餐點圖片搭配成套餐，學了幾句英文單字湊搭著用，為了讓羞澀的他們能夠換換口味。內場的李爸，凡經他手的炸物，不管是雞腿、雞排、天婦羅套餐，當日必定熱銷完售，連醬料都是不馬虎的獨研調配，光是胡椒粉有三種配方，茶葉有七種選擇，如此盡心盡力，店內僅僅兩夫妻扛著，所以，宛宜的同學若放假想找她出去玩，都是直接來早餐店先幫忙後討人的。

為人父母拚命的理由，不過都是為了孩子

那時候他們相信，教育是突破貧困的唯一道路，儘管宛宜的曾祖母從不贊成女孩子念書，每每見宛宜又高分上榜都有一番爭論，而夫妻倆卻認為他們的責任是盡全力地提供資源，至於有沒有本事和決心，那是孩子們的選擇。然而有這樣的教育觀念，育有一兒一女的他們用單單一間早餐店，是很難撐起家計的。晚上收完店面後，李爸與李媽繼續趕往下一站——夜市擺玩具攤，就這樣早餐店、夜市、家裡來回奔波，加上收拾、備料的時間，每日大約只有三小時的睡眠時間，所以除了全家有「飆仔」的稱號外，李媽還因手腳俐落快速而有「莒光號」的綽號，那時候莒光號是車速最快的車種了。

1 準備大辦桌一場的李爸與李媽，正討論著食材的挑選事宜。

2 夫妻同灶，和諧分工，得心應手。

info

臺南｜李爸爸（李建同）1956年生
李媽媽（莊艷珠）1957年生

筆者｜洪薏淳

回到臺南，李爸、李媽迫不及待地帶我們去灣裡街走走，帶我們看看已歇業的戲院，還保留著「灣裡街戲院」五個大字和舊式洗石子建材，帶我們聞真正濃純的黑芝麻油、吃喝他們心目中好吃的市場早餐、小食零嘴，走三步就能指出這家製麵店開了幾年，走十步就會問要不要吃肉粽、碗粿、豆、米漿，再走下去我們已經要跟不上他們的身影，果然是莒光號的速度啊！

堪比歐洲二手市集的牛墟市場

李爸還說，這附近現在還能被遊覽車塞滿的地方，就是牛墟市場了。

「啥？牛什麼？市場？」我們滿頭問號。

那是臺灣農業社會時代趕集，百餘年來碩果僅存的「善化牛墟」。牛墟就是牛市，清代嘉慶二十六年建立，一直到機械化時代、口蹄疫暴發禁令生效前，牛隻交易買賣的地方。李爸這時滔滔不絕地分享著，那買牛可是要很仔細的，要懂得「摸壽」；將手伸進去牛嘴裡檢查前齒數量，一般牛有八顆，九顆算體型較大的牛公，十顆是天大歡喜買到牛王，還有試步、試車、試犁，處處不得馬虎。以前牲畜都算是財產的一種，要付得起小孩註冊費，都是要靠養豬、賣牛掙來的。

現今，臺灣僅存的三大牛墟分布在善化、北港、鹽水。善化牛墟每月逢二、五、八、十二、十八、二十二、二十五日開市，是跑江湖的集散地，古早味包裝的藥品、古董、新鮮便宜農產、花市、牲畜、家具，各種二手獵奇物品。

回到李宅，李媽早就把宛宜交代要表演的「高麗菜飯」料給全備妥，還準備了首次嘗試的五柳枝魚、冬季限定麻油雞米糕，還有臺南最著名的虱目魚麵線湯，頻頻問什麼時候才能開伙，急著想趕快讓我們上桌。一個小小的廚房，夫妻倆同灶下廚，是非常少見難得的風景，大概就像是三十年前早餐店那樣吧，各司其職又互助，電鍋已經蒸著炒過麻油的米糕飯，旁邊的虱目魚高湯凍是從昨天就先熬好的，準備摻入南部限定口味：酸酸甜甜的醃迷你小西瓜——西瓜棉，火上煨著高麗菜飯，要從生米煮成熟飯，是需要李媽的功夫和李爸翻攪的手勁，鍋巴和燒焦只有一線之隔。

負責炸鍋的李爸，炸出來的天婦羅早已供不應求，被孫子們吃掉好幾輪，女兒和女婿一直在旁探頭，開口都離不開讚賞、想念這味、這道很厲害、就是這個味道、必吃……。

後來，大家都上桌了，遲遲不出現的，就是李爸和李媽，整桌已經擺滿，他們還持續不停的出菜、補菜，直到最後大家漸漸放下匙筷，他們只花了十分鐘的速度吃飽。

吃過才知道，為什麼北漂的宛宜能夠不假思

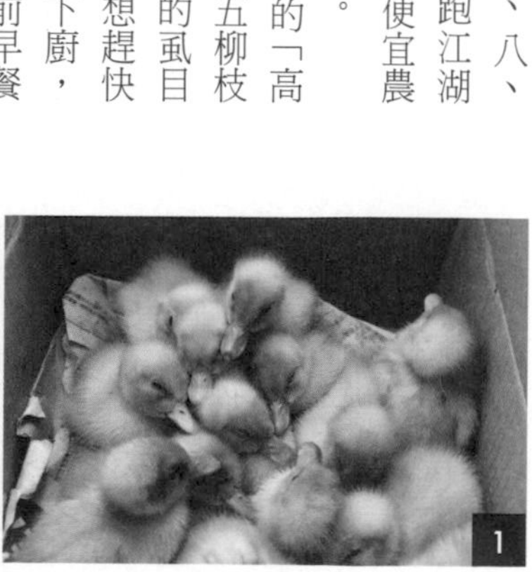
1

2

索地打包票，她媽媽的高麗菜飯是這輩子不能錯過的，那種媽媽會考慮健康天然的味道，除了鹽巴的些微調味，米飯的香氣全來自於紅蔥頭、蝦米和乾香菇煸香，米飯粒粒飽滿多汁，金針、木耳、梅花肉等配料，滿滿吸附老抽的鮮甜，配料呈現一種棕褐色的光澤，相較起燴飯的口感，來得更豐富又有趣味性，累了一整天回到家，能吃上媽媽的這碗高麗菜飯，滿足了味蕾，又不必擔心營養失衡而罪惡，果然是李媽媽的招牌。

何況不只高麗菜飯，李爸的炸天婦羅、炸魚，金黃的外皮酥脆，裹著的蔬菜還是保留原本水分的清脆；厚實飽滿的鱸魚要外酥內熟不簡單，見李爸的手指抓著魚尾，頻頻碰到熱油也不見痛，絕非常人所能為！難怪當年的早餐店裡只要有炸物的套餐，都這麼受歡迎。我問他們是承襲自誰的手藝？李爸以臺語說：「自己摸索啊！哪有跟誰學。」李媽說，小時候都是媽媽口頭傳授她仿作，她從國小一年級開始掌廚全家人的三餐，學到的也不見得是她媽媽當初的味道，如果真的想找回阿嬤的味道，真的就要擲筊問祖先了。

那年代一個人的才華，是被生存給逼出來的

大概是那時代的人們都被生存訓練得很有才幹吧！李爸、李媽小時候都是農戶人家，養牛洗豬、挑水煮飯都是理所當然，放學後的生活簡直比

3

4

5

1 還沒進到牛墟市集，就看到販售著小鴨、小兔子等可愛動物的攤商。這樣的景象在北臺灣已十分少見。

2 牛墟市場一隅，各式古玩應有盡有。

3 只點一道菜，但李媽媽和宛宜直接當作辦桌規格採買食材。

4 臺南特有醃漬食材西瓜棉。

5 燉煮過程中的高麗菜飯，時不時要用筷子戳洞，幫助散熱。

上課還忙，不過，他們提起過往，卻說了更多爆笑如雷的事。像是負責顧雞，就能第一時間偷吃雞蛋黃、水溝裡的魚可吃又可玩、有次爬上屋頂摔跤把小雞給壓昏了，就以碗來回掀蓋，幫雞仔做心肺復甦術，聽得我們一愣一愣的，覺得現在的孩子都太無聊了，沒得玩也沒得跑。

近幾年，臺南的市容改造，吸引了大批觀光人潮，聚集在國華街、西門圓環或赤崁樓附近一帶，必訪的古蹟老街、文創小館，必吃牛肉湯、小卷米粉、鱔魚麵……，讓臺南成為很有韻味和文藝氣息的古城。只是，這些地方可能很難會看到像宛宜一家人的身影，對她來說回家的路就是那個轉角處的雜貨店，對街的鐵軌平交道，家門對面是食品工廠。想遇見李爸、李媽這樣的一對寶，可能就要去問那間美而美的新老闆，再去市場豆漿店試試運氣，或是小巷內聞聞看有沒有什麼我說的那種菜飯香氣。

來臺南踩點打卡之前，我不認為臺南有什麼值得觀光的地方，吃完了清單上的推薦美食，不見得會有再訪的決心，也不太明白大家趨之若鶩的原因。認識李家人之後，我開始想像臺南以前沒有門牌、走在路上像是逛動物園的樣子，更好奇牛墟市場當時站了滿滿的牛隻等待鑑賞，那是怎麼樣的意氣風發？

最後，宛宜帶我們回到當初那家早餐店，招牌上還寫著美而美漢堡店，只是換了另外四個人繼續經營早餐時段，李爸、李媽頂出去前還傳授了不少訣竅，聽說對方不敢相信這樣的工作量，以前只有他們倆擔下來。

一家人在招牌下合照，夕陽光輝映在鐵鏽斑駁的招牌上，看過世代變遷，照顧著更多家族故事，等著北漂遊子歸來。

一家老小，回到當年美而美店面，留下全家福紀念。

高麗菜飯

份量
8人

｜材料｜

米…4米杯
清水…4½米杯
蝦米…½米杯
木耳…2朵
高麗菜…¼顆
金針菇…1包
乾香菇…6朵
紅蔥頭…⅓米杯
梅花肉片…2片

｜調味料｜

米酒…適量
鹽巴…適量
老抽醬油…5毫升

｜作法｜

1 將蝦米浸泡米酒，去腥；乾香菇浸泡開水，待軟。
2 高麗菜、香菇、金針菇、肉片，切絲備用。
3 起鍋熱油，拌炒紅蔥頭、蝦米、香菇、肉絲，待香氣出現後，再放入木耳、金針、高麗菜。
4 加入白米、開水，與炒料拌勻，大火燉煮，持續的拌炒，觀察火候避免鍋底燒焦。
5 約10分鐘翻動一次，小火燜煮，以筷子將表面戳洞均勻受熱。
6 加入鹽巴、米酒調味。
7 若翻動後發現米飯因水分不足而未熟透，可再加水，若足夠就等待湯汁收乾。
8 起鍋前，加入少許老抽醬油上色後，關火繼續燜煮10～20分鐘後，起鍋。

南國七夕的美麗遺憾，就用繁華村的油飯來療癒七娘媽。

—爐園辦桌的七夕油飯—

凌晨十二點終於來到屏東長治鄉繁華村，夜雨刷洗南國的炎熱，潮溼的空氣中隱約透露農村獨有的泥土味道，我深深吸了一口緩緩吐出，跟隨睡意鑽進被窩，輕輕閉眼，靜靜喜歡這樣的古早氣息。

古早古早以前，天上有七位仙女來到人間玩耍，最小的七仙女擅長織布，所以也叫做織女。織女愛上凡間的牛郎，玉皇大帝得知以後，希望織女能夠返回天庭，於是派出喜鵲傳信給牛郎，信中寫著同意讓他倆每隔「七日」見面一次。然而喜鵲在途中不小心弄溼了信，「七日」字體模糊成「七夕」，失誤使得這對有情人最終只能一年一會。

每年的七夕清晨，天空打雷下起大雨，繁華村的人都會說：「牛郎和織女相會時的那場雨，便是彼此因思念而落下的眼淚。」

爐仔的七夕古早油飯

農曆七月七日早晨四點左右，果然一陣驟雨：「雨來囉，每一年都這樣，表示他們在天上相見了。」八十多歲的招儉阿嬤再次提到那封被喜鵲弄溼的信，浮現滿是憐憫的表情。

阿嬤一面注意泡水的糯米，一面訴說七仙女是孩童的守護神，也被稱為「七娘媽」，傳說七夕正是她的生辰。這一天透早，長治鄉番仔寮聚落的婦人們會趕去市場買麻油雞酒、油飯、軟粿等供品，準備梳子、鏡子、胭脂、椪粉、針線和剪刀等女妝女紅用品，在傍晚來臨之前祭拜七娘媽。據說麻油雞酒、油飯是早期婦女坐月子重要的補品，因此成為主要祭品，而軟粿是一種中間有凹槽的湯圓，象徵一家團圓，並且可以給織女盛裝眼淚。

招儉阿嬤就是即將傳承至第四代的「爐園」總鋪師家族元祖的女兒，每年的七夕油飯就是在如此摯情的夏夜裡製作而成。

大家幾乎徹夜未眠，凌晨兩點開始陸續燒水、洗米、泡米，四至五個蒸籠非常賣力地冒著熱騰騰的蒸氣，好將三百斤以上的糯米炊熟。聽說這是超過六百桌的份量，算一算等於是六千人份！幾個師傅輪流翻動大鍋子裡的蝦米、肉絲、香菇絲、魷魚絲……，我試著拌炒才發現幾十斤的食材有多沉

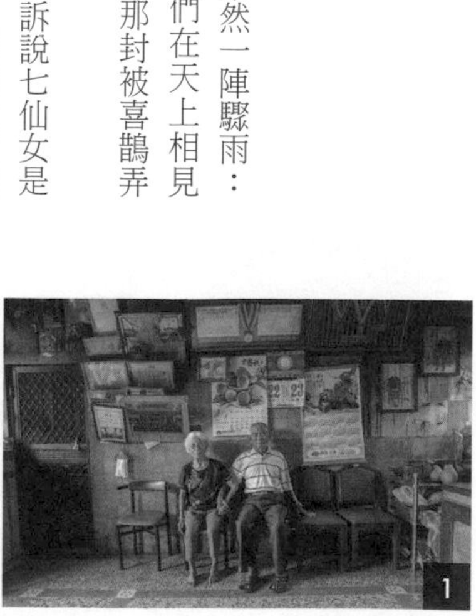

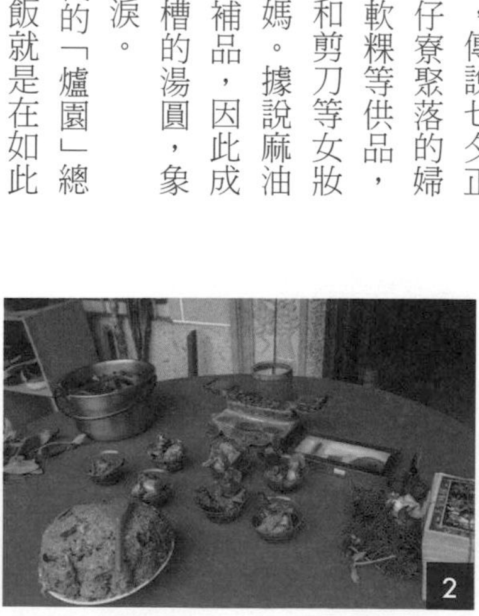

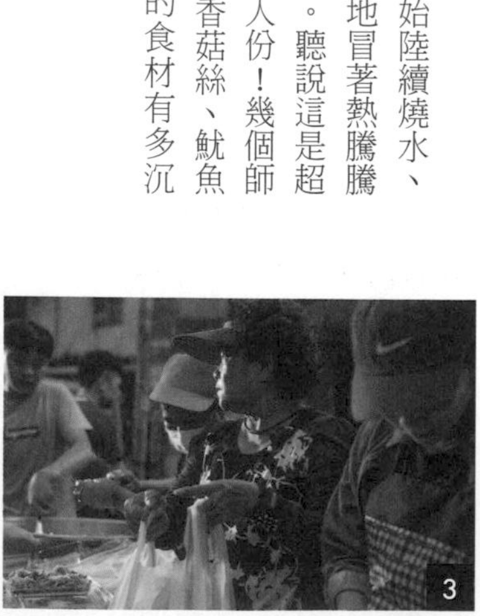

重，需要耗費相當的力氣才能將米飯與炒料均勻混合。當師傅真的不容易，要有廚藝還要有體魄。寬廣的庭院充滿香蒜、米酒、麻油的氣味，夜未央天未明，阿姨們已經將油飯與麻油雞酒送到巷口與市場，兩處簡單擺設、沒有任何招牌的攤販憑藉路燈的光，照亮一盒一盒的油飯，大夥們親切地叫賣：「勢早，爐仔的油飯喔！」

附近村民都知道爐仔辦桌有多麼豐盛美味，賣了將近四十個年頭的七夕古早味油飯更是出了名好吃，往往十點前就會銷售一空。內行人懂得先預訂，或是趁早來買以免向隅，而恰巧路過的外地人也會被陣陣飄送的香氣吸引，順手帶走幾盒嘗鮮。

近百年歷史的總鋪師家族

日治時期，清爐阿公與招儉阿嬤出生在屏東長治鄉的繁華村，兩人從小認識，彼此戀愛步入婚姻，在那個時代是非常少見的事。成親後阿公隨即被徵召入伍，前往才剛結束八二三炮戰的金門當兵，阿嬤時常掛念丈夫的安危，盼望他趕緊歸來。

「阮以前很窮，六個兄弟姊妹都吃不飽，所以阿爸為了養家什麼都會，別人給什麼工作就去做。平時務農，兼差木作、蓋堤防，之後還學煮菜。」

招儉阿嬤的父親做過各種工活，後來家裡來了一位在臺南做辦桌的朋友，兩人一起展開辦桌生意，靠著居民口耳相傳漸漸打開名氣，從此村裡大大小小的婚喪喜慶，幾乎都找他們辦桌。

「阮阿爸是繁華村第一位辦桌師，也是隔壁村第一位辦桌師，大家都喜歡他做的菜。」阿嬤的話語裡有著身為女兒的驕傲。

清爐阿公成為總鋪師的女婿，退伍後也踏入廚師行業，傳承岳父的辦桌功夫，而這一做就是一甲子。巧的是，他的名字剛好有個「爐」字，不知是命中注定還是純屬偶然，總之這個名字變成了招牌。「爐仔」的名聲漸漸響亮整個村莊，連隔壁村子都知道這位總鋪師。家家戶戶辦桌都想找清爐掌廚，如果檔期已滿，宴客主人會特地回家翻閱農民曆，重新挑選日子，就是為了吃爐仔的辦桌。

阿公阿嬤總共有五個孩子，其中大兒子世昌伯自小跟著父母工作，時常看著大人備料煮菜，耳濡目染下習得一手好廚藝，自然而然地繼承父親的衣缽。世昌伯當兵前曾在屏東與臺北的海產餐廳當學徒，退伍後返鄉幫忙，將餐廳學到的廚藝運用在自家的料理，持續研發新菜單，改良傳統菜色，並以父親的名字創立「爐園」外燴，將祖傳三代的辦桌發揚光大。民國一百零四年時，更勇奪馬來西亞世界廚藝比賽烹飪類的金牌獎，登上事業的高峰。

4

info

屏東｜陳清爐　1937年生
　　　陳吳招儉　1939年生
筆者｜陳佩君

1 清爐阿公與招儉阿嬤手牽手好可愛。
2 祭拜七娘媽所要準備的祭品。
3 天剛露曙光，爐仔的七夕油飯就在路邊叫賣。
4 師傅們馬不停蹄地炒餡料、炒油飯直到天亮。

「我六十歲了，接下來就交給兒子女兒，現在只想像這樣泡茶聊天，多好。」曾經一天內辦過四百多桌的世昌伯，偶爾也希望過清閒的日子。如今他慢慢將爐園交付至下一代，讓美味延續下去。

一家辦桌全村熱鬧的年代

早期的農村彷彿本身就是一個大家族，一家辦桌時常全村參與。村民提供家具餐具，還會幫忙砍竹材搭棚子、看管架上的食材以免被偷竊，那個看似物質匱乏的時代倒也樣樣無缺。

清爐阿公的辦桌時代講求料多豐盛，通常會有十二道主菜，加上水果冰品共十四道，更早以前甚至是十八道料理。古早的總鋪師只管做菜，一桌工資大概五十至六十元，事前會確認當天有多少食材需要處理，幾隻雞、幾隻鴨、幾條魚……，列出菜單後，其他的都交給宴客主家張羅安排。主人除了備齊食材、調味料、柴火之外，還要交代親朋好友向左鄰右舍借桌椅、碗盤、湯匙筷子。當時的辦桌不是紅色圓桌而是村民家裡的傳統方桌，四邊搭配長板凳，剛好可以坐八人，有時候辦桌桌數太多，整村的桌椅數量不夠還要去隔壁村借用。

到了民國六〇年代，總鋪師開始向外租借木製的大圓桌、折疊椅，主家不再需要自行準備。然而這些桌椅都非常重，如果去隔壁村辦桌，前一天得先用牛車運送桌椅、碗盤、廚具，常常要跑兩三趟才能搬完。

宴客當天，主家會用大石頭或是土磚堆砌幾個ㄇ字型爐灶，找一位火頭軍，協助劈柴燒火，負責控制火侯。太陽還未升起，幾位「水腳」已經開始忙著洗菜、切菜、燒水……，總鋪師先處理容易腐壞的食材，最重要的工作是將剛宰殺好的豬隻，依照肉質部位變化出各式料理，如炕肉、紅燒排骨、滷蹄膀、肉圓、東坡肉等等，而古早味辦桌一定會有的冷盤，是由香腸、皮蛋、豬舌頭、粉肝，以及罐裝螺肉拼組而成，與我們現在所吃的海鮮冷盤實在截然不同。

「小的時候，一隻草蝦的體型比現在大很多，每次送來都還活生生，燙一燙端上桌，客人只需蘸醬吃便覺人間美味。現在的蝦子幾乎是養殖後急速冷凍，但蝦肉料理愈來愈精緻多變，所以說料理很難界定好壞。」

世昌伯認為料理是活的沒有一定的標準，菜色會隨著時代改變，只要能夠順著宴客主人的意思出菜，就是好功夫。近年來，他開始提倡不過量烹煮料理，南部辦桌文化所講究的「澎湃豐沛」未必適合目前的環境，有時候傳統習俗也要融合現代的整體意識，才能往更好的方向繼續流傳。

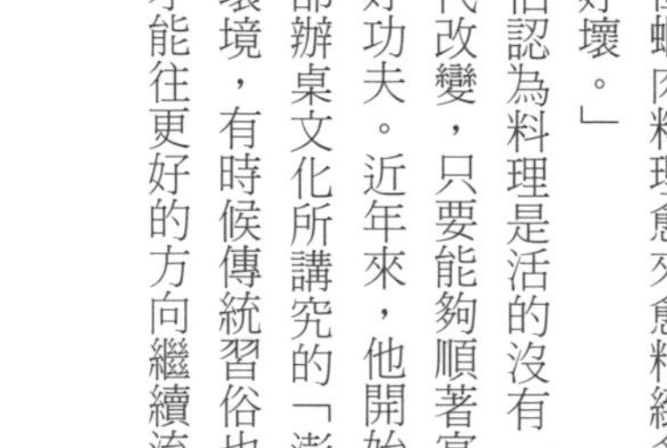

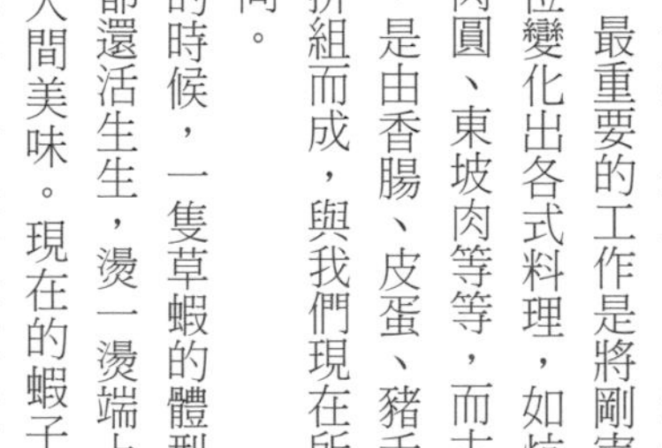

1 世昌伯說現在最喜歡半退休的生活。

2 世昌伯將父親的辦桌事業發揚光大。

份量
4～6人

七夕油飯

｜材料｜

糯米…600公克
豬肉絲…160公克
香菇絲…40公克
魷魚絲…40公克
櫻花蝦…40公克
小蝦米…40公克
紅蔥頭…6～7大顆

｜調味料｜

糖…適量
醬油…適量
味精…適量（可不加）
麻油…30毫升
米酒…1米杯
油蔥酥…20公克
蒜頭酥…20公克
五香粉…適量
白胡椒…適量

｜作法｜

1 糯米泡水半小時，放入蒸籠。
2 糯米與水的比例大約是1比0.6，外鍋加入2杯水，將糯米蒸熟。
3 豬肉絲汆燙，魷魚絲與蝦米泡水瀝乾，紅蔥頭切片備用。
4 以豬油將紅蔥頭爆香至稍微變色。
5 加入櫻花蝦、蝦米、香菇絲炒至香氣出來。
6 再放入肉絲、魷魚絲繼續炒至熟透。
7 最後加入油蔥酥、蒜頭酥、糖、五香粉、白胡椒、味精均勻拌炒。
8 接著將煮熟的糯米與炒料混合一起。
9 加入醬油與米酒拌炒至均勻為止。
10 油飯通風冷卻後放進冷凍，可以保存半個月以上，為保新鮮還是建議盡快食用完畢。

小撇步

1 炒料熟了之後再加入油蔥酥、蒜頭酥，炒太久容易變黑，味道變苦。
2 古早味油飯都是用豬油爆香炒料，若家中有豬油不妨試試。
3 剛煮好的油飯可以放進電鍋燜一下，會更美味。

談什麼促進族群融合，其實我們早就在飯桌上密不可分了。

—鄭阿嬤的薄荷雞—

在臺灣，意識形態時常被操弄，族群歸納又錯綜複雜，不管是原住民、本省人、或是飄洋過海的外省人、各國人，對於找到認同彼此的共識相當艱難，但奇妙的是，在某些情況卻能協商，暫時理出彼此聯繫的可能性，好比「飯桌上的菜香」。

臺灣飲食文化可以說是傳統中國大陸、美國、日本的綜合體。因著航海時代地理位置、殖民統治以及強勢文化的席捲，各種影響交雜後產生了「混血菜」。說閩南話的本省人，有時候也會上館子吃大陸各省招牌菜、或是自己包餃子；說著一口字正腔圓的老北京人，自家餐桌也會吃到臺灣本土料理。即使臺灣吃的眷村菜也不等於是外省菜，各地煮婦早就把本省食材融入各省的家常味裡，臺灣古早味料理真要追溯起來，可能也得到浙江、湖南去，而嘉義鄭和蕊阿嬤拿手的家常菜薄荷雞，就是一個例子。

「薄荷雞」是嘉義靠山的常見料理，過往在民雄、大林、溪口、新港才有大量種植的土薄荷，所以對這一帶居民來說是容易取得的食材，逐漸成為家常料理的一味，頗富地區性特色。這道即將失傳的手路菜，當初或許是因為古早時代物資匱乏而變換出來的味道，至於是什麼時候、如何形成，都已不可考，但土薄荷料理早已潛移默化進入嘉義人的餐桌，成為在地美食拼圖不可或缺的一塊。薄荷雞好吃的關鍵就在——臺灣土薄荷，適合入菜，葉緣鋸齒狀，葉片呈窄卵形，和平常甜點飲品上的裝飾品種不同，植株明顯大得多，散發著一股清涼香氣，顛覆平常我對Mojito裡薄荷的認知。

臺灣土薄荷又稱日本薄荷，由中國大陸傳入，始於何時沒有定論，第二次世界大戰時，日本薄荷在北海道大量生產，被當作製造薄荷腦的原料，成為當時世界輸出量第一。這樣看來，手上這片薄荷，不僅曾經是重要的經濟作物，也為眾多家庭的餐桌上，增添了許多變換的風味。

嘉義民雄的火車站鐵軌還沒地下化，火車駛過還能聽見「噹！噹！噹！」的平交道聲響，我們圍坐一圈在緊鄰鐵路的門庭前，鄭阿嬤說要教我們挑薄荷葉。只見阿嬤手上已經俐落地摘了整把，整簍滿滿的薄荷沁香，從葉梗和葉片之間溜出，為了吃到它，我們等了好幾個月，等一場雨打溼了沙丘上

的土壤，才見到這簍春筍般茂盛的薄荷葉。

孫女怡彣已經等不及，頻頻一直和我們說這道菜有多麼好吃，她熱愛的程度是連一片葉子也不捨得浪費，還層層把關阿嬤挑剩的葉梗，是不是有一些太過豪邁而忽略的小葉片。

有一種餓，叫做阿嬤覺得你餓

鄭阿嬤站在紅色大圓桌旁，手上忙著扒解雞腿和雞胸之間的軟骨，巧妙的手勢將之分離，稍微發出一點「咔」的聲音，必須非常仔細才會注意到，透過這道聲音可以斷定，那咬下去的軟嫩度勢必充足，滴滴薄荷油正沿著雞絲纖維滑下油光，怡彣趕緊湊上去接著，深怕老遠從北基隆殺回南嘉義的理由被浪費了，直到把每個人的碗都溢滿了腿塊，鄭阿嬤自己才放心坐下。

每年過年啊，光是怡彣一個女孩子，就能吃嗑掉半隻雞，更何況整群孫們，都是為了這個味兒回來團圓的。怡彣說起中學時帶便當最愛用這薄荷油配飯，就連蒸飯箱還沒打開，整間教室就瀰漫著一股特殊香氣，老師同學就知道，昨晚鄭阿嬤又做薄荷雞了。

整把整把的薄荷葉，丟進熱鍋的苦茶油裡拌炒到軟化，整間屋子瞬間瀰漫著香氣，鄭阿嬤俐落地用菜刀將老薑刨皮，又把雞頭剁除，再把炒軟的薄荷葉全塞進去雞肚子裡，接著將整隻雞半煎半炸到金黃酥脆，雖然看起來油油亮亮的，但全是天然古早味的麻油、苦茶油所混著逼出的薄荷精華，開脾健胃，光用聞的，整個人都開朗了起來。鄭阿嬤還另外準備了一鍋全是雞腿的，也鋪上滿滿的薄荷，就怕我們吃不夠。我想，世界上只有「阿嬤」會不計較成本，不管今天有多少張嘴，把每隻雞最珍貴的部位都搜刮回來，然後每十分鐘就說一次：「乎恁逐家攏總有，乎恁一次呷嘎午告咧。(臺語)」

怡彣在一旁頻頻要阿嬤教她料理的步驟，一問之下，才知道這道菜是鄭阿嬤和她曾祖母學的，小時候在外面也不曾吃過，那是在爸爸的田裡做事，才有機會吃到的菜，其實土薄荷並不是什麼嬌貴的作物，大抵跟地瓜葉、龍葵一樣任它在田間就能生長。現在我們吃起來是種享受，對童年時的鄭阿嬤來說，是一段辛苦的印象。

民國二十六年出生的鄭阿嬤，九歲時就要一個人負責牽三隻牛出去吃草，十六歲時，肩上扛著將近百斤的稻草，受傷了還不敢說，每天在田裡赤腳來回忙碌，腳就這樣腫起來，想像一下走路能如何走到發腫？在反覆的消腫與紅腫之間，腳皮雖然厚得不畏任何春夏秋冬變化，但凡腳底一旦出現裂縫，就算只是一粒小石子吹進去，也是痛得入骨，因此鄭阿嬤從小就決定長大絕不嫁給種田人。

曾經，我也抱怨過我們這代年輕人，社會競爭

info

嘉義｜鄭何蕊 1937年生

筆者｜洪薏淳

1 午後，鄭阿嬤與女兒一同挑採薄荷嫩葉，說著古早的故事與我們聽。

2 臺灣土薄荷，挑採時就可以聞到淡淡清香。

3 我們與孫女怡彣一同聽著阿嬤說照片裡的故事。

強，每天朝九晚九也僅租得起五坪大的雅房，努力不一定能成功。但是，像鄭阿嬤這樣出生在動盪的年代，是「努力了也不一定能活下來」。天天無預警地躲著防空警報，三餐配著地瓜稀飯，何來談什麼人生的成功？有一次，鄭阿嬤在上學途中，一個人遇上空襲，來不及找防空洞躲藏，將就偎在旁邊的一棵龍眼樹下，嚇得她在無人的街上大哭，顫抖地反覆念阿彌陀佛祈求神明保佑，看著頭上一架架低空飛過的戰機，直到尾翼的黑煙消失不見，這才鬆了一口氣。也因為戰戰兢兢地無法安穩求學，於是兩年後，鄭阿嬤就離開學校了。

經歷造就骨子裡的剽悍，與做人的坦蕩

「真的沒偷沒搶啊！我就這樣跟他說，」在日治時期度過童年的鄭阿嬤說起這段故事，還是中氣十足地激動描述。

當年，鄭阿嬤在田裡忙灌溉，路過的保正（在日治時期相當於現在的里長）看見他們家的渠道有水，就誤會是她偷了別人家的水源，不相信任何解釋，就把她抓去了派出所。鄭阿嬤說，她本就沒做錯事，正直正當，當然能被放回來。我坐在她身旁啃著雞腿，瞬間天不怕地不怕，好像在她身後，什麼事都變得自清自明。

不知道是真勇敢還是傻膽量，這樣的態度同樣貫徹在婚後的立業成家上，由媒人撮合後，在先生當兵期間，每天替公婆端水梳洗，打理家裡，直到兵役結束，當時正值臺灣戰後經濟發展時期，鄭阿嬤鼓勵先生自己創業，將年輕時當學徒的藤編技術當作創業本事，租了房子，就是現在的阿嬤家，開始藤編家具事業。創業初期，每日夫妻睡不到兩小時，尤其過年的生意最好，家家戶戶都會將家具換新，夫妻倆常常忙到初一的凌晨了，才能坐下來一起吃頓飯。

怡彣問起阿嬤當初對阿公的第一印象是什麼，為什麼會選嫁給他呢？高高瘦瘦的、不太說話像是個啞巴似的、濃眉也像個土地公一般，但其實在市場買麻油，彼此都互相認識，只不過沒說起太多的話，直到後來透過別人介紹，進一步認識後便嫁了，婚後的相處上也對她滿好的，簡單說就是「一起打拚吃苦，一起享福享樂」。

退休十幾年，看著孫子平安長大，餘生沒有什麼太宏大的盼望，鄭阿嬤就和公園的老人家一樣泡著茶，如果只是路過看了一眼，其實並沒有什麼兩樣，直到坐下來和鄭阿嬤一起好好吃頓飯，待我們視如己出，如同薄荷留在鼻腔裡清新的味道，直抵心扉。很幸運能聽鄭阿嬤娓娓道來她的一生，小小的身軀，乘載著臺灣這片土地八十餘年的歲月精華，吃過她的薄荷雞，再久都會記得這股又鹹又涼卻不違和的滋味。

藤椅是當年起家的事業。

份量
10人

薄荷雞

｜材料｜

全雞…1500～1800公克
老薑…200公克
麻油…275公克
土薄荷…600公克
苦茶油…275公克

｜調味料｜

鹽巴…適量
味精…適量

｜作法｜

1 將薄荷葉挑過，取嫩葉，然後洗淨瀝乾。
2 雞頭、雞腳剁除，雞身抹上一層薄薄的鹽巴。
3 老薑去皮切片。
4 熱鍋倒入苦茶油半瓶，放入老薑片爆香爆至金黃，再放入全數薄荷葉炒軟。
5 轉小火，將炒軟的薄荷葉及薄荷油塞進雞肚裡（可留少許薄荷油在外鍋續用）。
6 加入麻油，將全雞放入鍋內煎煮，周圍的熱油舀起來淋在雞身，保持每個部位都能熟透酥脆，轉中小火，蓋鍋燜約20分鐘。
7 隨時可以筷子戳戳看，試熟度，轉小火，將全雞翻面，若有需要，可適量再加入鹽巴調味，依個人喜好可再加入味精。
8 確定熟透後，起鍋。

木瓜粄，剛剛好的笠山滋味。

——鍾媽媽的木瓜粄——

客家人的深刻印象——節儉、堅韌。搜尋著客家特色，千篇一律都是薑絲大腸、炒粄條、油桐花季，有誰好奇真正的客家人心中的文化又是什麼？

秋末冬初，正逢美濃的農忙時節，日正當中還能著短袖薄衫。車子駛進田邊小徑，遠遠望見一頂斗笠彎著腰，綠葉間的藍色身影，不時用手肘拭汗，旁邊一位也戴著墨鏡和現代剪裁的遮陽帽，向我們揮手大喊，雖看不清全貌，但肯定就是她們了，今天要拜訪的對象，鍾媽媽和她的女兒舜文。

因為炙熱陽光，在田間工作必須要做防晒工作，長袖、帽子是絕對不能少，有的甚至戴上太陽眼鏡或用布把眼下的部分都遮起來都不為過。鍾媽媽的裝扮便是穿著長袖藍色棉布衫、帶著斗笠遮陽。身形嬌小，但手腳飛快且聲音宏亮有朝氣，配上爽朗的笑容，這是我初見鍾媽媽的印象。

好山好水的美濃，笠山下的白玉蘿蔔

拔蘿蔔要這樣的，選已經從土堆裡採出頭的，左右拉鬆後拔起，過程拔大留小，折掉的蘿蔔葉就丟在田邊做肥，今天採的一百斤都是人家前天訂的。舜文教我們如何拔蘿蔔，因為鍾媽媽動作俐落，一手能拔個五根，早就採到田埂的另一頭去了。

人都說：「一個蘿蔔一個坑。」原來拔起後真的有個坑！蘿蔔表面摸起來冰冰滑滑，散發著濃郁香氣，形狀細長又不規則扭曲，和印象中超市裡飽滿渾厚的品種不太一樣，一問之下才知道，這是美濃秋冬特有的「白玉蘿蔔」，本地人稱作小蘿蔔，百年前由日本引進的品種，清脆爽口，不必削皮，最適合醃漬，只是生長期短、不易貯存，所以一般市場上才少見。而這片田鄰近鍾理和紀念館，低調認真，也是鍾媽媽這些年來寄託生活的興趣之一。

第一次體驗採蘿蔔感覺很新鮮，邊玩邊採，直到鍾媽媽喊了一大聲：「快過來這裡呀！」才收起貪玩的尾巴，跑到蘿蔔田的另一邊。這才知道，原來另一頭是滿滿的果園啊！

「請妳們吃芭樂，不用洗都可以直接吃，都我自己種的。我田裡賣的芭樂，以前一斤四十，現在也是四十，每年都賣光光。」鍾媽媽大方的直接塞了三顆在我懷裡，自己已經吃了第二顆。為了腳下踏的這片土地耕作，汗流浹背後豪邁咬下自己灌溉

info
高雄｜鍾郭明琴 1952年生
筆者｜洪薏淳

1 聊起田裡的事，就是鍾媽媽最快樂的時候。
2 家中牆上各處掛著舜文的膠彩作品。
3 鍾媽媽與女兒舜文在自家蘿蔔田合影。

出的纍纍果實，這種感覺再踏實不過了！我也管不了什麼氣質還是形象，大口的啃下去，這樣翠綠清甜的芭樂來自剛剛折下的蘿蔔葉施肥的土地，我捧在手裡捨不得吃太快，是因為看見鍾媽媽對這片土地帶來的成就與驕傲，以及沒有東西是需要「被丟掉」的，體現了客家人勤儉「惜福莫折福」的文化內蘊。

當我還沉浸優閒逛著芭樂園，又被鍾媽媽呼喚過去，不停和我們介紹這片她規劃的開心農場，百香果、石榴、香蕉、黃金果、玉米、無花果……想吃什麼就種什麼，若有結果實就有得吃，這樣的實驗精神，有時候連水管壞了都能自己研究、安裝，一點也不辜負天地。

「可以了，等一下就做這個給妳們吃吧！」

一顆帶綠皮的木瓜？不就是削皮直接吃？

鍾郭明琴，美濃文學作家鍾鐵民之妻，畫家鍾舜文的母親。二十三歲嫁到笠山，十天就遇上大過年，從此開啟了四十年的廚藝，她的飯桌濃縮了客家文化的精髓，道道自成迷人的美味，是網路上的隨意搜尋都找得到的關鍵字，客家的廚藝競賽評審席上也有她的位置，被公認來到美濃必訪之處。

我們才剛搬完百斤蘿蔔到門庭院，進到屋子立刻被舜文的膠彩畫吸引，一系列的蔬果、花布鞋、人物作品，都和客家女性以及農村題材有關，雅人深致，從線條、色調感受到對日子細水長流的愛。

不得不說，客家媳婦的手腳真的很難跟上，只是一轉眼的時間，鍾媽媽已經把剛剛手上的木瓜成絲備好調味完成，蘿蔔苗蒸黑豬肉已經入鍋，我趕緊讓她放慢動作，否則都不知道發生什麼事，才多久時間，整桌菜就快完成了。鍾媽媽左邊切著菜，右邊還能燉蘿蔔排骨湯，煎鍋裡還有木瓜粄麵糊，嘴裡和我們說這個木瓜不是隨時想吃就有的，得要五至六分，綠中帶絲紅的熟度才適合和成麵糊，木瓜本身自帶清甜，稍微加點鹽巴、胡椒、雞蛋，就是美濃人喜愛的日常美食。至於蘿蔔苗就是我們剛剛在田裡扔掉的那些蘿蔔葉製成的特殊食材，別以為堆肥是環保善用的唯一方法，透過客家巧手，洗過晒過醃過貯過，過程繁瑣又需大量晴朗的日晒催化，不起眼的鏽罐一打開，那撲鼻的特殊香氣就是傳說中的「蘿蔔苗」，有錢也不一定買得到，買到的也不一定處理得當，後知後覺吃到這麼珍貴的平民美食，不管是蒸肉、沖茶還是煎蛋，這樣南北雜貨沒遇過的陳香，能跟它配上的食材瞬間都提高好幾個層次。

金黃色中略帶焦糖黑，看得見半熟紅的木瓜絲，不修邊幅的圓餅狀，一口咬下，略像粿的扎實Q彈口感，嚼到木瓜時的甜分又在舌側化開，半熟的甜度和醬油相輔相成，鹹甜適中，一片兩片想要更多片，說是美濃常民美食實至名歸。

我看來，粗茶淡飯又不失生活的滋味，非她莫

2

3

屬。一雙手，十多道菜，約略半小時完成，且桌上大半菜色的食材要不是自家種的，就是自己做的醃漬物或加工品。圓桌還沒轉上半圈，鍾媽媽的飯已經扒了半碗，連吃飯都這麼有效率，難怪她說以前逢年過節，幾乎天天操辦二十幾人的家族聚餐，自然也能辦桌接待旅行社帶來的人潮。

舜文看我們還用著平常人的速度品嘗，笑著說用這樣的速度在人多的餐桌上是會搶不到菜的，也說起長一輩的客家人所認為的「畫不到吃，掙不到飯吃。」意指畫畫、做藝術的掙不到錢吃飯。舜文作為畫家，動作不似鍾媽媽那樣迅捷，經常都是在餐桌上吃到最後的，但也許因為舜文這般的步調與氣息，反而能在畫作中讓人感受到生活在客家庄，隨季節生活的流動感，日常要做的事情總是繁多，但是季節遞嬗、歲月累積的祕密就潛藏在其中，沒有留意一回神就是十年半載的時間悄然流逝，還好有舜文抓住的吉光片羽，為生活留下紀錄。

生在鍾家，可能緣著鍾理和的創作血脈，鍾鐵民也是作家，也由著三個女兒自由發展，不特別要求成績標準，大女兒是護士，二女兒和小女兒舜文都是在大學任教，舜文更是身兼畫家創作。鍾媽媽以前在孩子們就讀的學校附近裁縫店工作，三個女兒從小到大的制服都是親手車縫，週末全家出遊才會踏出美濃，上館子只會吃家裡沒有的菜色，偶爾帶著孩子學著「生活」，分工打理家務，直到婆婆鍾臺妹年事已高需要照護，才離開布行並在照護之餘向鄰居學起種菜的技巧。學什麼會什麼，做什麼像什麼，平平淡淡卻充滿生活和記憶每個角落的愛，這是我在舜文口中聽見的，她的母親。

只要努力，什麼事都簡單

說了這麼多，鍾媽媽在我們心中，早已是能在有限的環境裡，創造無限無虞的生活達人，結果，她說還要帶我們去參觀她的後院另一個菜園和雞舍，連雞蛋都能從後院取！

今天缺肉缺蛋，自己的雞舍有，明天想吃菜也不用上菜市場，黑豆、香菜、白菜、高麗菜、竹筍……我猜，隔壁鄰居如果吃火鍋缺了什麼，都還能來這裡找。

訪問到這裡，天也開始轉涼，訂購蘿蔔的朋友剛好過來取貨，聽鍾媽媽和他們對話的語氣，就好像自己親戚一樣，介紹起我們也好像熟識很久的朋友，我突然發現這樣的氣氛，是在其他拜訪的家庭中，沒有體驗過的感受，我也來不及抓住，只記得這是一點暖陽，帶點無奇卻忘不掉的溫度，像是木瓜可以單吃，但是帶有太陽的滋味就是深植底心，不會流失的暖意，我默默地將故事記錄下來，不為其他，只是單純希望保留下更多客家的記憶。

1 蒸肉一入電鍋，鍾媽媽立刻做起木瓜粄。

2 愛攝影的爸爸鍾鐵民，留下了很多珍貴的笠山回憶。

份量
4人

木瓜粄

| 材料 |

水…適量
雞蛋…1顆
中筋麵粉…200公克
七分熟木瓜…1顆

| 調味料 |

鹽巴…適量
白胡椒粉…適量

| 作法 |

1 將木瓜刨絲。
2 中筋麵粉摻和少許開水，打入雞蛋後一起混勻。
3 加入適量鹽巴、白胡椒調味。
4 將木瓜絲加入調味完成的麵糊中均勻攪拌。
5 熱油鍋，將麵糊球放入後壓平，約0.5～1cm厚度。
6 煎至麵糊呈金黃色後，起鍋。
7 可搭配醬油膏或自製沾醬。

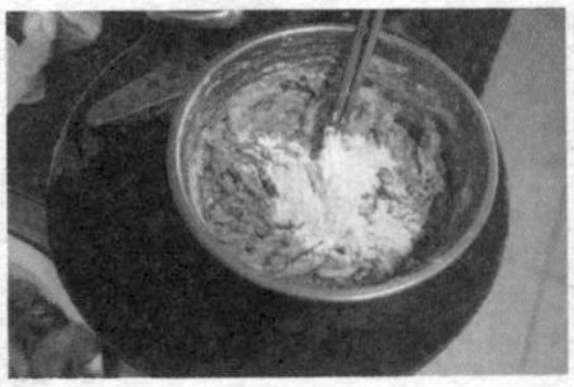

鎮村之寶繁華阿嬤 用野菜粥熬大孩孫

—蘇阿嬤的龍葵野菜粥—

那天早上七點，從「在，繁華阿嬤家」民宿走到就在一旁的蘇阿嬤住處，行李卸下後，我們幾人就驅車跟隨在孫女郁心的汽車後方，心情就如同車速一般，悠緩地前往市場。

「在，繁華阿嬤家」是一片位於繁華村復華街的社區營造複合式空間，而顧名思義，是以一位住在繁華村的阿嬤為由來命名，而這位「繁華阿嬤」她的本名叫做蘇鶯紊。

繁華村位於屏東的長治鄉，長治鄉其實隸屬於客家六堆的前堆，繁華村算是這裡少數的閩南聚落。不知是否因為周圍都是客家族群居多，所以村民們的感情格外緊密，各種閩南的傳統習俗好像也不曾被那國際化的浪潮沖刷，完好的被安置在這裡的小村落中。

還記得我們抵達市場後，器材都還未卸好，就看見蘇阿嬤與孫女洪郁心已在跟攤販挑菜了，我們趕緊跟在後頭拍攝，記錄著這位繁華阿嬤來到市場，與菜攤老闆、魚販、鄉親父老交談自然的生活樣貌。

買了香菇、蝦米、中脯、紅蔥頭以及三層肉，這是製作龍葵粥需要的食材，唯獨少了一樣，這個食材在市場不常見(又或者是阿嬤講究食材貨源)，但在蘇阿嬤的兒子洪平的果園中，遍地生長著許多，它就是「龍葵」。

自家果園中生長的龍葵，強健的根莖及葉子的深翠色，都讓人不禁想像其味道。此刻在園子中被各式可吃、不可吃、可碰、不可碰的茂林植物圍繞，其中還有從沒看過的水果「牛奶果」，光是經過就有股香甜的空氣傳來，洪爸爸迅速摘下兩顆已成熟的帶回去讓我們品嘗。郁心在我們身邊介紹著，果園中最主要的果樹是蓮霧，而蓮霧樹除了果實可以吃，這裡的人們也將蓮霧的花晒乾，可以泡蓮霧花茶。這整座迷宮般的園林全是有郁心的爸爸洪平一人負責管理、照顧，幾乎得花上他所有的時間，也才能顧及部分的植株而已。

跟隨在蘇阿嬤後頭，主要採集龍葵嫩葉，還順帶收割了熟的野番茄。今天料理的主角「龍葵」，是一種適應力極強的植物，也因此成為處處可見的雜草，臺語稱「烏甜仔(籽)菜」。這種看似普通的野菜，除了會出現在臺灣原住民的料理當中，也是一般農村孩子飯桌上的回憶。

我們在太陽下不斷飲水，不斷流汗。

1

「阿嬤，妳要不要休息一下！」實則是我們想休息。

「免啦！」蘇阿嬤說。笑容靦腆一頭灰順的短髮戴著白色遮陽帽，在烈陽下穿梭叢草花木間已經接近兩個小時，我們不由得開始擔心她的身體狀況，因為認真想來，蘇阿嬤已經九十多歲了，但或許還是我們多慮了，因為眼前的她，正在一片樹林之中挺直身子，踏出步伐，把那些枝垂的龍葵葉枝折下，丟入袋中。從蘇阿嬤身上感受到的除了耐力之外，還有一種她知道自己要去哪兒的前進意志。

「阿嬤是家族的精神領袖。」孫女郁心與我們說到，洪家是女性當家，許多時候是女性在處理問題，就連嫁進洪家的各個媳婦也都是如此，這大概跟整個家族的精神是緊緊連接在一塊的，而這股精神從何而來？那可能是與蘇阿嬤年輕時的種種經歷有關。

來到里港家中相親的鄔洪阿公

鄔洪阿公的父親是入贅到洪家的，理所當然自己的孩子要姓「洪」，但正值日治時期，日本政府不明白中國姻親冠姓之傳統，駁道：「原本就姓鄔，改什麼改？」以致只好讓自己的孩子帶著鄔洪兩字來做姓氏。

在父母的安排下，那時來相親作客的鄔洪阿公

2

info
屏東｜繁華阿嬤（蘇鶯紊）1927生
筆者｜陳泳劭

1 在果園中，開心笑著的鶯紊，大家都稱呼她「繁華阿嬤」。

2 孫女郁心與蘇阿嬤一同挑葉。

和其父親坐在桌前，而蘇阿嬤馬上被母親喚來奉茶服侍，她心中百般不願，她明白招待賓客是禮儀，但為何要上下關係般地「服侍」？這讓鄔洪阿公一開始在蘇阿嬤的心中印象不太親切。

直到後來嫁入洪家，因為洪家務農，蘇阿嬤嫁進去肯定辛苦，得幫大家洗衣、做飯，這段日子，鄔洪阿公仍希望能修得證書再回老家自己經營診所。當時二十一歲的蘇阿嬤，過去只有十七、八歲時在診所的工作經驗而已，這讓蘇阿嬤一開始無法承受這樣的體力活，便時常一個人走回里港娘家，算是一種偷跑逃家吧。

十八歲在診所工作時，蘇阿嬤的母親向她叮囑：「你已經開始工作，可以開始學煮了。」至此開始，每當母親開伙時，蘇阿嬤都會在一旁輔助以及學看，所以嫁進洪家前早已累積許多燒飯的經驗。龍葵粥便是在那時學會的，或者該說是「吃」會的；蘇阿嬤品嘗母親在她小時候料理的味道，便動手試做模擬，但要完全地做得與母親相同，實屬難事，於是在最後找到屬於自己的龍葵粥品味。

民國五十二年，回鄉開診所

我們從果園與菜場的奔波中，回到了蘇阿嬤的住處，大概是正午時分。蘇阿嬤只休息了半晌，就步入廚房挑選龍葵的菜葉，除了將它從枝上拔下外也顧及其葉貌是否完好。

我們邊幫忙蘇阿嬤整理菜葉，邊問著那間夫妻

1 蘇阿嬤帶我們認識園林內植物。

2 以英文學名標注的各類藥物，存放在洪家的後房。

倆一起工作的地方，也就是鄔洪阿公在里港鄉開的診所。

鄔洪阿公在日本留學當學徒習得醫術後，便想回到家鄉開間診所，而當時蘇阿嬤因為年輕時有在診所工作過的經驗，便到鄔洪阿公的醫院幫忙。

因為附近就只有這一間診所，因此變成一個「八卦聚集地」，蘇阿嬤說話好聽，鄔洪阿公受人敬重，各村里的居民來看診時，常會把許多大小事情告訴他們，而蘇阿嬤說這些八卦並不只是大家碰見時的閒聊，有時也是流通消息很重要的方式。

我們邊聊著這淳樸的生活樣貌，邊完成剝葉的料理前置工作。蘇阿嬤將整盆龍葵葉帶進廚坊開始料理，先是將剝好的紅蔥頭與三層肉肉絲下鍋快炒，接著放入香菇、中脯、蝦米……最後才是龍葵，我們看著一鍋粥熱呼得快要完成，這可全都出自於一位九十多歲的婆婆。

那些日曆上的數字記號

剛出爐的粥，裡頭的中脯、肉絲、龍葵在白粥和煙霧的包裹下，成了像大理石花紋一般，我們每人盛出一碗快嘗，再盛出第二碗細品，龍葵吃得出甜中微苦的風味，中脯不會死鹹，甚至有些鹹汁跟白粥混攪在一起變得更為均衡，肉絲和蝦米也填補了肉食的口欲，讓人忍不住連吃了四五碗。除了龍葵粥，蘇阿嬤還從冰箱中拿出自家醃漬的冬瓜以及熬煮的鳳梨醬，讓我們可以與粥一起搭配著吃，這樣一桌簡單的菜，郁心說這是她跟阿嬤最平凡的家日常，對我們而言卻是一頓新鮮的南臺灣滋味。

孫女洪郁心在我們食畢後，說起了小時候的一件事，她時常會用顏色筆把生日註記在家中的日曆上，深怕大家忘記似的，她說每當生日就會布置生日會，大家都會聚在一起為這個時刻慶祝。現在想想，這或許就是當時她如此喜愛生日，而不能讓任何人因為忘記而錯過的關係。

「阿公會帶我去市區，去那邊的百貨公司挑洋娃娃當我的禮物。」孫女郁心回憶著與鄔洪阿公相處的時分。

日治時期，在空襲下洗衣的婦人

談起了蘇阿嬤在日治時期下的生活，蘇阿嬤想了一會兒，說：「日本人很愛乾淨。」日本在那時規定家家戶戶要清理窗戶以及床，清潔後放到外頭日晒，每年兩次，會有專人來檢查，這是蘇阿嬤很有印象的日治記憶。

而那段時間難以忽略的共同記憶，正是空襲。蘇阿嬤說那時家中的床底下就有個防空洞，空襲警報一響，便下床跳進洞中。而那時空襲警報太頻繁，有時其實空襲是在另一個區域，於是有許多在

河邊洗衣的婦人(包括蘇阿嬤)就算碰見空襲警報，也仍然繼續洗著衣服，不當一回事。

「有時還有點高興哩。」

「啊？為什麼？」

「因為大家就不用上班工作啦！」阿嬤說。

蘇阿嬤的個性可以說是樂觀待己，想必是這種性格影響了家庭乃至家族，許多時候，鄔洪阿公在前方工作太有衝勁，卻帶來疏漏和麻煩，這時候都是靠著蘇阿嬤一一去解決的。但那段時光已然過去，現在的蘇阿嬤有許多孫女、孫子們陪伴(還會用LINE聊天)，他們會回到阿嬤的身邊，在床上說著自己在外頭經歷的世界是什麼模樣，蘇阿嬤說她非常喜愛聽。

繁華阿嬤在繁華處被一片片的鳳梨田包圍著，家裡的後方有一個大池塘，以及大量的多肉植物在四周，這些是鄔洪阿公買回來的，阿嬤會照料它們，而這樣買著買著、養著養著，就成了一個規模不小的花園，看著阿嬤在她和丈夫的花園前走走晃晃，頓時感覺這樸實的美好有些熟悉。與桌上那碗龍葵熱粥的滋味是同一個來頭。

1 蘇阿嬤與孫女郁心在自家的九重葛前合影。

2 醫師公會贈與鄔洪阿公的紀念瓷盤。

份量
5～7人

龍葵野菜粥

｜材料｜

水…適量
米…2½米杯
蝦米…適量
中脯（菜脯）…300公克
龍葵葉…適量
紅蔥頭…適量
三層肉…適量
乾香菇…8～10朵

｜調味料｜

醬油…適量
鹽巴…適量
味素…適量

｜作法｜

1 白米洗淨熬粥。
2 接著備料，將三層肉切成肉絲。
3 乾香菇泡水，泡完水後切絲。
4 中脯泡水以去鹽，泡水期間可用手去揉兩回，接著切成丁狀。
5 將鍋下油後放入肉絲炒至外皮酥脆。
6 接著放入紅蔥頭，同樣炒至酥脆有彈性。
7 放入香菇絲、菜脯丁拌炒。
8 撒入兩把蝦米。
9 加入醬油。
10 炒勻後放入已軟爛的米粥中一同熬煮。
11 將龍葵放入先前準備好的水鍋。
12 煮至滾後，也將龍葵放入米粥中，若不夠鹹可斟酌加鹽巴、味素。
13 端上餐桌，即完成。

這是在拍《戲說臺灣》？從宜蘭陳家看臺灣史。

—掌珠婆婆的荸薺丸子—

臺灣歷史最為悠久的落羽松群，就坐落在宜蘭進士路上的「陳家松園」裡頭。落羽松這種松樹的根相當特殊，形狀像鐘乳石般，一柱一柱從主樹幹周圍的土面長出，蔚為奇麗。陳石掌珠帶著我們一行人走進松園中，她自在的踏在石子路上，似乎是時常來這散步的樣子，而我們的肚腹裡還留有剛剛品嘗的「荸薺丸子」，那是陳家餐桌上最受喜愛的一道菜，圓形酥炸的表皮搭配鮮甜的豬絞肉，湯汁包覆著口感爽脆的荸薺，尤其剛炸好時候的口感與香氣，更是難以形容的美味。這樣一道配合著口感、味道、外觀的菜色，是能夠登上任何場面的餐桌美食。

掌珠婆婆輕鬆地邁著步伐的樣子，實在難以看出已是個高齡九旬的老人家，她出生於二結，在小學二年級時搬到宜蘭市區，那時剛爆發中日戰爭，學校時常操演空襲避難。上午警鈴一響就要去到防空洞，下午警報解除才能再回到教室，斷斷續續地上著課，一天就這樣過去，婆婆的學習因此而受到干擾。

1

info
宜蘭｜陳石掌珠 1932年生
筆者｜陳泳劭

1 掌珠婆婆撈起已酥炸至金黃的荸薺丸子。
2 像鐘乳石般的落羽松樹根，相當特殊。
3 保險箱上的字樣是古文篆體，處處有古可循。

直到一九四四年，作為太平洋戰爭範圍內的地區，臺灣屢遭空襲，掌珠與家人暫時從市區離開，躲至鄉村一帶，便不再去學校。那時候食物、衣物都是由日本政府配給，只能吃著南瓜、番薯等等……是沒有米可食的日子。戰事長期影響每一個人的生活，有許多不幸的人失去了性命，被飛彈炸得五零六碎，而掌珠婆婆那時只有十三歲，就親眼目睹了一切。

身為長女的掌珠婆婆，小學六年級畢業後，便開始分擔母親的辛勞，時常做飯給弟弟妹妹吃。一開始懵懂之際，只能在一旁看著母親燒飯做菜，如此觀摩之下，也悄悄地在母親的身邊學習了許多家務事。

荸薺丸子，吃起來涮嘴，易於打包成旅行途中的糧食，從古早時候流傳至今，荸薺丸子成了在地宴客、逢年過節的必備美食。掌珠婆婆因為戰事而無法上學，但也從家庭日常中，學會了不少料理，其中之一便是那金黃色的荸薺丸子。

掌珠婆婆的父親經營印刷店，直到她出嫁前都會去店裡頭幫忙，那時候的印刷技術是活版鑄字，一條一條的鉛字條，按照排列組合去打印，是現今非常少見的傳統技術，而如今那間印刷店仍在營業，已經是第三代的老闆接手，儘管印刷技術已與時俱進，但整間店依然瀰漫著一種懷舊氛圍。掌珠婆婆帶我們一行人前去參觀，發現在店裡的神龕底下有一個保險箱，全黑色很巨大，上頭的金屬鎖刻印著日文，原來這已是超過七十年的古董了，但老闆仍繼續用著。

掌珠婆婆年輕時，還在店裡工作的日子，國民政府遷來臺灣，迎來一個新的政權，社會重新步入秩序，婆婆也在母親的安排之下嫁進了陳家。陳家是宜蘭的大戶人家，所有家族成員都住在同一個三合院裡，過年、過節會一同聚到中庭做些點心及料理，是凝聚力很強的家族，在那個年代，不管是建築的形式抑或是飲食傳統，都是以家族的團聚以及子孫綿延為最重要的考量。

掌珠婆婆的媳婦君怡，從最初的約訪，都是由她熱絡地安排和配合，能夠感受到婆媳之間的感情極為和樂，也從此處感受到宜蘭人的熱情好客。雖然有些手續繁雜的料理，婆婆因為考量到體力所以較少搬上桌，但對於料理的愛好仍然是不減，在採訪過程中，婆婆十分害羞，卻不斷想起身去到廚房，開始料理那道極美味的「荸薺丸子」。

搓揉著混雜荸薺的豬絞肉，每一下都有力又扎實，用看似簡單卻不容易的手勢，擠出一顆顆的絞肉球，包裹上麵衣後丟入油鍋炸至熱熟。掌珠婆婆對於食材份量和烹飪時間的拿捏從來都不是一個明確的數字，全靠著累積而來的經驗，我想這就是不可多得的料理智慧。

起鍋後的丸子，顏色為深金色，參雜一些些

2

3

白紅色的內餡，婆婆還拿出獨門的甜辣醬，單吃甘甜，蘸著吃則增添了香辣感，不需白飯即可連食多顆，婆婆在廚房炸了好幾盤，我們則是吃得忘了分寸。吃飽後，掌珠婆婆和兒子志鵬帶著我們去到陳家的那片松園，看看那充滿大家族感的舊地。

歷史上重要的蘭陽開墾者吳沙，似乎將那份拓荒的性格留在這塊土地上，陳家的祖先源於福建，後遷至苗栗，再因當地社會械鬥頻繁，舉家遷至宜蘭開墾，子子孫孫們便在當地逐漸興起一個家族，現在已是當地有名望的氏族。

陳家松園經過些微的修繕，如今仍保存良好，一旁的稻田到細水流經的溝渠在二戰期間，都曾是日本空軍的基地，而當時被美軍鎖定的目標之中就有這座基地，因此就在一旁的陳家松園難免被流彈波及，掌珠婆婆說道：「那時候，門口就落著一顆未爆彈！」幸好仍保留住三合院大部分的院子，讓陳家的後代還能居住在此。志鵬熱情地說著建築的古今往來，我們聽著，便著迷於滿是落羽松葉的陳家三合院。

順著周圍的渠道走，左右兩側都是翠綠的稻田，可延伸到陳氏鑑湖堂，是陳氏家族的家廟，名稱是為了紀念自福建鑑湖遷來臺灣的祖先而取，屋簷下充滿古香，兩旁的畫布上登記著歷代祖先的生平，最遠可追溯至清朝時期，也在那一刻我們才發現陳家人對於血緣的重視，是如此具體的，並不只是生活上的彼此稱呼，血緣這條隱形的絲線是能夠被收納整理，並且呈現出來的，頓時深感到那份家族關係的厚實。

祠堂前有一座湖，名叫「半月池」，是昔日陳家大宅前的埤塘，整座池為中心的生態圈，培養了許多昆蟲和動物們適恰的棲地，經營著一些牲畜動物，鴨子、火雞，然而這看似樸實和諧的環境，經歷承載著宜蘭這片土地從清朝時期的開發、日治時期的空軍基地延續到國民政府的到來。陳家與這片土地接連在一塊，親密而不可分。

走回家的路上，掌珠婆婆沿路與街坊鄰居打招呼，像一個地區的大家長似的，跟每個人感情都融洽，而周圍那一株株的落羽松樹，隨著時間愈來愈多的根冒出地面，布滿了整個松園，松葉也茂密得像一張大屋簷，庇蔭著陳家的生活地帶，也是變遷和留存的見證者。

掌珠婆婆在陳家的祠堂外，傳統的閩南建築讓人彷佛置身於「戲說臺灣」。

份量
8～12人

荸薺丸子

｜材料｜

蔥…600公克
洋蔥…1顆
雞蛋…3顆
豬肉…600公克
魚漿…600公克
荸薺…600公克
麵包粉…適量

｜調味料｜

糖…適量
香油…適量
葵花油…適量
白胡椒粉…適量

｜作法｜

1 將豬絞肉、魚漿、荸薺、蔥、洋蔥、蛋全部攪拌一起，並翻揉均勻。
2 加入胡椒粉、香油、糖，繼續翻揉均勻。
3 用虎口握力擠出富有彈性的絞肉球，也可使用器具輔助。
4 將絞肉球蘸滿麵包粉。
5 將多顆絞肉球蘸滿後，放入鍋油炸約5分鐘至深色金黃後即可起鍋。可分批油炸，保持荸薺丸子的酥脆口感。
6 丸子裝盤後，可搭配甜辣醬食用。

從山東大宅院到頭城小漁港，她成為深受愛戴的國小老師。

—田婆婆的江西肉圓—

她是我見過在這耄耋之際，最屬靈活又風趣的長輩了。

一進院子，就知道這花園是主人細心照料過的，避蚊草、曇花、蘭花、茶花……都不是一般好野養的植物。

角落一些老物也是循著最優雅的角度陳設，牆上一幅幅油畫為古董家具在沉穩與活潑之間調和，可見田婆婆對生活的品味是有層次、有溫度的。

田婆婆說著一口字正腔圓的標準國語，給我們說起小時候她在山東濟南長大的故事，從有雙套四合院的家、外出上學有馬拉車開始，大門進去是長廊，再走進第二個門才是院子，外院一共十二間房，住了父親辦事的隨從和伙食團，東廂房還有客廳和客房；內院有棵大樹，十三間房住著自家人還有小廚房和打雜的。北方的四合院，不禁讓我想起《城南舊事》裡林海音筆下的那些房間與廊子，但田婆婆記憶裡的家，恐怕是更大、更寬敞。

田家彥，民國十八年在北京出生，在山東濟南度過童年。

田婆婆指給我們看，老照片上的父親著西裝，任職於公務機關，母親思想開通，在還算安穩的日子，供她念書，因為母親認為透過教育，女孩兒也能自立自強，期望她未來可以教書成為老師。

肉體的成長會隨著自然法則推移變化，心理的成長很多時候是被命運硬生生推上浪尖的，錯愕、無奈、吞忍、求存，待潮流緩慢退去，後來才可能雲淡風輕的談笑過往。

好景不長，民國三十七年，國共內戰的戰火持續延燒，濟南淪陷，房子被共匪占去，舉家逃亡，在南京時田婆婆和她的家人分散走，她母親親自在她衣服腰間縫上一圈黃金，一連串的顛沛流離，找尋安身之處，青島、安徽、香港，最後落腳臺灣，卻再也沒見過父母。

那年二十歲的田婆婆、先生及孩子，躲過了大陸上的戰

1

2

info
宜蘭｜田家彥 1931年生
筆者｜洪薏淳

1 田婆婆的父親、母親留影，是當年逃難時帶上的家當。

2 田婆婆特別為我們加菜，準備再做上一盤江西醋蛋。

火，先落腳到臺中教書，但在陌生的環境及語言，田婆婆的黃金和家當也都被鄰居混混給騙去，乾脆搬離，一路從桃園中壢分配到頭城繼續教書，現今才定居在礁溪。柴米油鹽之間的拿捏對一個當初連燒開水都不會的大家閨秀來說，是開始自己建立一個家庭，經營生活的證明。

說到這裡，電鍋裡的江西肉圓在蒸著，等著裹在外頭的太白粉熟到剔透，田婆婆的女兒小超和孫女林淇在廚房顧著，已經飄著淡淡肉香，田婆婆雖不是江西人卻做了一手好江西菜，原來是因為大上十二歲的丈夫袁爺爺是江西人，當年曾是田婆婆父親的同事，在她十八歲那年，一次的宴會上相遇。

初到宜蘭頭城教書時，這裡算是個鄉下。靠海一代的人家都是討海維生，教室裡的學生們日日天光未亮，就在浪花線上牽罟（臺灣古老補魚方式之一），孩子們會隨手抓把魚當作早食直接去上課，午餐便當也都是魚乾，一加熱那可是腥得一般人受不住，使得田婆婆每日上課前讓學生們做的第一件事，就是所有人排隊去洗手洗臉，學著打理儀容整潔，如果想上廁所，那也不能說「棒溜（臺語）」，要改說「廁所」。還有更好笑的是，一個說國語的外省老師，對上一群臺語囝仔，常常是牛頭不對馬嘴，鬧出很多笑話，有一次，學生打起來找她告狀說：「老師，伊嘎哇怕！」，臺語還不溜的人就容易誤會成「老師，他給我打！」那怎麼會打人的人還主動告狀喊冤呢？整整一個學期都鬧著這樣的戲碼，其他老師都替她擔心教學品質進度。不過，田婆婆令人敬佩的就是她的毅力與耐心，反倒是這樣和學生們互相切磋，自己學上好幾句臺語，學生們竟然也提升了國語成績，國語演講比賽都直接打包了前面幾個名次。

田婆婆不嘮叨大道理，她從日常直接活出信

3 江西肉圓，田家獨到菜色，蘸著滷汁，愈嚼愈香。

4 江西醋蛋，酸甜下飯，齒頰留香。

念，讓身邊的人不知不覺被她感染，開闊心胸接受冒險挑戰，認真有耐心，因而桃李滿天下，不僅資歷四十年還拿過師鐸獎，到現在還會和以前學生相約上街喝咖啡。

我們突然好奇起來，田婆婆在學校遇過外省與本地人語言上的窘境，那婆婆的女兒小超小時候是不是也會碰上什麼呢？小超阿姨回憶，自己小的時候街上可以看見「保密防諜」標語，海邊會飄來對岸的氣球傳單要繳回給老師，儘管自己是班上唯一的外省人，當時頂多是四角褲和麵粉袋做的內褲的差別會被同學取笑，她感嘆可不像現在的意識形態抨擊，或是政論節目上的輿論新聞。

說到這裡，田婆婆替我們加菜，又做了江西醋蛋和肉末豆腐湯，電鍋裡的肉圓也熟得差不多，小超阿姨說這江西肉圓是田家獨有的，只有兩種材料卻能三吃，加到湯裡、切片下鍋配著菜一起炒，再來就是今天這種吃法，直接蘸滷汁吃。可別看這簡單的團子，不像我們印象中閩式那種碗狀肉圓，製作時說不出精準的劑量只能大概大概，和約略形容的手感，讓番薯粉與絞肉之間不能過於扎實又得讓團子一體成形。

我嚼著肉圓，驚訝原來番薯粉可以有這種密度和Q彈，有點像蘿蔔糕與臺式肉圓之間的嚼勁，剔透之中鎖著肉汁的鮮甜，含有一點醬香，再沾上滷汁在嘴裡滑溜溜的，搭著白飯停不下來。目光開始四處望向櫃子裡的照片，田婆婆風光地捧著花，身旁圍繞著很多學生，原來那是婆婆在光復國小退休那一日的紀念照。

退休後婆婆開了作文班，自己還學畫、學陶，院子角落那臺大機器就是燒陶用的，甚至跟上潮流追起韓劇，如此對生活的好奇與求知態度，都讓我真是開始懷疑是不是自己平日裡都對世界怠慢了。後來，田婆婆也開始對我們好奇起來，採訪我們的工作內容和發展，前衛地分析起我們的星座特性，還笑著說：「我很適合自由行，因為我是牡羊座，是自由的靈魂！」逗得我們呵呵笑，也相約下次一起和她去喝下午茶，以後我們就是她的年輕朋友名單，帶我們去吃當地宜蘭人必吃的小吃。

談笑之中，我幾乎都快忘記自己是在跟一位高齡九十多歲的長輩談話，田婆婆散發出的氣場活像個寶，真實的實踐活到老學到老，讓我們年輕世代值得學習，命運不論在好壞時代，對人誠懇，保有對世界好奇與冒險的態度，力量最後還是有機會掌握在自己手裡。

田婆婆與女兒、孫女
在前院花園留影。

江西肉圓

份量
6～10人

｜材料｜

番薯粉…600公克
熱開水…200毫升
豬絞肉…200公克

｜調味料｜

醬油…20毫升
鹽巴…5公克

｜特殊器材｜

蒸籠

｜作法｜

1 豬絞肉用醬油、鹽巴醃漬，至少半小時。
2 豬絞肉抓鬆後，分2～3次混入番薯粉，少量倒入水，慢慢均勻攪拌混合，直至每塊絞肉表面皆裹上番薯粉。
3 將絞肉稍微塑成橢圓形，切記別捏過於扎實以保持口感。
4 將蒸籠放滿半鍋水，煮滾。
5 蒸盤抹上薄薄一層油，放上肉圓後進入蒸籠。
6 蒸20～30分鐘後，豬肉熟透後即可起鍋。

真正的歷史不在課本中，是在最貼近生命的家族裡頭。

——惠芳媽媽的高麗菜捲——

民國四十四年出生的陳惠芳，正在新竹山區的家中廚房裡，蒸煮一整顆的高麗菜，同時準備將經過特殊調味的豬絞肉，包裹進熟軟之後的高麗菜葉中。料理時不拘小節的惠芳媽媽，和許多精擅料理的長輩們不太一樣，她不講究刀工（菜刀甚至叫丈夫去大賣場隨意挑選），也不講求料理的按部就班，但卻掌管著黃家廚房到飯桌上的一切。

女孩有著荷蘭與噶瑪蘭血統，男孩則是一位臺灣籍日本兵

陳惠芳與母親林阿甘都有著荷蘭與噶瑪蘭族的血統，而這樣的混血是源自於母親的家族系譜，即是得追溯到臺灣荷據時代的淵源。當時在臺灣這座島嶼上活動的族群多半為原住民族，此外就是後來才登岸的荷蘭人航隊，荷蘭人認為利用宗教教化與統治是最適恰的方式，因此鼓勵異族之間通婚，於是平埔族與荷蘭人結婚的情形變得很普遍。

故事來到二戰期間，一位居住在臺灣的本省男孩林阿成，與家族有著特別血統的女孩相愛，雖然女孩只有著四分之一的外國血統，但透過惠芳描述著自己的外婆，仍然能夠想像林阿甘的母親，她那來自荷蘭混血噶瑪蘭族的高眺身材以及深刻的五官。

兩人生下了林阿甘之後，在皇民化不當兵非男人的觀念以及軍級高工資的大環境驅使下，林阿成受到徵召以臺灣籍的身分加入日本軍隊，而這一去便是在六十年後，才在日本的神社以另一種方式與曾孫女紘筠重逢。

一九四一年太平洋戰爭爆發，日本打著「大東亞共榮」的精神口號，開始將戰場一路向下延伸到

1

東南亞國家。林阿成征赴印尼新幾內亞作戰，不幸在戰場上受傷殉難，而這一心痛的訊息沒能即時傳回臺灣這座島嶼上，也許對林阿甘來說，父親就像是幼年的一片氤氳，有著朦朧的印象，卻在他遠赴戰場之後怎麼也找不著痕跡了。

「我去日本之前，有跟大伯一起研究著若要去神社尋人，會需要哪些東西、走哪些流程……其實，當時沒抱著多大的希望。」紘筠在餐桌前向我們說道。

前往異國，帶著阿祖的資料，在陌生的土地上尋找一個未曾面見過的親人，那種付出了行動的追尋，始終使人深刻動容。

抵達時，神社人員協助紘筠查找，不一會兒就尋到了阿祖的奉位。林阿成的軍籍、殉職證明等等有關阿祖的重要一切，全都被安妥的存放在神社之中，六十年來長眠此地。直到這時，她才感覺這一切的不可思議，足足穿越了半世紀之久的家族巡禮，透過所有家族成員的齊力嘗試，當年看似無音無訊的林阿成，現在終於能夠回到臺灣這塊故鄉，以及在後代子孫們的心間，留下了珍重的經歷。

然而，即使這是在現代極具爭議的日本神社，公開貿然提及也易產生各種議論。但對紘筠家；不，是對所有相同經歷的臺灣家族而言，這是他們尋根與拼湊祖先故事的寄託。如同清明祭祖，但這思親之情卻蒙上了另一層色彩。

婚後日本婆婆的悉心教導

陳惠芳十八歲時便結了婚，學生時期的她長得秀美、性格叛逆，在校園裡有眾多男生愛慕追求，而當時一封封向惠芳投來的情書，其實有許多是出自黃爸爸之手，他的字好看、文采散發著柔情，理所當然就成了同儕中代寫情書的能手。雖說是代筆，但那一字一句間夾藏的不屬於情書上署名者的情意，反而進了陳惠芳的眼中。

「所以他幫別人寫情書給你，結果最後是你們在約會？」我們問著這個像是戲劇情節的青春之事，惠芳笑著點頭示答。

「十八歲那年懷孕後，就結婚進了黃家。」惠芳媽媽說著自己剛進到黃家時，許多不適應，從料理到其他家務事，在娘家時她的母親林阿甘從不曾讓她做過，自然對許多事都不太熟練。

「小林紀子，是我夫家的婆婆，這些事呀！全是她手把

2

1 林阿甘與先生的合影。

2 惠芳媽媽自認刀工生疏，但仍能感受到一份料理的細心。

手教的，就連你們面前這甕高麗菜捲也是她的食譜。」

眼前的甕，漫著淡淡肉香，裡頭傳出的溼潤氣息飽含甘甜，那股甘甜來自高麗菜整顆蒸煮後，從菜心一路瓦解到最外層葉脈所沁出的豐沛甜汁，光是這種汁液就色香味皆具，而高麗菜捲的內裡，是由三層肉和瘦肉以三比一的比例混合的絞肉團，揉入切碎的洋蔥，並以白胡椒、鹽、太白粉，以及「烹大師」這種日式調料做配味。烹大師類似料理中的鮮味粉，惠芳媽媽說這是從日本婆婆那時就有的習慣，所有原先需要用到味精、味素、鮮味粉的食譜，全都將其抽換成烹大師這種來自日本的調味方式。烹大師用的是日本料理中「出汁」的概念製成的調味品。出汁是指用食材熬煮出來的高湯，就如同字面上的意思，煮出來的湯汁，不同的原物料能煮出不同風味的出汁，這樣的料理方式吃起來較為清淡，也能夠讓食用者的身體更有養息的餘裕。

我與其他採訪同伴，細品著甕中的高麗菜捲，口感脆嫩，汁涎嘴邊，肉餡簡單素樸，原先總覺得吃不夠或清淡，但採訪閒聊了兩個小時過去，我已嚥下了不下十個大小不一的高麗菜捲，其他夥伴也咀嚼多於言說。餐畢後，腸胃竟不覺負擔或者口乾舌燥，彷彿我的身體在對我說著：「這才是你和我應該要多吃的美食。」

高麗菜捲、家務、禮儀，由小林紀子一個日本婆婆細心的教導著惠芳，不疾不徐的氛圍在男人為主的社會裡頭，顯得格外清麗、難得，也正是這樣一種除了孩提時代之外的另一次親子時光，使惠芳媽媽在龐多的家事雜務中，仍然能感受到一些輕鬆和溫柔的空間，而這正是與日本婆婆所共同營造出來的。

多樣的家族成員，全在臺灣這座島嶼上成長、結出美的果。

紘筠說道：「從日本奶奶身上所學到的是一種重視付出的精神，對荷蘭與原住民外婆的記憶就是高、大眼睛，而對我媽的印象則是位『女強人』。」

在一個家族裡頭，接收到多元的民族影響，不管是在生活型態、工作場域還是人格精神上都有著豐富的可能性在自己身上蘊藏著，也許文化的摩擦和撞擊是難以消除的事物，但養育著人們數百年之久的這塊土地——臺灣，似乎永遠敞開她的心房，給予我們姿意的闖蕩，提供所有人嚮往美好的可能。而這從亙古以前直到現在都是如此，因此才能有如此繁情多貌的家族在臺灣扎根，傳遞著豐富、無可取代的「臺灣」精神。

1

2

info

宜蘭｜陳惠芳 1955年生

筆者｜陳泳劭

1 高麗菜、洋蔥、豬絞肉製成的高麗菜捲。

2 肉餡飽滿的高麗菜捲。

份量
5～7人

高麗菜捲

|材料|

洋蔥…1顆
高麗菜…1顆
豬絞肉（三層肉＋瘦肉）…600公克

|調味料|

鹽巴…適量
白胡椒…適量
太白粉…適量
烹大師…適量

|作法|

1 將高麗菜的梗葉劃開，前後左右各一刀。
2 將高麗菜入鍋，加水直至與高麗菜齊平。
3 慢火煮15分鐘後翻面，再煮10分鐘，觀察其葉菜是否呈透明感。
4 準備絞肉，絞肉為3：1（三層肉：瘦肉）的比例配置。
5 將洋蔥剁碎成泥，拌入絞肉中。
6 加入適量鹽、烹大師、白胡椒、太白粉。
7 攪拌至肉團具黏稠性即可。
8 此時若高麗菜已蒸煮完畢，便可將高麗菜取出，以冷水沖洗菜葉。
9 取一甕，將菜葉一層一層完整剝下，菜心放入甕底。
10 將調味後的絞肉，取適量放於一片高麗菜葉中。
11 以中式春捲、潤餅包法將其包裹。
12 呈完整條狀無破損後，將捲好的高麗菜捲放入甕中堆疊，最後加水直至與高麗菜捲齊平。
13 放入電鍋蒸煮，一杯水蒸煮即可。
14 蒸煮完畢後，檢查甕中菜捲內餡是否熟透，可透過廚具碰觸，觀其顏色和試其軟硬度。
15 最後，整甕取出即完成。

日本母親的精神，在雅美身上留下了什麼？

—黃奶奶的味噌五花肉—

二戰的結束，卻是小林紀子與愛人私奔的開始。

一九二九年，小林紀子這時才三歲，對於她的家鄉日本記憶並不深刻，但因隨著擔任臺灣總督府鐵道部興建鐵道一事相關職務的父母親，而來到臺灣，她將在此歷經成長、戀愛，並且終其一生都為所愛之人而奉獻。

小林紀子二十歲時，也就是一九四六年，二戰結束後原居住在臺的日本人紛紛返回日本，她深知這樣的局勢，卻無法坐視不管自己焦躁的心情，因為她的愛人黃大原是宜蘭人，一旦歸國將可能與之永別。

懷著這樣難捨的情緒，小林紀子與愛人那時大抵只有一個方法，私奔。黃大原計劃帶著她去花蓮溪口，祕密藏匿她還有他們的愛情，即使小林紀子的日本親人用言語脅迫：「就算用草繩勒緊，也要把妳帶回日本！」兩人仍然義無反顧地打包行囊、備妥車票前往花蓮躲藏。二十歲女孩對愛情的堅定可以是這般不計代價，不顧任何傳統束縛。幾週過去，小林紀子的兄長及姊姊眼看返回日本的期限將至，只好放下妹妹，先行回國。或許小林紀子的家人能夠了解她這樣叛逆的選擇，是出自什麼，儘管他們曾說出「勒繩」這般激烈的言語，但從往後小林紀子的哥哥仍時常撥空前來臺灣，就為了探視自己的妹妹究竟過得幸福與否；畢竟當初那離親的決定對他們來說，僅是一個孩子對感情的執著。

「她很單純。」黃奶奶這樣形容自己的母親。

本名黃雅美的她是黃家的長女，把照料年幼弟妹一事視為己任。雅美初中讀夜校，白天的時間用來上班賺錢，下班後回家幫母親一同煮好晚餐再去上課。用煤炭下廚需要的時間是現在的數倍以上，一天進廚房三次，那幾乎使人僵固，不具生活的彈性，因而堅忍辛苦。

雅美早熟的心靈（對她何嘗不是種壓力）使她認定必須肩負起四位弟弟與一位妹妹，她年紀最長，也是所有孩子中最不捨母親辛苦模樣的，因為弟妹們都還幼年懵懂，只有她能夠分攤母親的辛勞。那時在山上做木材、園藝用石頭等造景原料的

info
花蓮｜黃雅美 1948年生
筆者｜陳泳劭

1

1 黃奶奶正將三層肉切成薄片。

2 小林紀子的日本家人們。

3 私奔後成為臺灣媳婦的小林紀子，懷中抱著孩子。

父親，下了班，回到了山下的家中，自己與母親必須去營造一個家的舒適：這包括為父親擺放上玄關處的拖鞋、泡好一壺熱香茶並倒進杯中奉上、為父親放好洗澡水（必須是中和過冷熱水的適溫），把許多細碎之事都在父親下班後的夜晚一一安妥後，才算是一天的事畢。

日語，是說祕密的語言

現年已過七十的黃奶奶，有著俏麗短髮，身材嬌小但雙頰飽滿，面無表情時，給人可靠專業的氣息，而笑容一旦發出，便覺親人、健談無比。她在廚房中動作雖不快捷，但那種手臂和腳步的緩慢帶有一種料理的信心，那些五花肉塊就在這穩定的速度中化成片狀，一層、再鋪上一層，彼此環繞堆疊，形成一座圓環，如此一來那用味噌、味醂以及烹大師（日本料理中「出汁だし」的一種調味品）調配出的醬汁，便能在蒸鍋中充分滲入肉裡。

在等待蒸熟的時間，黃奶奶提起自己直至八歲前都是使用日語溝通，因為母親是日本人，父親也在皇民化教育下長大，她開始學習中文以及臺語是在上了小學之後，父親與母親也配合著孩子的學習，而在家中改用中、臺語溝通，因此日語在雅美年幼的眼中，變為一種只有在父母親講祕密時會使用的語言。

因為父親時常不在，母親勤操家務，管教的工作落到了雅美的身上，除了照顧弟妹的起居之外，也嚴格教導規矩，這是由於父親同樣是如此教導著身為大姊的她。父親下了班回到家中已是夜晚，雅美結束一連串的家務事後，她會坐在木製矮小的書桌前，專心地寫著習作本，而母親會在一旁準備好熱水與毛巾，隨時給她醒神。雅美每寫完一頁作業本就得遞給身後的父親查看，父親會細閱她的字是否寫得端正優雅，如有不滿意，便會撕下要求重寫。在這反覆撕寫到凌晨一兩點的夜晚，正是父親對她嚴格的表現，但同時也是父親對孩子們一份真切的重視。

與水患抗衡，只為尋找著被大雨淹沒的雞隻

黃奶奶請孫女端來剛出爐的味噌五花肉，四溢的日式香氣漫出廚房抵達餐桌，我們各自夾起一塊。放入嘴中，鹹香立刻碰觸舌覺，味蕾頓時有綻開之感，而五花肉本身的油香被味噌調理得更具層次，嫩實的肉片每咀嚼一次便重新刷上一層味道，直到吞嚥下去之前，那濃郁堆疊都將難以停止。

「小時候除了過節，只有當爸爸拿

2

3

錢回家時，餐桌上才會有像這樣的肉料理。」

黃奶奶說著此刻隨手可做的料理，在她那年幼的日子裡是不常見的。長期與母親在廚房中準備一家人的早午晚餐，就是在那反覆的日子裡，「會做菜」變成了黃奶奶身上的一個必然結果，而一道道美肴也許並沒有明確的傳承自誰，但黃奶奶在料理時的精神「照料家人」倒很深刻地從母親那裡承接下來。

隨父親工作遷移的一家人，住過美濃、吉安。而在忠烈祠下的日子發生過一件事。在當時還沒有良好基礎設施的花蓮，碰上一場豪雨，水位上升的速度讓所有住在復興新村的居民，都暫時移逃到屋頂或者二樓以上的樓層。年幼的雅美帶著弟弟妹妹衝上屋中二樓，但將弟妹安置好後，卻不見母親跟上，她又下樓回到那已變成池塘的客廳。

「媽！妳在哪？」家中已然換了個模樣，只聽見水不斷流進，溪流潺緩般的聲音，只好又呼喚了一次——「媽？」

「我在這裡。」母親跨在浸泡著她半個大腿高的水中，同時用拳頭和手肘推開漂浮礙路的大型家具不斷向前行，然後回頭用素簡的中文向她喊，「趕快躲回二樓」。

「都成池塘了，妳去哪呀？」母親又沒有出聲，只是一直走，一直走，快可以用游的了。繼續一直走到那漫漶腐朽的家門前。

「媽！」

「我去救他們。」

「誰？阿弟小妹在上面啦！」

「那些雞啦，雞！」小林紀子要去救那些養了數月已熟大的雞。

「數月」熟大的雞，能不救嗎？如果經過仔細估量後，會發現那些雞隻可都是足足被餵出來的「時間」呀，牠們都是足足餵成了「可吃」的肉呀。雞肉呀！因此，水淹得愈高愈深，小林紀子前去找雞的動力就愈強。那些雞跟時間沒有分別，在小林紀子的眼中，那是要讓全家人飽餐的肉，如果牠們就這樣流走了，那養得那麼大是為了什麼？大概在某幾個險些踩滑，情緒緊張的時候，那些雞跟孩子也沒有分別，小林紀子把那些雞也暫且當作了自己的另一批孩子般來珍視。

黃奶奶說著那時，自己邊喊著人比較重要邊把母親拉上了二樓，母親看著那大雨如注，為時甚晚，溼沉的身子也漸漸失去了尋雞的執著。

如果說一道料理的完成，不僅僅只是將食物調理、弄熟，裡頭該還有些抽象的精神，那黃奶奶的母親就是帶著一股拚命，一個不能讓孩子餓著的使命，建立她從三歲那時來到臺灣後，身為一個家庭中母親的、一位戀人的生命過程，而黃奶奶在母親身上，也習得那刻苦與堅強，在自己往後的人生中，持續地秉持著對家的守候。

味噌五花肉

份量
3～5人

| 材料 |

水…10毫升
五花肉…320公克

| 調味料 |

味噌…50公克
味醂…24公克
烹大師…6公克

| 作法 |

1 五花肉去皮後斜切切片。
2 準備醬汁，將50公克味噌加入10毫升的水攪拌均勻。
3 加入烹大師半匙6公克，以及味醂兩匙24公克後拌勻。
4 將切好的肉片在盤中環狀鋪上一層。
5 將電鍋先放入一碗水蒸熱。
6 電鍋在蒸熱的時間，把調配好的醬汁淋在鋪好的肉盤中。
7 這時將剩下的肉也環狀鋪上（第二層）。
8 電鍋蒸熱完成後，將鋪好兩層並浸泡著醬汁的肉放入電鍋中，放入一碗水等待蒸熱。
9 待電鍋跳起時即完成。

如果生命給你一場大火，那你就用灰燼，燒出一桌好菜。

—Lily 的豬血腸—

年近六旬的Lily姊，來自魯凱族唯一分布在臺東的部落「達魯瑪克」。童年期間的一場大火迫使她離開部落，踏上了北上求生的道路。現在的她帶著重新與火建立的關係，回到了臺東，開了部落裡唯一的部落餐廳「達瓦娜」，致力推廣魯凱傳統料理。

以魯凱族的族花百合來命名的Lily姊，本名溫秀琴，一九六二年出生於臺東魯凱族部落達魯瑪克。達魯瑪克是魯凱語「勇士居住之地」的意思，而在與她攀談數句，便能感受到她如這名稱一樣，像個勇士般捍衛著部落料理本色和語言文化。

而這次，她與我們分享最能代表魯凱精神的傳統料理「豬血腸」。

血腸的魯凱語是Lede，是把東西「灌入」的意思，在部落中是一道有著特殊意義的食物，因為它象徵著家人、族人相連的親切與緊密感，如同Lily姊帶給大家的感受一樣。

Lily姊是除了是一名魯凱族女性，也是部落的英文口譯，同時擁有南島文化研究的碩士學歷以及兩間部落餐廳，分別位於部落中與臺東大學校內。

雖然看似身分多元，但其實每個身分都與Lily姊的唯一信念有關，那便是記得自己來自哪裡。她用英文推廣母語，用料理推廣部落文化，用知識帶領族人探尋南島民族的源頭。透過語言與食物，她想用自己的方式，協助族人們記得自己來的地方。

然而在Lily姊成為現在的自己之前，要從她生命初期的那場大火開始談起。

永遠記得，我第一個學會的英文單字是fire

達魯瑪克的命運與火有很深的連結。

在一九六九年的中秋夜，艾爾西颱風帶來了焚風吹襲，燒毀了一百五十戶家屋，造成部落茅草屋一夕之間近乎全毀，族人頓時失去家園，被迫離開部落出外工作。Lily姊也因為這場大火，在國中將畢業之際就北上至臺北成為幫傭，一做便是十三個年頭。那十三年間她服侍著一位來自香港的太太，由於太太只會說廣東話與英文，因此她學會了英

1

文，也在太太的支持下繼續求學。

求學期間，Lily姊愛上了同是達魯瑪克部落頭目家族的男孩子。魯凱族的文化，講求「階層制度」，Lily姊的家族是平民，對方是頭目，階層不同的他們在部落裡本無法相識，然而緣份卻讓他們在部落之外相遇與相戀。兩人決定回到部落，並經過一番爭取後，Lily姊以頭目家族的儀式成婚，兩人婚後育有一子，住在部落的工寮裡。日後這座工寮，也成為了Lily姊的「達瓦娜餐廳」。在婚後的第三年，Lily姊的丈夫因為一場車禍離開人世，這場突然的變故如同 Lily 姊生命的第二場大火，燒光了她所有的能量。

「我憂鬱了三年，連英文都忘記怎麼說，但為了兒子，還是要出去工作。」

在一無所有的同時，她也在此時發現了自己的使命，是成為族人的「橋梁」。面對憂傷的期間，部落的天主教聖母院需要一名擁有魯凱語、英文、中文能力的人來協助翻譯，她開始嘗試走出創傷，運用自己的語言能力，承接了重要的橋梁工作，成為對外聯繫的部落口譯。

Lily姊是部落裡少數精通母語與第二外語的人，而在身為部落口譯的這幾年，她也深刻感受到

info

臺東｜溫秀琴，Lily 1962生

筆者｜高可芯

1 Lily姊的爐灶依然使用薪柴生火。

2 豬血腸的食材：豬絞肉、豬腸、小米酒糟、韭菜、芹菜。

3 灌入的途中，需適時通順下方絞肉的方向。

1

「語言」之於民族的重要性。她發現原住民身為「口傳民族」的難處，因為沒有文字的記載與保留，使得魯凱的語言與文化，只能透過口語來傳遞。這也更加確立了這份工作的意義性，也讓她開始想完成傳承文化的使命。

十年間，Lily 姊替臺灣和部落完成了兩件大事。在荷蘭大使來達魯瑪克參訪期間，她為部落與荷蘭和解。三百五十年前，荷蘭東印度公司曾派軍隊探訪東臺灣，與達魯瑪克部落爆發流血衝突；三百五十年後，因為她的牽線及口譯，完成了和平協議的簽訂。此外，她也與薩摩亞的文化部長結緣，讓臺灣自此加入了「太平洋藝術節」的行列。

沒想過我一個婦女，單靠英文能力，能讓部落跟歷史重新和解

因為部落口譯身分，Lily 姊獲得許多大型活動與會的機會，也從語言開始，走上了屬於她的探源道路。而其中影響她日後走上開餐廳、讀研究所等關鍵選擇的主因，便是她所主持十年的「臺東南島文化節」。

臺東南島文化節，是一個屬於南島語族的盛會。每年會廣邀同屬南島語系國家如大溪地、關島、夏威夷、帛琉、索羅門、紐西蘭等島嶼前來臺灣進行表演藝術的交流。Lily 姊為了主持南島文化

1 Lily 姊自己打造的餐廳「達瓦娜」。

2 Lily 姊教我們如何灌血腸。

節，開始研讀南島文化資料，並發現許多研究都支持臺灣是南島語族的原鄉，以及臺灣原住民族是南島民族最早的祖先。

「我去毛利部落參訪時，發現『臺灣』在毛利族的手語裡的比法，是將手從額頭往上舉至天空。我詢問原因，他們說這個手勢是至高無上、神聖與純潔的象徵，因為臺灣是他們來自的地方，我真的好感動。」

Lily姊認為臺灣的原住民並不了解自己身為南島原鄉的意義性，因此開始將「南島文化」作為她深入研究的主軸。從自己的部落開始，到整個臺灣原住民族，再到其他南島國家，讓她對探索南島文化也愈來愈有心得。

研究南島文化期間，Lily姊曾代表原住民女性去加拿大第一民族大學參加「聯合國國際原住民事務研習」。但在研習的三個月，她驚訝地發現竟然在當地吃不到在地料理。而唯一屬於在地料理的水牛肉，只剩速食店的漢堡裡能夠看到。

那時候我開始問自己，我的食物是什麼？

從加拿大回臺之後，Lily姊開始從事飲食的回溯，研究屬於自己的部落料理。

她想透過食物來連結文化，並將她結婚後就一直居住的工寮改建成餐廳，改建的方式也回歸自然。Lily姊說：「這個環境是跟樹一起成長的，哪裡有樹長出來我就讓它長，然後餐廳就順應搭建。」餐廳完成之後，也沿用工寮的魯凱語「達瓦娜（Dawana）」為餐廳命名，並延續工寮「休息之處」的意味，給族人與旅人一個休憩的地方，並期待走進餐廳的每個人也都能走進魯凱的傳統文化。

為了研發餐廳裡的食物，更曾在薩摩亞生活一個月，體會沒有瓦斯的生活，學習鑽木取火，研究南島民族如何使用火。由於部落曾對火有受傷的記憶，因此Lily姊對火的情結雖然複雜，但卻是好奇的。尤其看到南島語族與火的緊密關係，讓她更想認識這股能量，致力在純粹的文化料理推廣。

我們願意分享所有的東西，尤其是Lede

Lede是魯凱的血腸，一道關於愛的料理。在部落裡，狩獵是男人的重要任務，由於一次的狩獵通常會持續好幾天，獵人們習慣把比較早狩獵到的獵物內臟以及小腸，製成血腸，除了作為自己後續的糧食，也作為帶回家的禮物，這是一種對家人的牽掛以及想念的象徵，獵人回家時帶著血腸，妻小心裡就明白了，他們是被想念、被掛記著的。

這道料理也會在族人們相聚的場合出現。逢年過節婚喪喜慶，族人都會殺豬，將豬肉分親朋好友後，便另外將內臟取出，製成豬血腸，分享給族

人。代表每一位族人都是慶典的一份子，不管是婚喪喜慶，族人共享豬血腸的同時，也共享喜悲。

也正是豬血腸的分享意義，每個人只會分到一小節，使得一條長長的豬血腸竟是十人份的份量。味道與一般在都市所吃到的豬腸相比多了一份原始與新鮮的味道，有嚼勁的腸皮搭配鬆軟的內臟，讓血腸吃起來雖有一種衝突感，卻沒有太重的腥味，再搭配用小番茄、大蒜、洋蔥、醬油、味醂、醋調製而成的「Lily醬」後，鹹甜並進的清新口感，讓原本的衝突感頓時消失，不再是重口味的內臟料理，而是小巧精緻的點心，讓人想一口接一口吃下去。

身為魯凱族，我最驕傲的是能把文化表現在生活裡

採訪進入尾聲，Lily姊這樣說著。當下我並不太了解「把文化表現在生活裡」是什麼意思，因為從小到大，我從未真正被教育過自己的「文化」究竟是什麼，也從未了解何謂「生活」，在都市長大，我一直都只了解生存和競爭。

然而在與Lily姊對話裡，和參訪達魯瑪克部落的幾天後，我仔細環顧由她親手搭建的這個環境，忽然明白了把文化表現在生活裡的具體模樣。在這個她賴以維生的空間裡，有著自己家鄉樹木作為骨幹所打造的家，和象徵魯凱愛情文化的鞦韆在門口擺盪，以及廚房外的窯烤爐持續燃燒的火，和這一盤被大家分享完畢的豬血腸。

家鄉的樹支撐著餐廳，文化的鞦韆來回擺盪，曾傷害部落的火轉化成不同的能量，以魯凱族人的分享精神，體現在被分食的豬血腸裡。原來這賴以為「生」的生，並不是生計而是生活。眼前所見的每一物、每一景，都是她的生活也都是她的文化。

我不禁思索，若Lily姊是一個把文化表現在生活裡的人，那不了解文化也不真正理解生活的我，是什麼呢？我才發現，原來我是把文明表現在生存裡的人。文明代表進步和先進，當我們學習知識和科技時，也變得更加文明，以便能在社會上找到自己的生存位置。

文明教育我們成為第一，而文化教育我們成為唯一。Lily姊活出了她的文化，活出了世界上唯一的魯凱族達魯瑪克部落。

五十年前的那場大火帶走了她的家，卻讓她在日後成為了部落的火炬，以特殊的光芒與溫暖，照耀著部落。在完成學業以及成為部落口譯的路上，每份困難與歧視，都成為了她的木材；對文化探源的渴望成為了她的氧氣，讓她能持續燃燒，赴湯蹈火的完成使命。

生命給Lily姊一場大火，她卻成為了火炬，燒出了一桌好菜，也照亮了部落的道路。

切好的豬血腸。

份量
6～8人

Lede豬血腸

｜材料｜

豬腸…500公克
檸檬…適量
麵粉…適量
韭菜…適量
芹菜…適量
豬血…700公克
豬絞肉…700公克
小米酒糟…適量

｜調味料｜

鹽…適量
香油…適量

｜作法｜

1 清水沖洗豬腸。
2 將洗淨的豬腸浸泡在檸檬水中，並用鹽巴搓洗。
3 加入麵粉沉澱，去腥味。
4 將韭菜及芹菜切碎。
5 把豬絞肉、豬血、小米酒糟、韭菜及芹菜均勻混合，依個人喜好加入鹽巴及香油。
6 將餡料灌入豬腸，完成後水煮約20分鐘。
7 用尖銳物（叉子、針皆可）刺穿豬血腸，將中間的空氣排出。
8 放涼切片，即可食用。

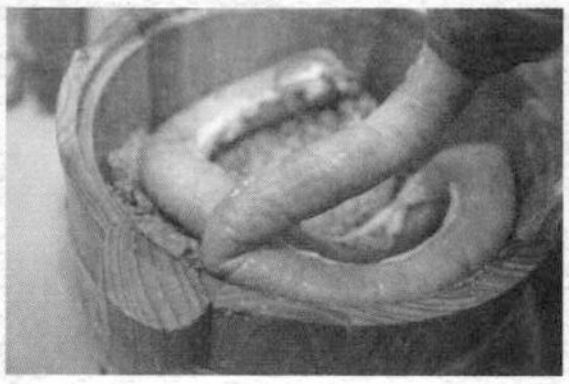

若在一九四〇年臺灣的一輛火車上遭遇空襲，該怎麼辦？

—鄭奶奶的五柳枝魚—

臺東這個縣市緊鄰著太平洋，只要走出屋外，無論在哪裡的巷弄街口，幾乎都能看得到藍動的大海，彷彿太平洋這塊面積最為廣闊的海域，僅是巷子口的事。這是來到臺東後，我們幾個與海疏遠的都市人，感到相當興奮的小事。

抵達位在復興路的鄭家，我們帶著同樣熱切的心情，準備採訪高齡九旬的鄭奶奶。本名為簡幼的鄭奶奶，儘管已屆高齡，臉頰看上去依然飽滿，氣色紅潤。剛進家門，鄭奶奶的四兒子鄭明秋就帶著我們去到客廳就座，聊起天來了。

兒子明秋看起來隨時都能夠開始口述鄭家的歷史，連祖父在日治時期工作的證書都早已護貝好，正放在一旁等待拿出介紹。但在一旁的鄭奶奶則剛好相反，比起過往歷史的種種，她好像更在

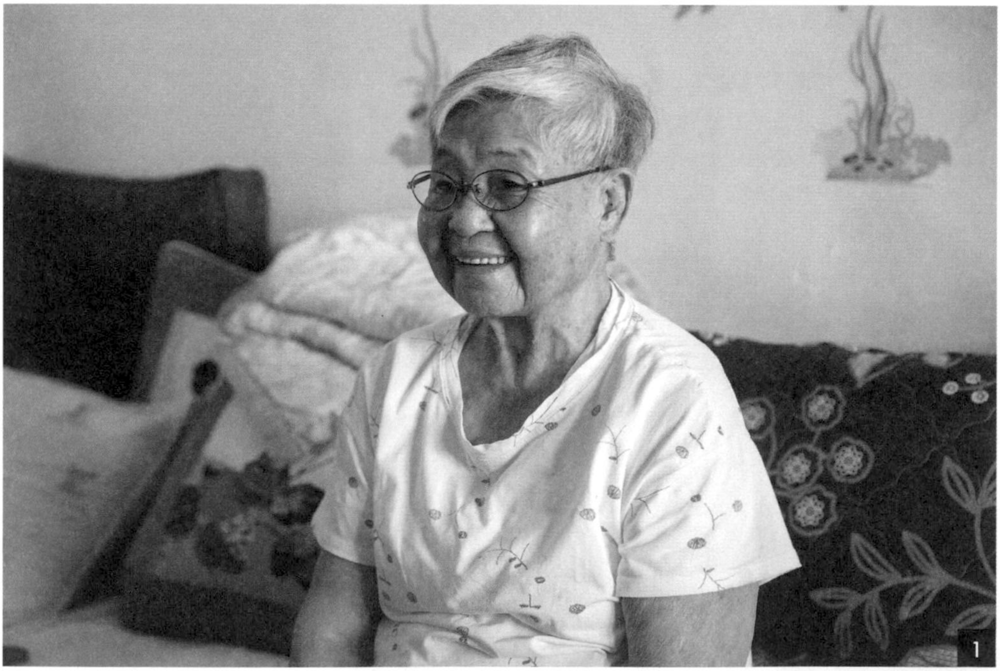

1 笑容可掬的鄭奶奶。

2 鄭爺爺當年考取車長資格的證書，是由臺灣總督府交通局頒發的。

3 兒子明秋拿著父親的公學校畢業證書，這些珍貴的文件都被完整的保留著。

info
臺東｜鄭奶奶（簡幼）1925年生
筆者｜陳泳劭

意的是廚房裡頭的事情，她擔心那道魚料理的烹飪，備料是否齊全？什麼時候開始做？夠不夠大家吃？這些都能從鄭奶奶的表情讀出。

剛剛提及的「魚料理」名為五柳枝魚，是一道有著悠久歷史的料理。以醬汁的調配為核心，利用番茄醬、烏醋、辣椒、洋蔥、蒜、糖、薑以及胡椒鹽的多重調味，帶出「甜，但又不能太甜」和「辣，但又不能太辣」的風味，還必須帶著有層次的酸香，這多層次的醬汁淋上被炸得口感酥脆的魚，是一道味道與口感兼具的料理。這些全都得透過鄭奶奶的手來完成。當我們問鄭奶奶：「這道料理是從哪裡學來的？」她便與兒子一同開始說起了陳年之事。

民國五〇年那時，已經結婚並有了五個兒子的鄭奶奶，為了貼補家用，在自家房子一樓開了間餐館——「臺東飯店」，開店初期聘請一位臺南來的師傅擔任廚師，餐館的主要客群是公務員，他們都是以包月三百元的方式支付餐費，因此來餐館用餐想吃什麼便自己夾取，屬於自助式餐廳。生意做久了，鄭奶奶自然也從這位師傅手中學習了許多菜肴的做法，而「五柳枝魚」便是其中之一。

鄭奶奶做的五柳枝魚與臺南最正統的做法並不完全相同，也許因為在經歷長遠的路途後產生了一些變化，也可能因為臺東的環境所以用料上有了些許不同，但其精髓仍然保留著。五柳枝魚的味覺體驗是豐富的，麵粉與醬汁裹在魚的表面，那口感的層次是先由舌面去「滑」，接著齒顎壓垮了魚肉後進而感到「軟」，最後才是肉與稠密的醬汁透過溫熱的勻和後產生的「綿」。

鄭奶奶有著五位男孩，都對母親孝順有加，明秋拿出最小的弟弟坐在媽媽的輪椅上，讓媽媽推自己的逗趣照片給我們看。但明秋說道自己的媽媽在剛嫁進鄭家時，其實是非常辛苦跟受盡委屈的。

鄭奶奶出生在桃園龜山鄉，因為兄弟姊妹太多，家中負擔不起，便在八歲時就被送養到桃園市區的有錢人家中，小學時開始賺錢，做著編織斗笠和簑衣的工作，仔細想想，這真是我們這一代人所難以體會的早熟。直到了十八歲那年，這戶人家決定讓鄭奶奶回到自己的原生家庭，從那時起她才開始與自己親人一起生活。

但那時家裡的經濟狀況仍然不足以養育這麼多孩子，鄭奶奶便到臺東投靠四哥，當時在鐵路局工作的哥哥與鄭爺爺是同事，在哥哥的安排下，鄭奶奶便在鐵路局的販賣部開始工作。當時的鐵路局基本上沒有什麼女性員工，所以鄭奶奶成了鐵路局的叢中一朵花，許多人獻殷勤，鄭爺爺也是其中之一。

本名鄭清水的鄭爺爺是臺東本地人，聽說當時甚至為了鄭奶奶，與其他情敵大打出手，這是在後來各自有了家庭後，聊天中所透露出來的。嫁到

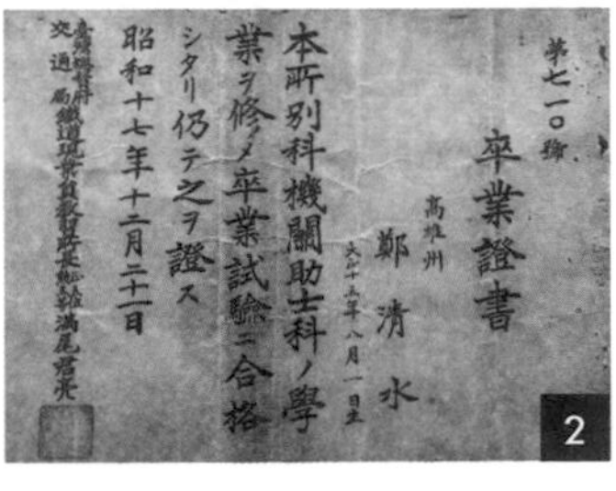
第七一〇號
卒業證書
高雄州
鄭清水
大正十五年八月一日生
本所別科機關助士科ノ學業ヲ修メ卒業試驗ニ合格シタリ仍テ之ヲ證ス
昭和十七年十二月二十一日

2

3

鄭家的鄭奶奶在婆家辛苦工作，除了家務事，有時也會跟著火車去山上砍柴，我們看著奶奶嬌小的身軀，想像她背上背著一大捆重柴，可以感受到其中的刻苦，但在當時，家中的小叔和婆婆還會體罰鄭奶奶，只要做錯事或者做不好，便會打她。

「那鄭爺爺知道後怎麼樣？」

「也不能如何，只會一起被打。」兒子明秋在一旁說道，因為在鄭家一直以來都是採取兇悍的管教模式，以罵以打來教育晚輩們，是直到了五個兒子全都長大後，才沒有人敢再如此對待鄭奶奶。

鄭爺爺原先在火車上的工作是在機關室燒木柴（這在日治當時，也是需要考取資格的），後來藉著內部考試晉升為車長。明秋拿出當時日治當局頒發的證書給我們看，全都護貝著，可以看出兒子對於父親、家族歷史的珍重。明秋說到他們兄弟曾依據家裡祖先牌位後的族譜，追溯了解自己家族的來歷，原來他們是明朝時期被鄭成功部隊從福建沿海帶來臺灣的，祖先從臺南搭建竹筏開始一路向南漂流到了恆春，後來在清朝時期為了改善生活，搭船來到臺東落腳，直到現在。家裡在臺東曾開了一間旅社，父親在火車工作時遭遇了空襲，會跟乘客、站務員包括車長趕緊跳車，等到轟炸機駛過後，再跑著追回火車（當時火車速度並不快）的種種大小事情，明秋都能鉅細靡遺的與我們侃侃而談。

這些種種全都是真實的歷史，但對我們來說，卻有著另一種似真似假的戲劇感，我想每個時代都必然有著自己的故事，也會在後來的時代中產生某種張力，但無論有多麼難以產生共鳴，又或者多麼難以承受，那些都實實在在地發生過，它們都是以一種已經過去的模樣，在提點著我們前方將要踏上的路。

鄭奶奶端著出爐的五柳枝魚，上頭淋著的糖醋醬汁冒著熱煙，吃著的同時聽著明秋講述自己父親在火車上的故事，頓時有種要前去遠方的感受。而如今鄭家住在自己的祖厝，以前曾是間旅店，還留有戰爭的痕跡，可惜已被改建，但這份屬於鄭家的歷史與味道，會在世代中繼續延傳著，那就意味著一個家族永不停息的生命。

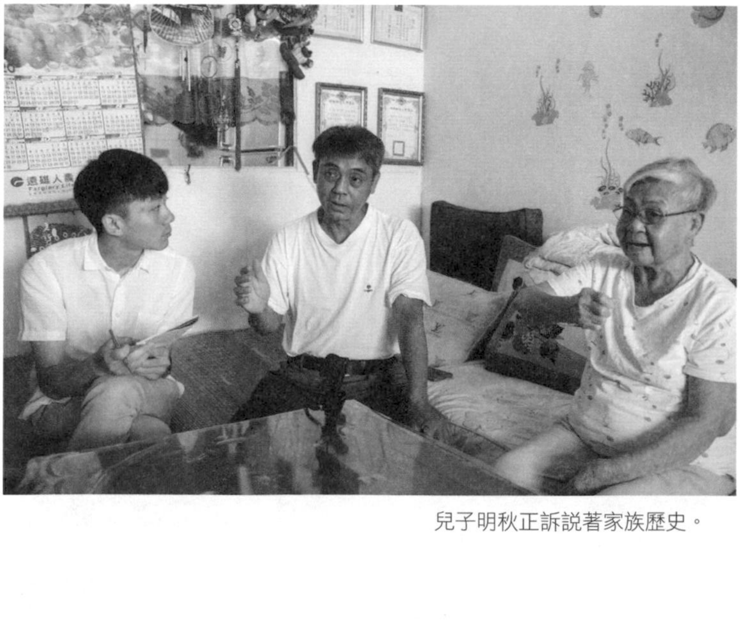

兒子明秋正訴說著家族歷史。

份量
5~7人

五柳枝魚

｜材料｜

薑…適量
蒜…適量
瘦肉…適量
辣椒…1條
青蔥…3條
洋蔥…½顆
地瓜粉…適量
太白粉…10公克
紅鮒魚…1隻
紅蘿蔔…½條
竹筍乾…3條

｜調味料｜

鹽…20公克
味醂…10毫升
冰糖…適量
胡椒鹽…適量
番茄醬…適量
臺東烏醋…適量

｜作法｜

1 首先製作醬汁：鍋中加入油，將薑、蒜、洋蔥、紅蘿蔔、辣椒、青蔥、竹筍乾放入鍋中以中火爆香。
2 加入胡椒鹽、烏醋、冰糖拌炒。
3 加入3杯水（米杯）。
4 水滾後放入瘦肉。
5 紅蘿蔔以及竹筍熟軟後加入五大匙番茄醬。
6 加入鹽巴、味醂以及太白粉。
7 再加入3杯水。
8 烹飪紅鮒魚，將魚身切出兩條斜痕，蘸取地瓜粉。
9 將魚下熱油鍋炸至金黃。
10 起鍋後瀝油。
11 將魚裝盤後，澆上醬汁即完成。

古代環保餐具？噶瑪蘭族的Palu'盛著流傳兩百年的黯黑料理

—Buya・Batu的冷菜湯—

距今四百六十年前，十六世紀大航海時代開啟，葡萄牙人讚嘆南太平洋上的那座Formosa，而你是否曾想像過，所謂的美麗島嶼，在水手登陸前是什麼面貌？

是豐沛的生命綿延無窮的海岸，吹香了漫山的野玉蘭？是赤裸的野性披著太平洋的風，吹出了野生鳳梨，吹生出了後代的臉頰？

我深深好奇，腳下踏的這塊土地，經過多少四季幻化，才成就了現在這番風景？

北屬副熱帶氣候，南為熱帶季風氣候，四面環海，東部黑潮流經，南北縱走的山地面積占百分之三十五。

荷蘭人、西班牙人、漢人登上這座島嶼前，原住在這座島上的南島語系民族，是如何在沒有獵槍炮火、鍋碗瓢盆下生存？如何真正取之於自然，靠山海而活，回歸於大地的循環？我在花蓮的豐濱鄉找到了一些答案。

Buya・Batu，謝宗修，第一眼在新社國小外見到，不意外地跟印象中的原住民相差不遠，一身簡單短衫、短褲、夾腳拖，銅色黝黑的皮膚，初以為只是路邊平凡無奇的阿伯。

六十多歲的謝叔叔童年時，是跟著阿公和父親在豐濱沿海一代礁岩之間潛浮。大地之母在夏天給了安穩的海流，族人們就出海，冬天肥了稻米和野獸，那就上山避風。因地制宜的生存方式，大地給的全然承接，而不是由喜好決定生活、口味，特意改變烹煮方式。

火蛇遊竄於乾柴之間，謝叔叔快速升起了柴火，發出「滋滋滋～」聲響，噶瑪蘭祖先說那是歡迎客人到來之意。這道噶瑪蘭族傳統的Sabene Q冷菜湯，我開玩笑說它是真正的「從搖籃到搖籃的暗黑料理」，以乾的檳榔葉稍泡軟，塑形折成長方形的盛器，創造了最初的「湯鍋」樣貌，真正實在的天然環保，像是一艘古老堅固的戰船。焰火之間，謝叔叔烤著自己捕來，存在大冰櫃裡的各類海貨，龍蝦、螃蟹、海膽、飛魚、魔鬼石斑、過溪蝦……那冰櫃就像個迷你太平洋應有盡有。在新社村部落裡，隨便找個人問誰最會潛水，都說是他。

1 謝宗修，噶瑪蘭族頭目。

2 Palu'容器使用檳榔葉稍。

烤網上飄來陣陣炭火混合著的鮮味，我這都市青蛙像第一次探出井，興奮地兩眼發亮，嚷嚷著明天就想跟他去潛水捕魚。

他說，雖然是捕到什麼就吃什麼，可是唯有一樣不吃。傳說，祖先遇過出海捕不到魚的困境，後來碰巧隨著海龜的帶領，找到有豐富漁獲的漁場。從此，噶瑪蘭族人與海龜友好，不殺、不捕，直到現在。

謝叔叔滿臉汗珠，卻不見他擦拭過，好像他平常就是這樣習慣著，炭火烤的魚蝦貝蟹外表全是焦黑，接著用冷水稍微把脆化的表皮刷洗後，直接放進檳榔葉的容器（噶瑪蘭族語：Palu'），再放入秋海棠（噶瑪蘭族語：enus）增添酸味，接著用鹽與胡椒調味。基於在還沒有鐵器出現前，檳榔葉容器無法承受高溫加熱，所以這道菜最後的程序是注滿冷水，屬於噶瑪蘭族式冷湯的滋味，炭火餘韻之間，還原了他們曾經生長在海洋的顏色，香的是古老原始的智慧。

和原住民在飯桌上的往來，當然少不了小酌幾杯，酒足飯飽後，聽謝叔叔說著十九世紀「加禮宛」戰役，噶瑪蘭族與撒奇萊雅族聯合抵禦清朝入侵「後山」，兩族在此事件後幾乎滅絕，加上漢人

3 下海親捕的飛魚與小龍蝦。

4 黯黑料理的祕訣，烤得愈黑，吃起來愈香。

5 烤焦的海鮮需要再以冷水沖洗表面灰塵，同時也要注意肉質的完整。

info
花蓮｜謝宗修，Buya．Batu 1957年生
筆者｜洪薏淳

的侵略，倖存的噶瑪蘭族被迫從宜蘭加禮宛港附近遷至花蓮新城鄉一帶，因時事遷就而寄居族群數較龐大的阿美族之下，相互教學農事、通婚。因此，噶瑪蘭族和阿美族有著緊密的關係，直到二〇〇二年十二月二十五日才正式復名，名定為臺灣第十一個原住民族。傍晚離開前，瞥見屋裡有頂動物羽毛的高帽，一問之下才知曉那是頭目帽！原來，謝叔叔這雙炯炯有神的銳眼，是噶瑪蘭族連任五屆的頭目，擁有五種語言能力（臺語、噶瑪蘭族語、阿美族語、國語、日語），卻沒有印象中那種原住民口音，臺大語研所的族語傳承師，負責編列噶瑪蘭族語字典，現任原住民族委員會傳統智慧創作審議委員及總統府原轉會委員。獨居於依山傍海的透天厝，保持著傳統捕魚法，擁有自己的一片太平洋。

自一九八七年在臺北新公園的豐濱之夜，歷經十五年的奮鬥，才成功為自己的族群復名，重新讓祖靈歸屬在自己的「家」，讓族人繼續安居樂業的在土地上舞蹈著。一個進得了總統府、下得了廚房的男人，是藏著多少對土地深厚的愛及對族群的認同，才能把傳承族語這份重任擔在自己身上？

那些課本未曾告訴我的，教室裡不曾背誦的，在我心裡好像種下了一點什麼。常聽說臺灣建國百餘年，不比歐美國家有著深厚的文化底蘊，不知臺灣的在地特色究竟為何，但果真如此嗎？是否我們只游移在祭典之間形式上的酒香熱鬧中，不曾靜下來細細了解傾聽、尋找真正草根故事與聲音呢？

1 2 謝叔叔身為噶瑪蘭族連任五屆頭目，率領族人參與豐年祭。

份量
5～6人

Sabene Q冷菜湯

材料

魚蝦貝類等海鮮（未經清理內臟等程序）

調味料

鹽巴…適量
辣椒…適量
秋海棠…2～3片

特殊器材

薪柴
竹筷
檳榔葉梢（姑婆芋也可代替）

Palu'容器做法

1. 將檳榔葉柄部位晒乾，確認無發霉或塵土附著，浸水泡軟，以方便塑形。
2. 將檳榔葉柄開頭處的葉梢摺疊成便當盒狀的容器。
3. 摺疊前先將葉梢剪成長方形，兩個短邊、長邊摺成需要的深度，再把兩個長邊摺疊在短邊（摺疊處在外），後削竹筷刺進兩端重疊處固定就可。

Sabene Q冷菜湯作法

1. 生焰火。
2. 將各式海鮮火烤至熟透，外表黑焦保留。
3. 將所有烤熟的食材用清水洗刷掉燒焦炭化處，注意保留海鮮完整性及肉質。
4. 將所有食材放入檳榔葉器皿，依個人口味加入鹽、秋海棠、胡椒等調味料。
5. 倒入冷水，完成。

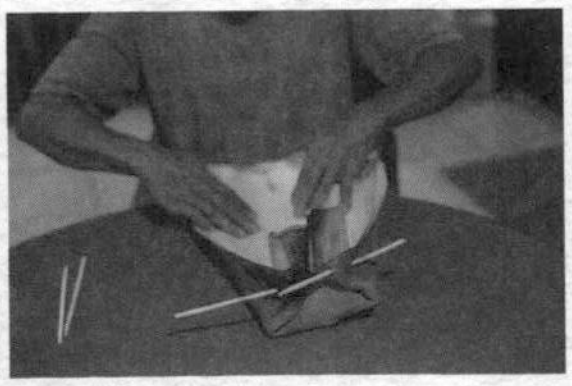

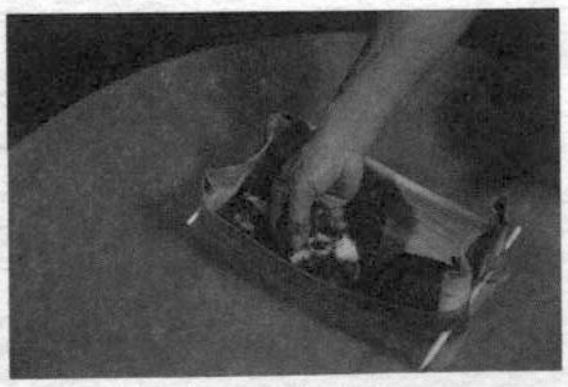

貧瘠的火燒島，奮力生存的先民，發現你不知道的綠島。

—春玉與惠珠的花生豆腐—

站在夾板上，出航尋找將失傳的職人技藝，一生隨著浪花擺盪，天未亮就出海，日正當中回港還不能休息，能不能餬口養家還不知道，只能聽天由命待看造化。百餘年前，日治時代自沖繩縣傳入「鰹竿釣」漁法，現在的綠島，是臺灣唯一保留這古老漁法的小島，一種高效率的技術，也是善待海洋的永續作法。與魚的距離近、速度快，短短兩、三小時動輒豐收兩、三千斤魚獲，平均一秒上鉤一條魚，只是現今流刺漁網普遍盛行，這種永續環保的漁法早已沒落，島上還有這樣技術的耆老，也所剩無幾。

星夜來不及全身而退，屬於夏季的蛋黃已經搶先升起，而最佳的活體丁香捕餌時間，需要趕在白晝之前捕撈。跟上公館村的老漁師們，凌晨三點踏上了船，靠著羅盤船長才能在漆黑的海上分辨方向。先是在港口的暗礁圍捕丁香，利用火光吸引魚群，有的人爬上石頭撒網，有的人下水圍網，風浪大的時候危險性很高，是個需要高度默契合作的工作。不確定是怎麼判斷丁香魚的數量足夠的，只見大家收起了撈網，在天際微光之時趕往鰹魚的漁場。

在海面上布撒丁香，同時灑水以便混淆鰹魚視線，站在船尾板上的漁師不斷揮竿，上鉤後快速往後甩入船板，運用魚的重量自然脫鉤，後勤人員就負責將漁獲急速冷凍。這是一個利用活餌捕魚的方法，往往海鷗盤旋的地方，底下就

1

是鰹魚成群，偶爾還會有小鮪魚上鉤，一個漁場魚罄之後，立刻尋找魚群新的聚集地，當然，早上捕的丁香魚越多，豐收的數量就愈大。

尾尾鰹魚，是人類與大自然力量共榮的體現，乘載著祖先的智慧，還有對海洋生命的敬意。

時不時被上鉤的吆喝聲嚇醒，天亮到現在已經換了五、六個漁場，我開始在夾板上迷糊瞌睡。進港後，跟著耆老將漁獲帶進島上的一處古厝。

上岸後的鰹魚，解凍後先除去不需要的部位，俐落的刀工將魚身切成四條對半狀，再斜切成塊，浸入鹽水去腥，煮熟後冷卻。一連串繁複的步驟，完成後的柴魚乾，以有刨刀的木箱刨出柴魚片，整個完整的過程至少需耗時七天，手上拿的這一塊，是快速製作成簡易版的柴魚塊，利用柴火烘烤至暗紅色，現殺的口感就是不一樣，推翻了我對鰹魚「澀」的刻板印象，撕開外層魚肉乾，裡頭鎖住了鮮嫩的甜味，煙燻的香氣讓不用調味的鰹魚塊，成了小島最佳夜晚下酒菜，一塊接一塊！現在柴魚片一包幾十塊就能得手，不太有人會再計較品質、品種、口感、香氣。

不過，柴魚在日治時期，是個珍稀的食材，只有結實的「正鰹」最合適用來製作，全盛時期，綠島成為柴魚輸出日本最大的產地。

片片柴魚，前身的「鰹魚」是對大海的敬畏與共生，撒在日式豆腐上的柴魚片，是人類智慧和時間的淬煉。

除了海洋資源，島上主要農作是什麼？

綠島舊名「火燒島」，位於臺灣本島東南方，地名由來說法多種，阿美族與蘭嶼達悟族都曾經居住於此，甚至小琉球的先民因颱風漂流至此，折返後又號召大批漢人，於此拓荒。

小小的島嶼，資源上雖比其他離島豐富，只是強勁的海風夾帶高鹽分的水氣，一般的稻作很難生存，只有少數的地下根莖類和鴛鴦豆適應良好。

咕咾石古厝廚房裡的私房點心

春玉阿姨和惠珠阿姨是道地的綠島人，中寮姊妹花，綠島長大，綠島結婚，綠島養老，現在將綠島古早的智慧傳授給年輕人。

綠島的花生品種「鴛鴦種」，和本島的「油豆種」不一樣，是綠島人獨愛的食材，無論是迎娶必備的花生糖，或是初榨的花生油，甚至剩下的豆渣都能拿來炒菜或是製作花生豆腐，最後剩下的碎屑才甘心拿去餵豬，可見在資源貧瘠之地，總能激起先民的生活智慧。

「花生豆腐」，綠島經典傳統私房小吃，大街上的所有餐廳全找不到這個味道，除了島上道地綠

2

info

綠島｜陳鄭春玉 1949年生．蔡李惠珠 1958年生

筆者｜洪薏淳

1 鰹竿釣漁法，釣手在船尾甩著沒有倒鉤的釣竿，魚隨著釣竿擺動被甩上甲板。

2 惠珠阿姨（左）與春玉阿姨（右），是島上有名的中寮姐妹花。

島血統少之又少，現在資源豐盛的時代，幾乎沒有人再這樣節儉過活。

任由惠珠阿姨使勁的搓洗，豆渣在棉布袋裡釋放出了最後的掙扎，慢慢看見清水轉白，製作過程需要極大耐心，單純添加鹽鹵、鹽巴，結凍後的浮物，溫柔的撈進模型裡，阿姨們一再提醒，做豆腐的祕訣就是溫柔和等待，沒有別的。累積到足夠的量，模型的蓋子用力壓擠出最後的水分，脫模後的結晶，就是惠珠阿姨口中最好吃的綠島點心。

從一顆花生米到豆渣，轉變成眼前的一塊豆腐，外表看起來粗獷，吃起來的香氣竟然是溫柔內斂，口感特別綿密扎實，尾韻散發著一股很淡的花生味，令人很難相信，經過這麼多次的壓榨，看似廚餘的豆渣，竟能化成如此神奇美味的食物。

我不確定，最了不起的到底是長出一片花生田的貧瘠島嶼，還是在這座島上奮力生存的先民。

包子？紅色麵皮的包子？

除了豆腐，春玉阿姨還做了紅色的海鮮包子招待，讓我們開開眼界。

海鮮包不是什麼一般的包子，跟一般的粿意思相似，只是海鮮的口味，不禁覺得有趣。包著旗魚肉、黑豬肉、蘿蔔絲的紅粿，就像沒有壓模的紅龜粿一般，將口感較乾澀的旗魚切碎，選用少腥味的黑豬肉，再加一點蘿蔔絲，海陸雙拼，是每年島上清明節，能對神明致上的最高敬意。

其實，我很擔心這麼好吃的東西，真的只能老實的從臺北搭車又搭船，找到阿姨才有機會再吃到了！但我可以肯定的是，綠島絕對不是你印象中的那樣，浮潛、夜遊、星空、烤肉和監獄餐廳而已。

這裡有全臺唯一一座犯人蓋的廟宇；綠島曾經也住著原住民；早期政治犯跟當地人關係像是朋友一樣教學相長；除了花生豆腐好吃，還有再也買不到的章魚風箏料理；也有日治時期留傳下來的古老漁法。

說了這麼多，綠島的傳奇真的說不完，相信你也不是沒去過，但是不是就沒發現過這些？那這次，如果有多一張船票，你會不會跟我上船？

1

2

2

1 惠珠阿姨不斷叮嚀，製作豆腐沒有訣竅，要慢才會成功。

2 海鮮包子其實製作流程跟做粿一樣。

3 綠島紅色海鮮包子，臺灣吃不到的旗魚豬肉口味。

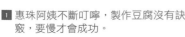

花生豆腐

份量
6~8人

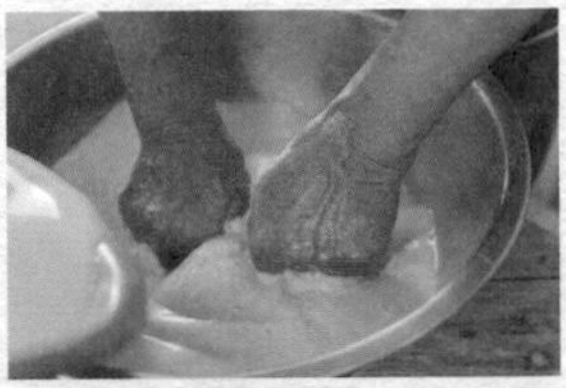

材料

豆粕（鴛鴦種）…400公克
鹽鹵…30毫升
冷開水…3500毫升

調味料

醬油膏…適量

特殊器材

豆腐模具…1組
棉布過濾袋…1個

作法

1 將豆粕放入過濾袋，在冷開水裡漿洗，觀察漿水的顏色，不再加深後就能停止。
2 將漿水大火加熱滾開，冷卻至攝氏90度，慢慢加入鹽鹵，輕柔地攪拌，再批次加入鹽鹵，重複攪拌過程。
3 棉布展開置入模具裡，漿水上浮出的豆渣輕輕撈起，倒入模具裡瀝乾，過程愈輕柔成功機率愈高。
4 慢慢匯集完成後，棉布往內折進模具裡，蓋上蓋子，等待豆腐冷卻。
5 冷卻後，取出豆腐塊，切片即可享用，蘸上醬油膏風味更佳。

清明的大蛤飯，年輕人吃的是新奇，澎湖老一輩才懂箇中感動。

—秋芳媽媽的大蛤飯—

起飛到落地間的距離，還來不及小憩，我來到了臺灣最大的離島——澎湖群島。

頭一次來到澎湖，踏出機場，嗅到的不是海的鹹味，看到的不是拍打上岸的浪花，反倒是條條馬路和盞盞紅綠燈，街上連鎖商店林立，想見到海就得騎一段路，才能遠遠看到海平面。簡單說，有種沒有離開本島的錯覺，像是來到一個南部的轄市，靠海的雲林或是嘉義。這才明白大家說的，澎湖觀光化多年，跟本島沒什麼差別，的確這也是我對它的第一印象。慶幸的是，此刻我們以採訪的身分來訪，因而能推翻了這樣的印象。

把澎湖比喻成世外桃源可能有點窄視，不過這裡的人的確有種遺世而獨立之感，說得好像是臺語卻帶有一點特殊腔調，每個馳騁而過的阿伯腳邊都橫著一尾魚，他們的市場看起來沒什麼不一樣，不一樣的是所有的海貨裡，很多大尾魚仔都是親自現撈現殺，阿桑們手中的螺肉一顆顆用尖鉗挑出，貝類的多樣性在攤位上擺起來簡直是活生生的圖鑑集，透抽新鮮得連身上的色素細胞收縮都看得明顯，就連乾貨店掃過去盡是魷魚乾、鰻魚乾、蝦米乾……，整圈逛下來還以為澎湖人不吃陸地上的動物，因為這裡的海鮮新鮮得連一點腥臭也沒有，和記憶中逛過魚攤印象很不一樣。

如果想更精確的了解屬於澎湖的遺世獨立，它的樸實和近人，得要從海開始提起。來到退潮十幾米的潮間帶，陽光刺眼地看不太清楚前方的婆婆們在忙什麼。實際湊上去一瞧，找到了這次要找的澎湖引路人秋芳媽媽，她手上拿著一支白鐵T字型握竿，以某種我算不出的節奏，正搓著淺灘上的淤積碎石。這樣的頻率忽然戛然而止，開始往下深挖，接著就掏出一顆大蛤，其實秋芳媽媽的熟練程度，已經是靠觸覺就能知道此處有無大蛤。花紋褐紫白的，我們就這樣在海邊

info
澎湖｜許秋芳 1957年生
筆者｜洪薏淳

1 喜歡大海的秋芳媽媽，澎湖湖東村人。

蹭了幾小時，我還是分不出大蛤受到驚訝而噴出的泡泡，和腳踩出來的氣泡有什麼區別，當然，海瓜子、厚殼仔、珠螺、大蛤，也是傻傻分不清楚的。秋芳媽媽的海貨從來不賣的，只要看見海，她就開心，因為快樂，所以她做、她分享。

秋芳媽媽，民國四十六年生於澎湖湖東村，那正是經濟起飛的年代，大多的年輕人都往臺灣本島尋找更好的發展機會，而秋芳則是因為家裡長輩的勸阻，直到結婚前才第一次搭機到臺灣開眼界。當時的澎湖資源匱乏，升不了學吃番薯簽是再普通不過的事，才十三歲國小畢業的她，就跟著爸爸、哥哥到鳥嶼討海捕丁香魚，再怎麼說也是女孩子，跟著出海絕對是吃足苦頭，那時丁香魚業正旺盛，燈火通明，有「小香港」之稱，在秋芳的記憶裡，小時候的澎湖是最美的，趴在船頭上看著清澈見底的珊瑚礁，她總能把苦給過濾，留下最美的記憶。

整整兩年的日子，每晚出海，白天回來還要去挑水幫忙農事，聽秋芳媽媽憶起，她的母親也是這麼勤奮持家，不是在海邊就是在田裡，要見到她一面，那就只有是雨天的時候，在豬圈裡看見她在準備豬飼料，但是澎湖終年少雨。

生命有趣之處，是永遠猜測不到此刻的經歷，正為未來鋪下什麼樣的風景。直到兩年過去了，捕魚的生活並沒有為家裡的經濟帶來明顯改善，父親才肯放手讓她到馬公試試，討海、苦工、挑水泥，大量勞力的工作奠基了秋芳厚實的臂膀，到了馬公在書局工作，成山的書籍需要搬運，只是這次手裡搬得再重，都內化成秋芳的實力和視野。這段時間內不僅閱盡參考書，算是補足了沒有升上中學的遺憾，更是和老闆娘學了買菜、配菜、煮菜的功夫，灌香腸、包粽子、做羹湯……全是家裡沒吃過、看不到的菜色。

從冰箱拿出處理好的大蛤，這時已經是清洗過數次，且完整的被撬開的狀態，爐子旁擺滿了備好的食材，每一樣都是秋芳媽媽的獨到和堅持。新鮮剔透的蛤肉是早上一起撿的，光看就知道這股咬勁會捨不得嚥下；蝦米是買了狗蝦回來蒸熟後，晒過一天半的時間，再剝殼去腸泥，難怪看起來有別於乾貨的乾癟感；香菇絲切得薄又工整，吸收了充足的水分釋放香氣，絕不是倉卒的泡熱水催它軟化，準備了如此細緻又新鮮的材料，究竟能搭配出什麼樣不可取代的料理呢？

料理的味道是需要耐心經營的，就和生活、做人、感情一樣。「大蛤包飯」是澎湖人專屬的清明祭祖料理，慎終追遠必備的祭品，在掃墓後，子子孫孫享用完畢，會將蛤殼朝下留在墓上，象徵白銀，也代表子孫祭拜的符號。繞一圈市場可能吃過這道菜的人也不多了，年輕人吃的是新奇，老一輩才吃得懂箇中感動。

冷鍋、冷油、下蝦米，很少看煮婦這樣起鍋

2 和秋芳媽媽一起綁粽，聊起早期澎湖討海人的生存故事。

3 以殼挖飯是大蛤飯最天然原始的吃法。

的，秋芳媽媽說這是關於料理的經營，用耐心和時間換到少油煙的健康，味道不比熱炒遜色，只要給予足夠的時間，香菇、油蔥酥、肉絲，就會釋放出溫柔的香氣，接著融合彼此，最後加入完美比例Q彈的糯米飯，不甩鍋、不添火，便完成。看著秋芳媽媽的經營之道，我竟一點也不躁動。那些粒粒分明的糯米，在鍋內和配料拌炒成恰當的分布，直到渾圓晶瑩的米粒皆染上淡淡的壺底色，才熄火，被精緻的保護進大蛤的臂彎。只需要十二分鐘，便讓人從廚房瞬間墜入深海裡，看見珊瑚礁裡躲著小丑魚，看見成群的沙丁魚，看見眼前游過一尾海鰻，看見味覺裡的海洋世界。

本島的北部人吃筍殼粽、南部人吃竹粽、原住民吃阿拜、討海人吃魚粽，澎湖人清明吃貝殼粽。一串十粒，一粒剛好一口，當做零嘴一樣無法自拔，作法看起來和肉粽極為相似，扳開外殼，將沒有餡料的那面殼作為湯匙，挖出另一面的餡料，享受的放入嘴裡，是掃墓時在外的吃法，吃起來像海鮮口味的一口粽，屬於它的經驗是要細嚼慢嚥，豐富咬勁的蛤肉，它和其他配料的精華都奉獻給了糯米，看起來可愛，吃起來樸實，卻停不下手。

雖然都不是什麼珍稀食材，真正稀有的石居（章魚）已經抓不到了，一斤兩千塊也沒有，聽秋芳媽媽說，以前她的媽媽討海回來是多到必須晒乾保存，也會當作其中的餡料包入大蛤飯中。過去這道老澎湖人從小吃大的大蛤飯，裡頭每樣食材，在貧脊匱乏的澎湖，都是格外珍惜又蘊含最扎實的土地精華。

透過飲食，了解一個人的處世態度，看見一方土地的生態，還有人與環境之間如何共處的方式。在這少雨、風大、生長季短暫的一座島上，明朝年間就有人遷移於此，收集綁船貨的草繩，捻成一雙防滑堅固的草鞋，當時沒有一個澎湖人在潮間帶是不需要草鞋的；將玄武岩、咾咕石打方就成了有磚瓦功能的建材，蚵殼燃燒後的灰燼混上水，就成了填平縫隙的水泥，在望安嶼的花宅聚落，還保存著三百年前的傳統聚落；利用潮差大的潮間特性，觀察風向、水向，建造出冬天也能集魚的石滬、格子厝（抱墩），小小的澎湖就擁有近三千座的石滬，在國際石滬保存文化中，占有舉足輕重的地位。

有一種說法，給你一塊地生活，不必遠行、交易，就能吃飽喝足的健康活著，而且身體能順應這塊地獨具的營養和特性。澎湖人亦是，早年儘管匱乏，還是讓他們找到了兼具智慧與美感的生存之道，與大海、與東北季風，創造了獨立獨特的國度。熄掉煙花、關掉霓虹招牌，離開觀光船，走下潮間帶，來一次抱墩體驗，認識玳瑁石斑、鸚哥魚、七彩神仙魚，親手捻一雙屬於自己的天然環保防滑草鞋，在絕美的花宅聚落前，看著無人岸邊的夕陽，任人都會用不同的角度重新迷上澎湖。

1 耆老教導我們使用乾稻草紮緊實的草鞋。

2 望安嶼的花宅聚落，使用玄武岩、咾咕石等就地取材。

大蛤飯

份量
6人

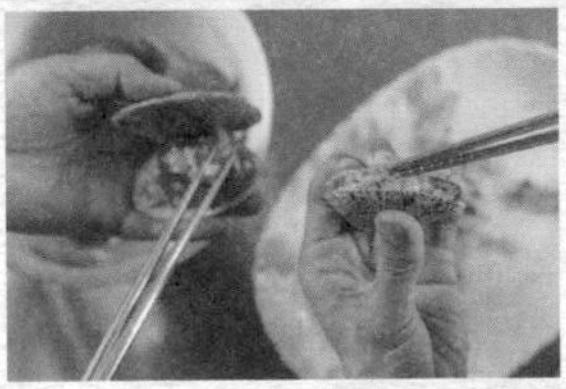

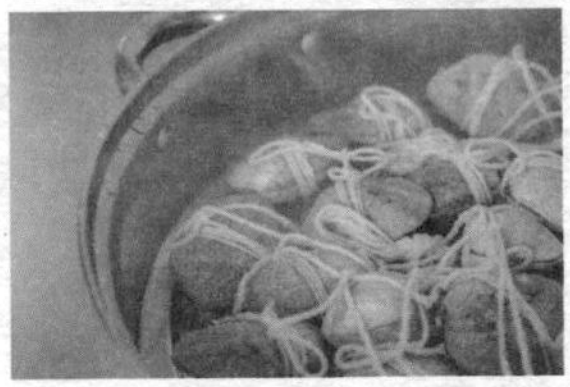

｜材料｜

大蛤…30顆
圓糯米…1米杯
油蔥酥…適量
豬瘦肉…適量
狗蝦仁…適量

｜調味料｜

米酒…適量
醬油…適量
鹽巴…適量
鮮味炒手…適量

｜前置｜

1 將蒸熟的狗蝦在陽光底下晒約一天半，剝殼去腸泥。
2 乾香菇泡軟、豬肉切絲。
3 大蛤吐沙後，冷藏待殼自然微開時，迅速將殼趁機掰開。
4 煮糯米飯。糯米泡水半小時，放入蒸籠，水分1:0.7，外鍋加入2杯水，將糯米蒸熟。

｜作法｜

1 冷鍋冷油，將蝦仁加入煸香後，接續放入香菇絲、肉絲。
2 加入鮮味炒手、油蔥酥、醬油、米酒、鹽巴、水，炒至香氣足夠均勻。
3 加入煮熟的糯米飯拌勻，起鍋。
4 將大蛤包入一小口炒好的糯米飯。
5 以棉線纏繞包好的大蛤飯，整串完成後，放入蒸籠炊熟12分鐘，大蛤殼由沙色轉變呈紅色即完成。

島孤，人不孤；那些臺灣戰鬥民族，在孤島扎根的日子。

—翁爺爺的石蚵仔煎—

這是一個沒有根的人，來到不易扎根的島嶼，最後落地生根的故事。八十年前，他孤身一人來到孤島金門，八十年後，他在孤島上擁有了一個家。

他是翁爺爺，八十年前在廈門出生，卻在三歲那年被迫從自己的出生地離開，連根拔起地被賣到了金門。二十五年後，他與一見鍾情的翁奶奶結婚，當年的結婚照片上寫著「島孤人不孤」。五十年後，結婚照片高掛在客廳牆上，在金門住了八十二年的翁爺爺持續實踐著他島孤人不孤的人生，在我們面前用著閩南腔的國語，和我們說著他的故鄉。

想在金門生活，要先懂生存

由於軍事管制加上地理上與外界隔離，金門曾在長達四十五年的平行時空裡生活。金門比臺灣晚五年解嚴，擁有自己的紙鈔，也擁有最完整的閩南文化和最獨特的宗族凝聚和民間習俗。

這四十多年的平行時空中，金門有著自己的時區，單數日是打仗的日子，雙數日是休兵的日子，所以每到單數日的晚上，金門的家庭就會待在室內，而外頭的「咻——蹦」便成為了他們的廣播。每個單數日，他們都有這樣的一段時間，等待自己的家鄉，再次恢復安靜。

用著自己的貨幣，過著單打雙不打的時間，住在全世界保存最完整的閩南建築裡，撿炮彈做成玩具，追著對岸的空飄氣球，這就是在金門擁有一個家會過的生活。

而這次訪問的家庭，就是這樣的一個金門家庭，經歷過戰亂，也經歷過平凡，現在的他們與任何一個家庭一樣，最大的幸福就是全家聚在一起好好吃頓飯。這便是爺爺與奶奶一起拉拔起來的翁家。

從廈門被連根拔起，來到金門

翁爺爺，本名翁建成，二十八年出生於廈門，三歲被賣到了金門。「廈門囝仔賣金門」是在一九三七到一九四五年間鮮少人知的歷史，反映著當時人民生活的不易，和時代的悲劇，而這段歷史

1

2

要從金門最早期的移民潮開始說起。

由於在金門土地貧瘠、生活不易，自鴉片戰爭開放五口通商，廈門成為開放口岸後，金門得以遠渡至南洋求生。開始了大量的移民潮，金門人離開家鄉前往南洋謀生的現象稱為「落番」，落是臺語的往下之意，而番是當時對南洋人的稱呼。根據學者定義，只要人口裡有百分之五的華僑，便能稱為僑鄉，而金門的華僑比率高達百分之二十七，因此金門除了擁有豐富的戰地文化、閩南文化，其實「僑鄉文化」也深深影響著金門今日的建築和人口組成。

金門古諺：「六亡、三在、一回頭」，就是在形容金門落番的不易。而這樣的移民潮一直到一九三七年，爆發中日八年抗戰時，激起了下一個風浪。

日本先後占領了金門、封鎖廈門，斷絕一切南洋華僑的交通和援助，導致當時落番打拚的華僑，不但人無法返鄉，也不能將錢匯回故鄉，形成了「僑匯中斷」。而被斷絕援助的廈門與金門當地人，生活陷入谷底，金門的壯年人大部分都出走南洋，當地人苦無子嗣傳宗接代，而廈門人的生計更是苦不堪言，絕望之際，親生的孩子養不活也只能選擇用幾擔稻穀販賣。因此自一九三八年起，有大批的孩子從廈門被賣到金門，甚至在金門被「沿街叫賣」，直到現在金門還有很多八、九十歲的「廈門囝仔」，都是當年被迫賣到這座島上的。

3

4

5

1 翁爺爺做菜的豪邁身影。

2 翁奶奶親切溫和。

3 過去的縫紉機至今都還能使用，沉靜地在家中一角。

4 提著家族姓氏的紅燈龍迎娶，是金門婚慶的傳統習俗。

5 富含僑鄉文化的建築。

info
金門｜翁建成 1939年生
筆者｜高可芯

翁爺爺便是在日本占領的第四年，被賣到了金門，終其一生不認識自己的親生父母。來到金門那年他先是入籍了第一個家，卻在入住不久後家裡生了一個男丁，因此他被遺棄，甚至淪落至豬圈與豬搶食，直至被翁家發現，心生憐憫而領養他。

「從小我就知道自己是個外來貨，因此年紀小小就開始幫家裡工作。」

翁爺爺只讀到小學二年級，便開始幫家裡分擔工作，跟著祖母學做生意，挑擔賣油條，送豆腐去山上，學習與人打交道。直至民國五十一年，翁爺爺二十歲時，去臺南的裝甲兵學校受訓了近五年，這是他第一次來到臺灣。當時八二三炮戰已經爆發，是金門開始「單打雙不打」的初期。隔年，部隊調回金門，翁爺爺的工作是負責統整單數日子，對岸打至金門的炮彈總量，並回報司士令官，以及夜晚宵禁的通信口令傳遞。而在這樣戰爭的日子裡，翁爺爺在一個要去繡臂章的傍晚，初見了在婦女隊二十二歲的陳羨治，也就是後來的翁奶奶。

過去的金門，是全民皆兵的時代。年滿十六歲的男性須成為民防隊的隊員支援國軍，而女性則是編為婦女隊，從事醫療、救護、支援作戰的任務。為的是一旦戰爭發生，每個村莊都須擁有獨立作戰的能力。當年的翁奶奶二十二歲，在婦女隊幫軍人縫臂章，便遇到了當時年輕的裝甲兵翁爺爺。她用黃色的線，替他縫上了代表裝甲兵的三角形。沒想到連續一週，這位年輕的裝甲兵，每天都把臂章用石頭再磨破，為的是可以再來給她縫一次。縫著縫著，也把彼此縫在了一起，兩人至今已結婚超過四十年，育有一男三女，且兒孫滿堂，在金門安享晚年。

在金門落地生根的日子

婚後，翁奶奶種田，翁爺爺離開部隊開始做工。當時的物價，六個雞蛋可以換一斤麵線，養大孩子的過程並不容易，但翁爺爺始終認為：家庭是他最大的成就。由於自己從小就寄人籬下，他似乎一直在尋找著自己與這份土地的歸屬。從八歲開始工作，至加入軍隊保家衛國，到後來擁有自己的家庭，翁爺爺仍持續著建立自己與這份土地的連結。

在民國六十四到七十年間，翁爺爺做了六年的村長。做村長要懂法律也要懂地方習俗，更要懂人情世故，即使薪水一個月只有八百元，還常常要自掏腰包，但翁爺爺除了是做名聲，更想服務地方，這六年也讓他在日後得到了鄰里之間的敬重。

在當村長期間，翁爺爺開始做飯。因為老婆在外頭種田，所以他興起了幫太太做飯的念頭。沒有公務要忙的時候，翁爺爺就在家裡實驗各種菜色，不好吃的自己吃掉，好吃的就跟老婆與孩子一起

1

2

吃。就這樣，翁爺爺煮出了自己的味道。他的蚵仔煎、芋頭豬肉罐頭，高粱嗆蟹、蒜苗炒肉，都讓兒女們讚不絕口，也是身在異鄉時最想念的味道。

如鬆軟地毯的沙灘，孕育無數海產

蚵仔煎和高粱嗆蟹是我們這次主要記錄的海產料理。翁爺爺的蚵仔煎有海量的蚵仔，高粱嗆蟹是金門特有料理，非常紲喙，也很適合當開胃料理。來拜訪的第一天，我們來到金門西南方的后湖海濱公園，與翁奶奶一起挖蛤蜊。過去因為軍事控管，海邊區域是不對外開放的，也因此保留了金門海灘的乾淨零汙染。這座海濱公園，有著綿延數公里的細緻白沙灘，走在上面如同踩在一片鬆軟的地毯，乾淨清爽。我們在沙灘上挖的花蛤，是金門的特產之一，花蛤比一般蛤蜊小，花色也很多。每一個挖到的花蛤感覺都有一組屬於自己的密碼，顏色不僅斑斕，且紋路也都是獨一無二。

經過一小時的花蛤採集，當我再次抬起頭，除了天色已暗之外，發現我被一場大霧籠罩著。眼前的一切，瞬間套上了強烈的灰白濾鏡，視線所及只有同行的幾個夥伴，剩下的便是一大片的灰白。我高喊著：「霧怎麼這麼大？」。「因為現在是金門的霧季啊」，只聞聲不見人，在這片大霧裡，有人這樣回答我。在翁奶奶的帶領下，我們乘著霧，回到了翁家，而對於金門這座島，我彷彿在霧裡看花，愈看愈難忘。

「大霧鎖金」是金門人每年三到五月的日常現象，幾乎每個金門人都有自己與大霧的故事：因為大霧而飛不回來，因為大霧而飛不回去，這也造就金門人非常擅長觀看風向，以來判斷起飛狀況。這場我們誤闖的大霧鎖金，也讓我深深感受到了金門的「孤島感」，由於航班是最快速可以進出這座島嶼的方法，一場霧真的能夠阻隔金門與世界。

也許正因大霧讓金門人共享著同一份焦慮，使得他們更能在團圓的時刻更珍惜，也更加共享著彼此之間的愛。

孤島上的餐桌，翁爺爺開飯

採訪的日子，翁爺爺做了拿手料理金門高粱嗆蟹、芋頭豬肉罐頭、蒜苗炒五花肉，以及花蛤料理，和這次主要記錄的料理：蚵仔煎。蚵仔煎雖在臺灣常見，但翁爺爺的特色在於他的蚵仔，除了都是使用最新鮮的之外，每一份的蚵仔更是外頭的四、五倍的量，因此每一口咬下去都是新鮮多汁的蚵仔在味蕾上稱霸全場，帶著海味卻不腥，軟嫩有嚼勁，既有一絲海的鹹味，也鮮甜。吃了翁爺爺的蚵仔煎才真正認識了蚵仔的原味，原來去除醬料後，蚵仔煎本身的食物原型，竟是如此的新鮮。

3

1 翁奶奶開心的與我們分享她的戰利品。

2 挖花蛤的器具。

3 翁爺爺的拿手菜，芋頭滷豬肉，用的是國軍豬肉罐頭。

不孤單的金門與翁爺爺

最後在外頭起霧的連假中午，我們沒有電視或手機來配飯，只有翁爺爺的人生故事、家人之間的拌嘴，以及翁奶奶「有沒有吃飽？」的連續關切。看著眼前這場平凡的午飯時間，對應著翁爺爺的故事，彷彿可以看見這八十年，翁爺爺從被迫離開出生地的那天起，慢慢在金門生根的歷程。

不管是過去的戰亂，或現在的大霧，在歷史或地理上，金門注定了自己孤島的命運，使得在這裡擁有一個家並不易。但與外界的孤立，卻也正成為了它的養分，孕育著一個個金門家庭極深的扎根力，因為他們雖沒有世界，卻擁有彼此。

「島孤，人不孤」曾是過去戰亂期間，政府刻下的精神標語。然而這則精神標語也成為了金門家庭的原罪與祝福，金門注定是一座孤島，但它孕育出來的家庭也將珍視彼此，同島一命。

1 翁爺爺從自己孑然一身到三代同堂。

2 豐盛的菜餚是翁家的待客之道。

份量
2～3人

石蚵仔煎

｜材料｜

蛋…2顆
石蚵仔…150公克
芹菜…適量
蒜苗…適量
高麗菜…適量
地瓜粉…300公克

｜調味料｜

鹽巴…適量

｜作法｜

1 將地瓜粉與水一起攪拌。水一次加一點，過程持續攪拌，拌到筷子拿起來會有沾上粉漿的感覺即可（濃到像麵糊的話，吃起來會太硬）。
2 開中火，加油，放入石蚵仔，煎至水分稍微蒸發。
3 加入高麗菜、蒜苗、芹菜，至石蚵仔稍微萎縮變色之後（約2分鐘）便可加入粉漿。
4 煎熟後，最後才加入蛋。
5 加入適量鹽巴調味。

踏進國之北疆，來一碗依嬤炸過的老酒麵線。

——曹依嬤的老酒麵線——

曾經有一位去過非洲、南亞、北歐等等國家的朋友要到馬祖莒光島出差，在出發之前，他幾次詢問：「該如何抵達離島中的離島呢？怎麼覺得比出國還難，這肯定要有特定命格才能登上這座島嶼。」除了自己的意願之外，還得加上八字有那麼一撇。

這麼說，似乎也沒錯。

馬祖有兩座機場，臺馬之間每天有船班航行；然而一旦濃霧大起、風浪過於喧囂，海空的運輸只能統統停擺，島與島之間的船隻也停駛。氣象若是連續幾天陰晴不定，島上將充滿被迫滯留的旅客，以及空蕩蕩的商品層架，成為名副其實的孤島。整座島嶼被包含在乳白色的世界裡，模糊的輪廓猶如一位隱者安安靜靜地存在，假如這時候有一位水手從海上看見，想必以為是仙境吧？

仙境，怎麼說都是難抵達的呀，要看緣分。

國境之北的一串珍珠

海洋給予什麼，島民即接收什麼。

魚汛期依隨季節變化，農曆三月至五月是黃魚，白鯧、鰻魚則出現在五月至七月，秋天有肥美的螃蟹，冬天則有白帶魚和蝦皮，霧濛濛的二、三月正是鱸魚交配的期間，還有烏魚、鯽魚、黑鯛、石斑、白花各式各樣的魚種，熱鬧極了。另外，隱身在岸邊岩礁的螺貝類，花蛤、辣螺、蜑螺、石蚵、佛手、石鱉……，都能成為飯桌上的美食，只要算準潮汐，帶著簡單的工具就能滿載而歸。

曹碧梅，現在孫子們都喚她「依嬤」，這是福州話裡「祖母」的意思，她出生在南竿島東北角的牛角聚落，那裡曾經是馬祖第一大漁村，也是島上冬天最冷的地方，當時以海為田的馬祖人，家裡的冰箱呢，就在海邊。依嬤的爸爸不論秋冬春夏，幾乎每天清晨揹著漁具出門，沿著曲折的山坡石徑下至澳口打魚、捕蝦皮。早期人們自由自在地往返中國與馬祖，整片海域是共享的漁場，捕魚季節總會有幾百艘漁船燈火相約點亮海上的夜晚。民國三十八年之後，國共對峙使得兩岸的親緣一夕之間失去音訊，日常的買賣因此被截斷，所有的生活用品、柴米油鹽、房屋建材、捕魚工具等等……全部

info
馬祖｜曹碧梅 1952年生
筆者｜陳佩君

轉由臺灣供給。戰地政務時期的海岸線布滿地雷、軌條砦、玻璃刀山與海防據點，軍方各種管理限制包含了海上活動，漁民在清晨四點之後才能憑藉身分證登記出海，晚間七點以前絕對要靠岸並繳回搖櫓，嚴禁任何船隻停留在黑暗的海上。老百姓的生活不只要看天色，還得看臉色，非常辛苦。

長達二十年的「單打雙不打」直至民國六十八年中共與美國建交才落幕，躲防空洞早已是司空見慣的日常。每個村落都有幾處，甚至有些民房也有防空洞，空襲警報響起時，男女老少只能拚命躲進陰涼潮溼、霉氣瀰漫的空間，在黑黢黢的洞裡等待下一個安全時刻的降臨。

「小時候家裡有住阿兵哥，一直到政府把軍營整頓好才離開。」依嬤對軍人的印象很好，比起日本軍，她認為大部分的國軍懂得尊重村民，有時候還會幫忙修理東西、搬物品。隨著大量的國軍進駐，消費需求與日俱增，許多漁民、農人不再僅是依海靠田，漸漸開啟了生意之門，餐廳、公共浴室、雜貨店、五金行、漫畫店、禮品店、撞球館等等如雨後春筍般冒出，依嬤也在街上開了間小吃店，靠著一手好廚藝買了房子安居立業，二十幾年前將木造房重新翻修成現在的水泥房。島上的精神標語「軍民一家、同島一命」似乎可見國軍與人民之間患難與共的情感，彼此相依相存。

「以前是五個阿兵哥養一個馬祖人，現在是五個馬祖人要靠一個阿兵哥養。」民國八十一年戰地政務解除，幾年後實施國軍精實案大量削減馬祖的駐軍，島上的商店一間間歇業關閉，有些則慢慢轉型成觀光產業。閩江口外的一串珍珠在大時代的浪潮之中被推來送去，一座島一甲子的變化到底有多大？在這個只能從口述歷史中得知戰爭故事的新世代，是幸運的世代，莫忘自由和平難得。

一罈老酒就是淒風寒雨中的救贖

「必須要細心地呵護才行。」這是酒神唯一的交代。

每到入冬之際，馬祖開始漫著炊糯米的香氣，家家戶戶的母親忙著浸泡紅麴、糯米，炊熟的糯米必須靜置放涼後再與紅麴混合入甕，經過無數北風的翻攪，才能確保糯米平均浸泡，均勻發酵。接著就讓它靜悄悄地待在陰暗的角落，慢慢地變成琥珀色的杯中物。

過去物資匱乏的年代，糯米是非常珍貴的食材，因此在製作老酒的過程，絕對要全神貫注。如果上一次的老酒沒喝完，可以加進去這次的甕裡，使得風味更有層次，這就是所謂的「酒中酒」。有些長輩在製酒過程將自己關進密閉空間，不許別

曹碧梅依嬤與她的兒子黑熊大哥，在鐵板村的大街上合影。

人打擾，猶如一位巫師獨自躲藏在地窖裡施展魔法，全心全意地進行每個步驟，深怕一不小心得罪了酒神，換來一甕發酸的處罰。

當馬祖的母親們準備一大甕老酒，為的是凜冽寒風毫不客氣地吹進島上時，煮一碗熱騰騰的老酒麵線，燉一鍋紅糟雞，炸一盤紅糟鰻魚，蒸一籠老酒米糕，滿桌的微醺溫暖了一家人的心罈，共度嚴酷的冬天。媳婦或女兒坐月子的時候，也是靠那一罈老酒進補，老酒燉糯米、老酒雞湯、老酒蛋……聽島上的婦女們說呀，老酒補身就不用擔心生產後帶來的各種婦女病。

依嬤深深記得小時候只有在母親坐月子時才會有老酒麵線，房裡總是飄著蛋香與溫暖的酒氣，雖然一口也吃不到，卻始終無法忘懷那個味兒，無師自通學會了這道料理：「我丈夫很喜歡老酒的料理，所以常常做老酒麵線給他吃。」我們都覺得依公是結婚後嘗到依嬤的廚藝才愛上老酒料理也說不定呢！

依公愛吃的老酒麵線

「想要煎出外酥內嫩的荷包蛋，一定要先熱鍋再打入蛋，然後轉為小火讓蛋白凝固。」依嬤俐落熟稔地翻鍋，劈劈啪啪的油炸聲以及冒著泡泡的蛋白打開了嗅覺的享受讓人直嚥口水。荷包蛋備妥後，接著將麵線放入鍋裡油炸，吃過這麼多長輩做的老酒麵線，倒是第一次看到炸麵線，依嬤說炸過的麵線會特別香：「這是我們家獨特的作法，別家沒有。」

1

接下來呢，將切好的生薑片、洋蔥絲、紅蘿蔔絲、肉絲炒香，加入開水煮滾，再放入蚵仔與土產紫菜，蚵仔不宜煮過久以免失去水分而乾癟，可惜了本身的肥嫩鮮美。最後擺入一旁備好的煎蛋與麵線，淋上私釀老酒就大功告成囉！馬祖麵線特別細緻，剛剛好熟度的麵線能夠滑順地溜入嘴裡，同時保有咀嚼的口感，綿密且實在，要煮到恰如其分並不容易呀。湯頭有海鮮的清甜以及老酒獨特的香氣，即使再燒燙也會讓人忍耐不住簌簌簌一口接一口呢！如果覺得老酒味道不夠強烈，隨時可以依個人喜好再添入。

「依嬤，妳平常會做老酒麵線給孩子吃嗎？」

「我以前比較常煮給我先生吃，現在人走了，少煮了。」

七十歲的依嬤回想結婚仍會喜上眉梢，一切歷歷在目：「我以前比較時髦一點，不喜歡頭戴牡丹，而是穿紅色婚紗。」她的丈夫陳和和先生是南竿島山隴人，十三歲進入馬祖日報社工作，從雜工做到廚師，最後擔任撿字與印刷師傅，一直到五十歲才退休離開。兩人的緣份來自娃娃親，那個年代大家成親都是坐傳統轎子，一座山翻過一座山才能將新娘子扛回家，然而依嬤十八歲嫁給依公的時候，前來迎娶的隊伍是軍車而不是轎子，當時軍方單位表示祝福而出借車子，好讓依公風風光光娶得美嬌娘，依嬤至今都覺得像是一場美夢。

民國六十六年依公依嬤隨著馬祖日報社遷址而搬到南邊的鐵板村，當時的鐵板村是縣政府的所在地，也是各村的模範。短短一條街應有盡有，白天的人潮項背相望，依嬤除了忙於打理自個兒的小吃店，村子的宮廟節慶也會邀請她至現場料理各式祭品，宴請在場的善男信女，閩南文化說是「辦桌」，閩東文化則稱為「食福」，馬祖人都說是把福氣吃進去。

更靠近海

依嬤總共有六個孩子，最小的兒子黑熊承接了小吃店，小吃店以「無菜單海鮮料理」為主要特色，今天大海送來什麼，就出什麼菜色。他大概從五歲開始跟隨熱愛海上活動的舅舅到處釣魚浮潛、撿螺挖蚌，依嬤就算擔心也完全沒輒。那天我們在秋風瑟瑟的夜晚遇見黑熊大哥，見他穿著背心露出結實黝黑的肩臂，肩臂上掛著漁具準備去釣魚：「我每天都要去海邊，在那裡做什麼都好，只要一天不去就渾身不對勁。」話一說完便走向深邃的大海，消失在蜿蜒巷弄的盡頭。

在小島上，自然地就會走到海邊，黑熊大哥走的路線太過凶險，我們這群初學者恐怕難以跟上他的腳步，所以隔天一早我們找了另外一位領路人，「南萌咖啡館」的老闆娘逸馨，也是黑熊大哥

1 烹飪擺盤完成，最後淋上馬祖老酒。

2 曹依嬤一邊攪拌一邊油炸麵線，以免過焦。

的高中同學。我們跟著腳步走進她兒時遊戲的地方——珠螺灣，入秋的馬祖雖然不容易見到碧海藍天，天高氣爽卻是在海邊挖蛤的好時機。逸馨的竹籠裡裝著各種依照蚌殼特性所製造的工具，有適合躲在砂礫裡的、有適合黏在岩石上的、有適合藏在岩縫之中的，大部分的工具都是他們家裡自製的，能節省不少時間與氣力。

珠螺灣確實有很多珠螺，但是逸馨說馬祖人不愛吃珠螺，味道不夠好，功力淺薄的人才撿珠螺：「每次遇到澎湖的朋友都會開個玩笑，你們是不是沒東西吃？所以吃珠螺啦。」這時節的花蛤幾乎被挖光了，找到花蛤寶寶一定要輕輕地放回去，至少得等牠們長到一、兩歲才能帶回家。三腳貓功夫的我們連珠螺都找不太到，倒是認識許多海洋居民，紫孔雀蛤、佛手、石鱉、蜑螺、蛇螺……，各個長得前衛時尚。

「你們一定無法想像以前的馬祖，不論是體型還是種類，都比現在還要大還要豐富。」逸馨小時候的家在珠螺上村開小吃店，小吃店的海鮮幾乎是這片大海所提供，逸馨的媽媽為了讓阿兵哥吃飽喝足，時常喚她和哥哥去海邊挖蚌殼：「因為隨便挖都有，很快就裝滿了，滿了之後就在這裡玩到忘記回去。」

直到聽見母親在岸邊呼喚：「回家了！」回家了，是逸馨可以放心地更靠近海的原因，知道有家人在等著她。

這些年的海洋資源正在加速衰退，除了海洋生物體型一年比一年小、種類一年比一年少、數量一年比一年低之外，海漂垃圾的問題日益嚴重，整個四鄉五島都看得到海洋廢棄物。過去的海漂垃圾多是木頭樹枝，而現在則是保麗龍、塑膠、寶特瓶等人造材質的廢料；每到夏天吹南風，位於南邊的海灘就會充斥著垃圾，冬天帶來的北風則是讓北邊的海岸遭殃。昔日，離島是保衛國家的第一前線，防禦外敵入侵，今日成了抵擋垃圾的第一前線。

一座島一甲子的變化到底有多大？未來，我們的孩子們能再更靠近海嗎？

1 陰涼的午後，我們到逸馨小時候成長的珠螺灣挖蚌殼。

2 逸馨教我們如何使用工具挖花蛤。

3 從岩壁挖取出的紫孔雀蛤。

份量
1人

老酒麵線

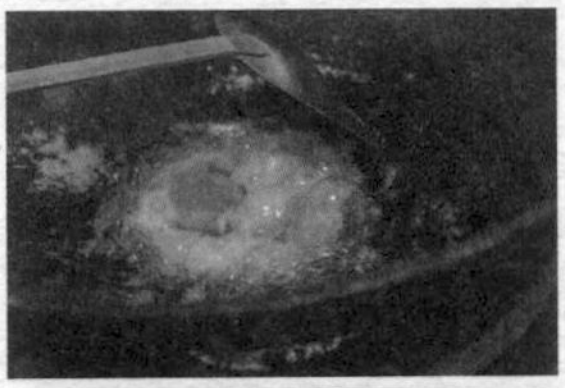

｜材料｜

蛋…1顆
洋蔥…¼顆
紫菜…適量
生薑…適量
肉絲…適量
蚵仔…7～8顆
清水…600毫升
紅蘿蔔…適量
手工麵線…1把

｜調味料｜

馬祖老酒…適量

｜作法｜

1 洋蔥、紅蘿蔔切絲。
2 熱鍋後煎一顆焦香的荷包蛋，起鍋備用。
3 高溫油炸麵線，表面微微變色即可起鍋備用。
4 爆香生薑之後，加入洋蔥、紅蘿蔔、肉絲一起拌炒。
5 加入水到鍋內，煮至沸騰，再放入蚵仔與紫菜。
6 最後再淋上老酒，擺上荷包蛋。

冷藏吃法

1 油溫要夠高，才能煎出脆脆焦香的荷包蛋。
2 有些長輩會先以麻油爆香薑末，再高溫煎荷包蛋，香氣更濃。
3 蚵仔不宜煮太久，以免水分流失而乾癟。

達悟人與山
嚴謹的共生哲學，
只有大海知道。

—Manoyou 的地瓜炊飛魚乾—

如果時光無法倒流，想摟著前人的記憶，在島上走得慢一點點，在老一輩離開前，多存一點魚乾到地下，讓改變心意回鄉的少年，能看見田裡的黑梗芋發芽。

世上的衝突，大抵離不開價值觀的差異，隨之帶來的欺壓掠奪。這座遺世獨立的藍色島嶼，住著傳說中石頭裡蹦出來的始祖，隨著日月星辰起落，在深山遇上合宜的樹，合力拼出板舟，男人航行在太平洋追尋飛魚，女人在島上守著豐收與禁忌，兩千多年來他們躲過外族的紛擾，卻在馬關條約後，躲不過大日本的封島學術研究和設立番童教養所，躲不過國民政府撤退來臺，母體文化開始煙滅，少了地下屋，多了火力發電，多了核廢料，多了監獄，多了鐵皮水泥，多了港口和民宿，會說日本話的耆老已白髮蒼蒼，經營餐廳的年輕人必須說國語，街上大部分的孩子已經無法跟上一代用母語對話。

蘭嶼，達悟族母語「Ponso No Tao」，意為人之島，是臺灣唯一的海島原住民，共有五個部落，椰油、朗島、野銀、漁人、紅頭部落，擅長捕魚、造船，祖先曾經靠著拼板舟，航向菲律賓巴丹島，並成功返抵。

據研究分析，南島語是世界上分布最廣的族語，而臺灣不僅是分布的最北端點，也很可能是語言學上起源跟據點。因為地形的關係，達悟人自古鮮少外敵，無須驍勇善戰的領袖，因此沒有頭目文化，部落之間若真有衝突發生，僅是由自村的能人帶領穿著魚皮籐甲以石禦敵，不同於其他原住民的出草戰鬥。

Manoyou，七十一歲，大家都叫他鍾爸，打小在漁人部落長大。他和大部分的達悟人一樣，除非為了繼續升學或工作，幾乎不曾踏上臺灣本島，這裡就像他們的桃花源，每個部落有自己的水源，溪邊是燒陶製器的場域，漁獲是主要的動物蛋白來源，主食是會被山豬偷啃的地瓜和芋頭，或是採集芭蕉和香甜的蘭嶼龍眼，偶爾上山打獵捕山豬，全是自給自足的無貨幣生活。

達悟人的田產劃分是沒有契約的，部落之間有

屬於自己的界線，現在熟悉的景點地名，全是漢化的結果，就連島的名稱，也是在一九四七年因為一株來自紅頭嶼的原生蝴蝶蘭，參加日本花卉展獲得殊榮，因此改名「蘭嶼」。

需靠著鍾爸在田間比劃才知道，靠海的那一邊是祖先耕耘下來的，靠山這一邊是他和兄弟們在耕耘使用的，經過一代代繼承面積愈來愈小，我們今天來種的區塊，大約只有兩坪左右，水源要自己牽引，還有很多福壽螺要剔除，絕對不是那種印象中，黃昏晚霞輕風，可以放肆狂奔在平整的田埂路，反而是重心不穩便會擦撞了珊瑚礁岩。

七月的豔陽咬得雙眼刺痛，原本興奮期待的種田行程，沒多久體力已經耗盡，幸好鍾爸速速完成了所有插秧，發號施令回程享受午餐。

若來到蘭嶼，不能沒吃過飛魚，若吃過飛魚，也要知道達悟族的故事，這一次的採訪，耆老分享的是一連串口傳歷史的獨特與經典。

掀開鍋蓋，漫漫炊煙撲過來，夾著濃濃的巴丹島地瓜香，而鍾爸說話帶有特殊的口音和屬於他的幽默，五句裡有三句是笑話，我一面要習慣這樣的對話，一面要理解手上這尾飛魚的來頭，反而不那麼急著餓了，晒過的飛魚乾重量沒幾克，卻不是簡單的花張鈔票，就能輕易買到的乾貨。

為什麼達悟族千年來不必靠著對外貿易，也能自給自足呢？因為他們有一套屬於島之子民與山

info

蘭嶼｜鍾馬雄，Manoyou 1949年生

筆者｜洪薏淳

1 鍾爸爸向我們分享達悟族與巴丹島的歷史故事。

2 吃著飛魚乾，聽著長輩口中的「以前的蘭嶼」。

3 曬飛魚乾，除了是習俗儀式，也是展現榮耀的一種方式。

海永續共生，嚴謹規律的哲學。

達悟人依循月升月落而作息，有著慣用的夜曆，飛魚季對應國曆，為每年二至三月的「招魚祭」，四至八月的「收藏祭」，九月的「終食祭」。

每年春季，飛魚群會隨著黑潮來到蘭嶼近海，尤其小蘭嶼的急流區是達悟人的主要漁場，雖然飛魚是天然資源，但是達悟族還是相當珍視大海的恩賜，為期五個月的飛魚季，禁止捕撈飛魚以外的底棲魚類，給予牠們適當的時間繁殖生長，好讓在飛魚季過後，有其他魚類可以繼續取用。這時節會準備豐盛的祭品三牲祭拜，將在這期間的某一天午後依耆老的指示舉辦，而這一天無法明確以國曆表示。

而招魚祭，雖然進入開放捕撈飛魚的階段，但族人還是秉持著只取用需要的數量而捕撈，所以又分成三個階段。

第一階段捕撈的，只能以「撈」的方式進行，當日向大海捕撈的份量，只能取家庭人口數當日的食用量，不可多得而捨棄，也不能存放。

第二階段，魚群的數量開始增加後，可以進行網捕的方式，多的漁獲可以開始儲存下來。

1 東清灣日出。

2 拼板舟上的木釘，從材料取得、製作、顏料上色，全數以天然材料製作。

3 船眼，代表著船隻領航的眼睛，同時也有著祈福之意。

第三階段，可將部分的魚翅剪下晒乾，代表著解除部分禁忌。

第四階段捕到的飛魚，可剪下全數的魚鰭晒乾，解除所有禁忌，海邊可以開放戲水，女孩子可以觸摸拼板舟，出門可以攜帶千元的鈔票……等。

男人負責捕魚和編織，女人種田下廚，偶爾在潮間帶撿撿貝類，禁止海洋活動。當豐收的歌聲帶著漁船回航時，女人會準備好芋頭糕和陸蟹慰勞，緊接著男人們要趕緊將漁獲卸在岸邊，直接處理內臟鱗眼的部位，而後才能將其帶回，由女人處理後續的綁繩及片魚的步驟，掛晒飛魚和與鄰居分享的工作，又回到男人身上。

達悟族是個非常體貼女人的民族，好吃新鮮的魚留給女人，因為女人需要好的營養生育，俗稱「女人魚」，而愚鈍腥味重的魚，就留給男人，俗稱「男人魚」。

右手撕下一片飛魚肉，配著左手的地瓜，不需要餐具直接開動，從來沒嘗過的滋味，巴丹島品種的地瓜，特別的大顆鬆軟，蘭嶼芋頭的嚼勁特別Q彈，香氣和臺灣的品種非常不一樣，我偏愛黃肉的地瓜，混著鹹如鹽塊的魚乾，在嘴裡合在一起的滋味，這料理沒什麼能炫技，但嚼著嚼著卻愈來愈重視，每一口的得來不易，不只是農田到餐桌，追溯回去的是一個航海民族，實在的與海搏鬥，同時又敬重謙卑的精神。

現今，滿街上都能遇見飛魚料理，仔細觀察的話，會發現每個部落，飛魚乾上的刀法都不相同，漁人部落是一面四刀，朗島是內層兩刀外層三刀，沒有特別的含意卻也不能隨意更改，只聽說這就是遵循祖先留下來的規矩，據說有的刀數至今與巴丹島相同。

在蘭嶼的採訪行程，都是最純粹的在地生活體驗，其他遊客吃著芋頭冰，拍著華麗出遊照，我們卻正在冒著汗幹體力活。經過五孔洞，峭壁上的山羊群，若無其事的俯視遊客，像是這個人間的熱鬧與他們毫無相關。

騎到朗島部落，恰巧碰上好月盃的拼板舟比賽，青壯年以划船及泳速競賽，代表每個年輕人的勇氣，志在參與文化不在名次。透過介紹認識部落理事長，為我們導覽關於達悟族拼板舟的故事。

拼板舟的製作，非常耗費精力工時，每年十一月到隔年飛魚季前，是可以製作的時間，如果來不及製作完成，要再隔一年才能繼續施作。造船前要先上山伐木，木材至少需要二十年以上的樹齡，都是祖父輩當初種下的，麵包樹、大葉欖仁、龍眼樹是非常適合造船的材料。在自己的土地裡，找出屬於家族記號的樹，木材以人力搬運，帶回部落進行第一次初拼，整艘船以拼裝及木釘完成，紋飾的顏料以天然的礦物提煉，紅色是土壤，黑色是木炭，白色是五爪貝的粉末，神聖的拼板舟被賦予了生

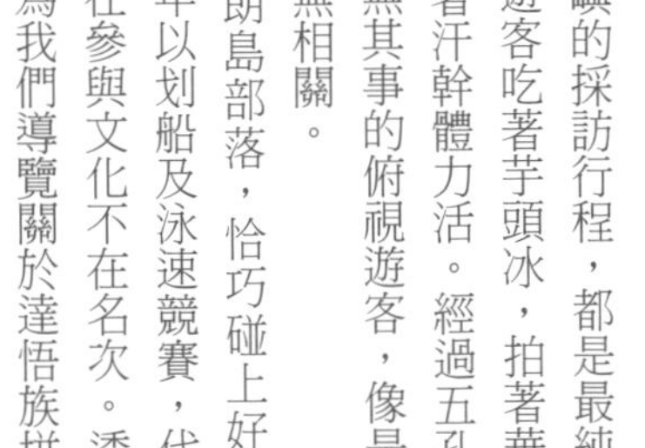

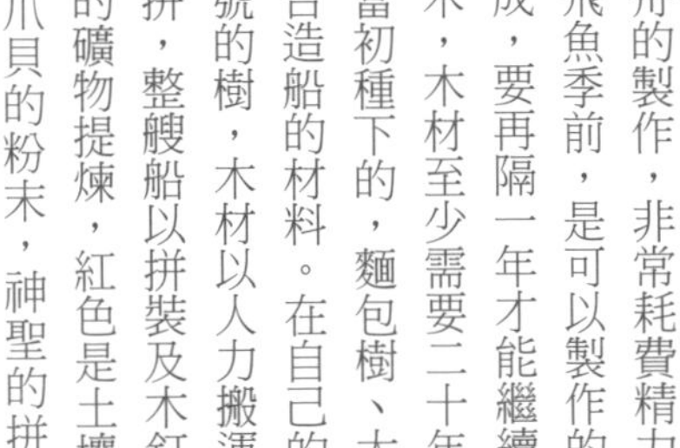

命，船眼，象徵平安庇佑，帶領族人航向大海，三角形代表波浪，菱形拼湊起船的牙齒，就像可以咬進豐盛的漁獲，以二十人大船為例，船底就能裝進兩千至三千尾的飛魚。

以前的生活資源匱乏，能被使用的一草一木，都有它的來由及被賦予的使命。

部落裡的大姐，帶我們認識達悟族傳統地下屋。地下屋在夏季裡，是個非常炎熱的空間，所以屋外都會有涼臺，做為乘涼及起居的重要場所，而私人涼臺遊客是絕不能擅闖的。屋前，地上有著幾塊平板大石頭，是主人用來守護家園的靠背石，坐在這裡迎接客人到來。如果收到主人招待的檳榔，絕對是三生有幸，因為檳榔是達悟族自有珍稀的待客文化，裡頭的白灰來自於五爪貝粉末，天然無害具有提神、暖身、除腥臭功用。

屋前的石牆設計，是為了抵擋東北季風及颱風肆虐，最靠門旁的是廚房，說是廚房其實是三口陶鍋，依左到右為烹煮芋頭、豬肉、魚肉順序絕不可混淆，上層的置物架，用來擺放較大尾的魚乾，煙燻後儲存作為送禮之物。一家人生活起居，全在這狹小空間，男人捕魚，小孩提水，女人烹飪。

屋裡的一切井然有序，所有的講究都用在遵循古禮上。

或許，我們現在聽到的禮俗規矩，都是表面的結論，容易落入迷信與落伍的觀點裡，其實背後攸關著原始的生存方式。

達悟長久的與世隔絕，在被登島快速開發後，產生了許多不同的聲音，禁地成為熱門祕境，堆積如山的寶特瓶與浮球，是新一代的特產。人之島，被社會集體意識的推動，觀光後的樣子成為了現在大眾的印象，尤其在後疫情時代下，國內旅遊人潮旺盛，急速被破壞的不僅是珊瑚礁白化，沒有文字紀錄的族語和文化，也是一大隱憂，島上的老人家都說，不可能回到以前那樣了，只希望時間能過得慢一點，讓人還能抓住機會保留下些什麼。

如果，你曾經也覺得這裡是少數的僅存淨土，覺得祂神祕、美麗、可愛，去認識祂吧！認識了所以喜歡，喜歡就會開始想保護，才有機會留下什麼而傳承下去，一起和達悟人種下一棵樹，讓我們的後代再回來乘涼。

地下屋門旁的爐灶區域，有三口陶鍋依序烹煮不同食材。

份量
10人

地瓜炊飛魚乾

|材料|

地瓜…10條
飛魚乾…10尾
姑婆芋…1片

|特殊器材|

薪柴…1把

|作法|

1 將地瓜洗淨，飛魚乾的繩子拆下，燃薪柴生火煮滾一鍋水。
2 將地瓜、飛魚乾放入另一個乾淨鍋子，以姑婆芋稍微蓋住，以防水蒸氣滴落。
3 隔水加熱，蒸熟食材，約一小時，薪柴燒盡後，可繼續保溫燜至熟透。
4 起鍋，地瓜切小塊，搭配撕下的小口飛魚乾，一起享用。

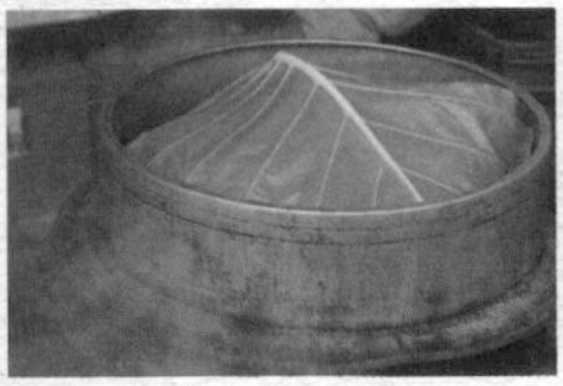

琉球嶼島民日常，海洋是冰箱，廟宇是家，一鍋菜尾百家香。

—文馨媽媽的菜尾湯—

四月中，我們來到了坐落在屏東外海的琉球鄉。由於清明剛過，臺灣周圍海域水溫開始回暖，正是飛魚沿著黑潮北上洄游的時節。在這片供養琉球人四季的海洋，我們乘著船抵達了臺灣唯二的珊瑚礁島嶼。小琉球的生活與海脫離不了關係，終年有黑潮流經，造就豐富的漁業資源。由於島嶼面積不大，島上各地都能受到海風的調劑，不管你身在島上任何一處，都能感受到海洋在身旁。

對觀光客來說，海洋只是遊樂場，但是對小琉球人來說，海洋是冰箱。卸下觀光客所冠上的浮潛勝地、海龜天堂等名號，這裡本質上是座漁村，住著討海的人。過去由於發展落後，漁業人口曾經高達百分之百，島民的選擇不多，要不上船要不失業。琉球的男孩子，十五六歲就會跟家裡的兄長出去捕魚，海上沒有訊號也沒有時間，這船一上，討海的日子就是二十年。

海洋與漁村的文化，在臺灣本島並不常見，因為我們多半已習慣陸地思維，鮮少有機會觀看海洋影響一個地方的樣子。陸地上的我們向山學習，而漁民向海洋學習，山與海各自教會人類不同的事。如果山是和藹的母親，給予滋養使我們獲得平靜，那海就是嚴格的父親，給予考驗教會漁人何謂等待，何謂落空，何謂順應天命。

若海洋是小琉球的父親，那廟宇便代替了山，成為了母親，繫住島民的那條臍帶便是小琉球人對於神明的信仰。在這裡，每五十人就有一座廟，廟宇密度堪稱全臺最高。由於海洋父親嚴格兇悍，渴望漁獲滿載與安居樂業的小琉球人，自然凡事都會請求母親保佑，期盼能度過父親的考驗。人上了船就如同魚上了甲板，危如累卵，在海上的丈夫與陸地上的妻小都對平安歸來感到難熬，因此小琉球的廟宇如同家一樣，是島民的精神寄託，祭拜活動也成為島民生活的一大主題。

關於祭拜的料理、活動，是所有小琉球人的共同記憶。這次我們訪問的文馨媽媽，她的「菜

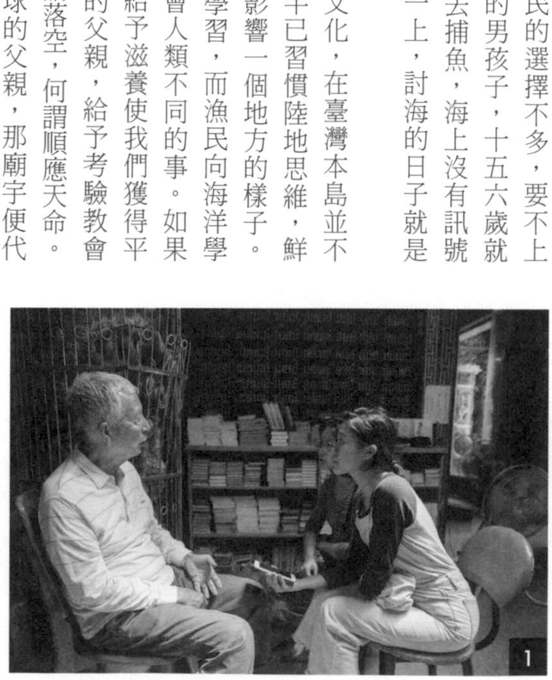

1 廟宇是小琉球的信仰中心，圖左為許春發先生，許多耆老都會在廟宇裡與島民訴說琉球的故事。

2 許媽與蔡爸已在小琉球地方市場經營攤位 20 多年。

3 鍋鏟超級重，需要兩隻手才有辦法翻動湯底！

尾湯」是琉球嶼民「犒軍」後必定去光顧的拿手料理。每月初一、十五，都是琉球島民「犒軍」的日子，為了感謝神明長期保佑平安與豐收，除了在自家神明廳拜拜，各大廟宇也香火鼎盛。

祭拜結束後，人們便會一起去喝菜尾湯。說到菜尾湯，在琉球家喻戶曉的就屬文馨媽媽。文馨媽媽在小琉球出生，嫁給了討海人，並在地方市場全年無休地做著攤位生意。第一次見到她，是農曆二月的最後一天，她正為隔日初一的犒軍日做準備。

許文馨今年五十五歲，此生扎根在故鄉小琉球。十六歲就在餐廳工作，十九歲便嫁給先生蔡爸爸，成為一個討海人的妻子。婚後出來市場做生意，便這樣幾十載如一日。她做的是不固定的傳統臺菜，島民喜歡吃什麼她就做什麼。文馨媽媽話不多，笑稱自己國語不好，對我們的問題時而笑而不答，時而精簡回答。但即使如此，我們仍能在對話之中看見她最顯著且珍貴的特質：少說多做。她邊與我們對話的同時邊洗著海菜，這些也是隔天攤位的菜色之一。她說海菜髒，要洗多遍至水清，而整場訪談中她就是一遍遍的洗著這大約百人份的海菜。

「因為怕過年也會有人要來攤位吃飯，所以我全年無休。」文馨媽媽不識字也不擅交談，但她終其一生都在用她最擅長的語言與琉球嶼民溝通，那就是做菜。雖然文馨媽媽做的臺菜會隨時節變化，但有一道料理在初一、十五一定會出現，那就是菜尾湯。每到犒軍的前一天，文馨媽媽凌晨兩點就到攤位備料，一路煮到早上八點；大節日如小琉球的迎王祭或清明節，甚至凌晨十二點就會到攤位，一路煮到早上九點。

菜尾在閩南語的意思是吃剩的菜肴。在過去貧窮的年代，每當有辦桌或婚宴，宴席結束後，每一桌以家庭為單位去盛一碗菜尾湯是許多上一代的童年記憶。菜尾湯在視覺上看起來的確是「大雜燴」，如同宴席吃剩的菜肴混成的料理，但回推「菜尾湯」的歷史，會發現這是臺灣三百多年來因地制宜，產生出獨立的一道菜肴。

臺灣祖先三百多年來，透過「互助」而活，而便是這份互助下才產生了菜尾湯這道料理。因為彼此都一無所有，在一場盛宴過後，能回敬彼此的就是一份菜尾湯而已。臺灣的殖民歷史很長，因此現今很多菜色都帶有殖民色彩，但唯獨菜尾湯沒有。臺菜教母黃婉玲曾說「臺菜本味」是少油、少鹽、少糖。去除調味料後，靠的是食材互相撞擊，還有「時間」所堆疊出的味道。而菜尾湯便是一份幾乎沒有調味，僅靠大量的食材烹煮出來的料理。

一碗菜尾湯就是一場盛宴的總和，而這也是為什麼這道料理只在初一、十五出現。文馨媽媽說菜尾湯以前只在結婚宴客時才吃得到，後來自己出來做生意，開始在島民祭拜的日子做菜尾湯，曾經

2

3

有一段時間，在小琉球要喝菜尾湯只有在她這裡才喝得到。因此初一、十五祭拜的盛宴結束後，琉球人都會來光顧許媽的攤位，因為菜尾湯不僅是島民兒時的回憶，更是代表感恩與回饋的料理。一鍋菜尾，永遠會百家香。

一道菜尾湯的完成，大約需要十五種以上的食材，而小琉球的菜尾獨有的食材便是「炸扁魚」。除此之外，文馨媽媽的菜尾湯，還有排骨、雞肉、豆皮、白蘿蔔、鹹菜、馬鈴薯絲、筍絲、筍片、魚丸、香菇、魚板、木耳、紅蘿蔔、大白菜等食材。正是因為菜尾湯食材的多元性，造就了它給人以「剩菜」製成的印象，但文馨媽媽的菜尾湯，食材都是特別準備，透過食材層層堆疊，還原出當年盛宴結尾的味道。

菜尾湯是很考驗廚師功力的料理，看似大雜燴，但放入食材的次序和加入的時間都會影響最後的味道。文馨媽媽在凌晨兩點便開始烹煮兩大缸菜尾湯，總共百人份。她一般會先下排骨、雞肉、炸扁魚等需要燉煮比較久的葷食，再依照次序把其他的素食放入，我們問她這個順序是怎麼安排的，她笑說：「就是實驗幾次之後發現這樣最好吃。」我們一邊記錄著下鍋的次序，一邊看她單手翻攪湯裡的材料，實際體驗過才知道原來煮一鍋百人份的料理，手勁需要非常強大，這才明白文馨媽媽的保養祕訣，原來是把做飯當作健身。

一旁的蔡爸也從凌晨就一起忙到早上。蔡爸討海四十年，現在退休便跟老婆一起做生意。蔡爸說以前出海的時候，一去都是三個月，夫妻倆只能透過無線電聯絡，文馨媽媽在每次出航前都會替蔡爸和船員準備菜尾湯。菜尾湯除了是島民對於盛宴的回憶，也是蔡爸在海上思鄉的情懷。

訪談的最終，我們以喝菜尾湯作結。文馨媽媽的菜尾湯喝起來很像一碗特調的羹，雖有超過十種以上食材在裡面，但喝起來一點也不衝突，食材與食材意外的合拍，讓整碗菜尾湯喝起來是順口且飽足感十足，湯頭口感介於羹類的濃稠與清湯的稀薄之間，有筍香和白菜滷的氣味，酸中帶一點清甜，就像清淡版的佛跳牆，每一口都會有超過三種以上的食物大雜燴在一起，味道並非一成不變。因此我總感覺菜尾湯的味道是很「即興」的，由於每一口所搭配到的食材不同，味道也會不同，也會很期待下一口又是什麼樣的滋味。若要說會特別期待哪個食材的話，那就是炸扁魚了，因為這是琉球在地菜尾湯特有的食材，在別處喝不到。炸扁魚的酥脆清甜，為菜尾湯畫龍點睛。

想著菜尾湯含有宴客的喜氣和感激的心意，就覺得來到小琉球的短暫日子裡，能吹著海風，看著人們與廟宇間如同臍帶相連般的緊密關係，和認識三十年如一日不停做菜的文馨媽媽，覺得每一天的琉球日常，都像一場盛宴，都值得一碗菜尾湯。

info

小琉球｜許文馨 1967年生

筆者｜高可芯

菜尾湯的備料有超過十種食材。

份量
5～8人

菜尾湯

｜材料｜

蔥…適量
蒜頭…適量
排骨…150公克
雞肉…150公克
扁魚…適量
豆皮…適量
鹹菜…120公克
筍乾…150公克
筍片…120公克
魚丸…180公克
魚板…適量
香菇…適量
木耳…適量
白蘿蔔…150公克
紅蘿蔔…50公克
馬鈴薯…適量
大白菜…180公克
滷三層肉…150公克

｜調味料｜

糖…適量
米酒…適量
黑醋…適量
番茄醬…適量

｜作法｜

1. 扁魚晒乾後，加糖加米酒醃漬。
2. 將白蘿蔔、紅蘿蔔切塊，馬鈴薯切絲，滷三層肉切薄片、鹹菜切段、白菜切塊、筍絲及筍片用流水沖白切段、蔥切段、蒜切片、香菇泡發切塊、雞肉剁塊。
3. 取一大鍋放入少許油，放入蒜片、蔥段爆香至上色。
4. 加入番茄醬和水，丟入葷食，次序為：排骨、雞肉、滷三層肉、扁魚。
5. 丟入素食，次序為：豆皮、白蘿蔔、鹹菜、馬鈴薯絲、筍絲、筍片、魚丸、香菇、魚板、木耳、紅蘿蔔、大白菜。
6. 最後加入少許黑醋調味。
7. 燉煮約30～40分鐘即完成。

請用一個食物來形容自己在團隊中的角色或個性？

米飯（陸以寧）：味道平淡，看似平凡無奇，卻是人人不可或缺的主要澱粉營養來源。就像在團隊中是發起人的角色，默默存在卻不居功，創造舞臺給團隊各自發揮個自的價值。

辣椒（洪薏淳）：無辣不歡，善於把隔夜剩食料理成一道好吃的新菜色。個性嗆辣直接，善於文字刻畫情境氛圍與人物的情緒，在計畫中擔任社群管理及主要文字寫作。

章魚（陳奕璇）：綽號叫小卷，但其實個性更像章魚有很多隻手，操縱大局，善於處理危機及策略規劃，說白一點，就是常常一心多用啦！另為負責採訪中的攝影工作。

是什麼契機讓你們自發性啟動這個計畫？

米飯：其實最一開始是因為吃不到外婆的料理了，隨著歲月逐漸老去無法再下廚到逝世，感嘆當初沒有和她學習手藝很可惜。所幸因緣際會之下，蒙受宋文琪董事長的啟發與邀請，及社會福祉及社會企業循環基金（SERT）的贊助，正式讓這個醞釀已久的計畫萌芽，開始著手記錄各個家庭的料理故事，想和時間賽跑，留住更多即將消失的味道。

辣椒：後來我確定是被誘拐上勾的，一定是其他兩個人看上我愛玩、對這計畫的做菜、環島旅行聽故事肯定會無法拒絕，所以才找上我的！是吧!?也怪我後來越玩越有心得，深陷豐富的文化故事底蘊跟迷人又好吃的古早菜旋渦，對臺灣這座小島實在愛不釋手，才會在數個無眠之夜開著夜車唱歌去環島採訪。

章魚：對我來說，身為影像工作者，比起戲劇我更喜歡市井小民的故事，因為真實。三年的過程中有許多時刻，會讓我覺得這計劃特別有意義。例如：不只一位長輩和我們說，很多他們快要忘記的事情，因為我們的採訪都重新浮現；或者他們的子孫後代在採訪中，也聽到從來沒聽過的家族故事，這些讓我覺得很有趣且充滿意義。

我覺得我們所做的這個行動，不僅僅是蒐集故事後發表給大眾看，被採訪的家族也會受到影響，間接了解更多屬於家族的根源，我相信對他們來說會是人生中很重要的經驗。這個計畫和我過去做影像的經驗，單純呈現一個故事給別人看，是很不一樣的。

五十場採訪中，讓你們印象最深刻的是哪場採訪？為什麼？

米飯：若要以一道菜或一場採訪來定義，其實都很難完整表述，我對原住民的料理及文化，在我心裡的觀察與衝擊。在數場採訪中，透過飲食追朔到一個民族如何倚靠大自然維生，大至對祖靈的儀式，小至鍋碗瓢盆都有他們的理由。還有印象最深刻的是宗教、殖民撫番這一塊，很多原住民部落裡都會信仰基督教，廣為人知也不可否認的，是外來政策、信仰在臺灣宣教時，的確在醫療、衛生、物資、教育上，協助了很多山區的族群，快速提升原民的生活品質，但是！既矛盾又有趣的是，新的信仰與原有的部落文化是衝突的，改變的同時，舊有的習俗同時被淡化拋棄，例如，原住民的巫師文化成了羞恥、會被排擠的事，至今也無法繼續傳承學習。

更多檯面下的真實故事，為了保護當事人，都沒辦法寫出來，感到非常可惜。我們很努力地想讓更多年輕人，可以有更多元、中立的觀點，保持好奇開放的心態來認識一件事，不只是停留於薄薄的課本、吵雜的新聞來認識臺灣。

辣椒：噶瑪蘭族的「冷菜湯」！或許你看到頭目把各種奢侈的海鮮：海膽、龍蝦、石斑……全都烤成烏漆媽黑，然後再拿去用冷水沖刷掉表面的碳粉，也會無法理解這種充滿碳味的冷湯吃法吧！後來，我自己的解讀是，活在大自然的世界裡，不管大海今天讓你捕到什麼樣的海貨都是珍貴奢侈的，同樣要帶著感恩的心態去食用，沒有譁眾取寵的料理調味，很純粹的滿足生理需求，是眼前的生命為了延續人類的犧牲，是非常偉大又感動的精神。後來，這也深深地影響我對於區分物質需要及想要的選擇，還有對剩食的尊重及節省。

章魚：老一輩澎湖人才會做的「大蛤飯」，我真的完全沒料到粽子還有包在蚌殼裡的作法，而且不同於本島漢人的是，澎湖的粽子是清明節限定。一顆大蛤殼裡有適口的飯量，包了多種食材的香氣，祭祖後直接以殼做匙，吃完的殼會放在家族的墓堆上，象徵子孫後代慎終追遠，是在澎湖這座島上先民以當地食材承襲下來的習俗，而且，實在是非常好吃！

這個計畫有為你們帶來什麼改變？

米飯：經過這三年吃遍各地的手路菜，讓我開始想要學習、尋找外婆跟奶奶以前端上桌的手藝，也想要與各地長輩學個幾道料理，傳承他們的智慧，同時會對自己的飲食更有意識，注意哪些是當季的食材，也經歷了做飯給自己吃、做飯給爸媽吃，最後做出一桌菜跟自己的朋友分享這樣的過程。

希望未來能有機會與我們文化迥異的族群分享我做的食物，讓他們品嘗到美味同時跟他們娓娓道來故事，再驕傲的跟他們說：「臺灣就是這樣一座充滿多元文化與誘人食物的地方唷。」

章魚：我覺得我更能理解世代隔閡是怎麼產生的。

過去我對許多歷史事件是沒有看法，或抱持既定看法例如二二八事件，我會直覺想到本省人被外省人迫害，但做了這計劃後發現，被迫害的對象不只本省人，只要想法和當時社會氛圍不同，外省人同樣有迫害的遭遇。例如：經歷過國民政府撤退逃難來臺的外省阿嬤，和經歷過二二八的本省阿嬤，她們的生命故事，讓我有機會用不同的角度去認識這個歷史事件，看事情的角度不再那麼單一。

再近一步去想的話，現在的年輕人是以意識形態去選擇政治立場，但對老一輩的來說，是人生經驗造就立場，中間自然會有一個無法互相理解的鴻溝。

辣椒：承如兩位夥伴說的，真的會從口中說出臺灣是一個寶島，奇幻、哀愁、美麗、堅韌、有愛……都是臺灣值得擁有的讚美，她的內涵開始深深扎根在我心裡，也在我的生活上撞擊出火花，待人待事的感恩和寬容度擴張，這些改變其實也只是，來自於我跟你踩著的同一片土地。

讓我更激動的是，現在可以很驕傲的和身邊的同儕、網友，甚至是外國的朋友，滔滔不絕的介紹臺灣如何值得一探究竟，這些秘境是最道地、就連臺灣人也不一定會聽過、吃過、玩過的「在地生活」，我也希望可以有更多人可以和我們一起驕傲地和國際介紹，臺灣是個多讚的寶島！

計畫來到第二階段，後續有什麼後續讓人期待的規劃嗎？

我們想要藉由推廣商品的機會和大家說故事。

根據現代人消費和生活習慣，大家很難有機會和心力聽我們說落落長的故事，所以想利用大家平常就會使用、食用的商品，來傳遞我們想說的故事，創造更多機會觸及對這個議題可能有興趣的群眾。

商業行為可以拓展一個計劃的可能性，實體的推廣方式，我們想透過販賣與長輩合作開發的私房醬料，例如：原住民香料醬、閩南海鮮醬、外省辣椒醬……，透過生活化「吃」的自然行為，走進消費者的心房，搭起與故事之間的橋梁，同時，包裝上簡單明瞭的設計，能傳遞到該款醬料想乘載的在地故事及理念。

線上的推廣方式，我們努力朝建立線上記憶庫的目標邁進，希望能將現有的五十位詳細的手路菜資料，整合至平臺，引發更多群眾一起將自家的味道及故事集結，讓臺灣飲食文化記憶庫更加多元完整。甚至，我們也期許能在全臺巡迴推廣「島嶼上的飯桌」講座。

bon matin 143

島嶼上的飯桌

作　　者　島嶼上的飯桌
攝　　影　島嶼上的飯桌
社　　長　張瑩瑩
總 編 輯　蔡麗真
美術編輯　林佩樺
封面設計　曾湘玲 Hltoo
食譜顧問　焦子茵

責任編輯　莊麗娜
行銷企畫經理　林麗紅
行銷企畫　蔡逸萱，李映柔
出　　版　野人文化股份有限公司
發　　行　遠足文化事業股份有限公司
地址：231 新北市新店區民權路 108-2 號 9 樓
電話：（02）2218-1417
傳真：（02）86671065
電子信箱：service@bookrep.com.tw
網址：www.bookrep.com.tw
郵撥帳號：19504465 遠足文化事業股份有限公司
客服專線：0800-221-029

特別聲明：有關本書的言論內容，不代表本公司／出版集團之立場與意見，文責由作者自行承擔。

讀書共和國出版集團

社　　長　郭重興
發行人兼出版總監　曾大福
業務平臺總經理　李雪麗
業務平臺副總經理　李復民
實體通路協理　林詩富
網路暨海外通路協理　張鑫峰
特販通路協理　陳綺瑩

印　　務　江域平、黃禮賢
法律顧問　華洋法律事務所　蘇文生律師
印　　製　凱林彩印股份有限公司
初　　版　2022 年 09 月 07 日
初版 3 刷　2022 年 11 月 29 日

歡迎團體訂購，另有優惠，請洽業務部
（02）22181417 分機 1124、1135

國家圖書館出版品預行編目（CIP）資料

島嶼上的飯桌 / 島嶼上的飯桌著 . -- 初版 . -- 新北市 : 野人文化股份有限公司出版 : 遠足文化事業股份有限公司發行，2022.09　240 面；17×23 公分 . -- （bon matin；143）　ISBN 978-986-384-771-7（平裝）　1.CST: 飲食風俗 2.CST: 文集 3.CST: 臺灣
538.7833　　111012138